Norman Schwarze

Investieren in Gold

TITEL DER SIMPLIFIED-BUCHREIHE

Matthias von Arnim
Erfolgreich mit Aktien – simplified

Herbert Autengruber
Aktienfonds für jedes Anlageziel – simplified

Holger Bengs, Mike Bayer
Investieren in Biotechnologie – simplified

Lawrence A. Cunningham
Value Investing – simplified

Pierre M. Daeubner
Alles was Sie über Technische Analyse wissen müssen – simplified

Ed Downs
Die besten Chartmuster – simplified

Christian Eck/Marcel Langer/Matthias Riechert
Eurex – simplified

Heinrich Eibl
ETFs – simplified

Horst Fugger
Börsen-Lexikon – simplified

Markus Gunter
Erfolgreich mit Investmentfonds – simplified

Walter Hubel
Mehr Geld im Alter – simplified

Markus Jordan
Zertifikate – simplified

Jay Kaeppel
Die 4 größten Fehler beim Handel mit Optionen – simplified

Dennis Metz
Devisenhandel – simplified

Markus Miller
Abgeltungssteuer – nein danke! – simplified

David Morgan
Insiderwissen: Silber – simplified

John J. Murphy
Charttechnik leicht gemacht – simplified

Oliver Paesler
Technische Indikatoren – simplified

Melvin Pasternak
Die 21 wichtigsten Candlestick-Formationen – simplified

Richard Pfadenhauer
Alles, was Sie über Derivate wissen müssen – simplified

Michael J. Plos
Daytrading – simplified

Georg Pröbstl
Die besten Dividendenstrategien – simplified

Michael Proffe
Die besten Trendfolgestrategien – simplified

Stefan Riße
CFDs – simplified

Raimund Schriek
Besser mit Behavioral Finance – simplified

Holger Scholze
Hebelprodukte – simplified

Norman Schwarze
Investieren in Gold – simplified

Martin Voigtmann
Geschlossene Fonds – simplified

Mikael Henrik von Nauckhoff
Sicher mit Anlagemetallen – simplified

Harald Weygand
Short-Selling – simplified

Norman Schwarze

INVESTIEREN IN GOLD

FinanzBuch Verlag

simplified

Gesamtbearbeitung: Druckerei Joh. Walch
Korektorat: Sigrid Graf
Druck: Konrad Triltsch, Ochsenfurt

Mit freundlicher Genehmigung von Herrn
Joachim Schwarze, www.silberinfo.com

2. aktualisierte Auflage 2011

Nymphenburger Straße 86
80636 München
Tel. 089 651285-0
Fax 089 652096
info@finanzbuchverlag.de

Den Autor erreichen Sie unter:
schwarze@finanzbuchverlag.de

Bibliografische Information der Deutschen Nationalbibliothek: Die Deutsche Nationalbibliothek verzeichnet diese Publikation in der Deutschen Nationalbibliografie; detaillierte bibliografische Daten sind im Internet über **http://d-nb.de** abrufbar.

ISBN: 978-3-89879-429-9

simplified

Inhalt

DANKSAGUNG 9

VORWORT 11

NOTIZ 15

1 | DAS ANGEBOT 19

2 | HANDELSPLÄTZE 39

3 | DIE NACHFRAGE 49

4 | DER GOLDPREIS 73

5 | MINENAKTIEN 95

6 | GOLD ETFS UND ÄHNLICHE PRODUKTE 115

7 | GOLDMÜNZEN UND BARREN 129

8 | DER PAPIERMARKT 151

9 | ZENTRALBANKEN UND REGIERUNGEN 171

10 | DIE MANIPULATION 187

11 | FAZIT 207

simplified

DIE SIMPLIFIED-BUCHREIHE
WWW.SIMPLIFIED.DE

EINE ZUSAMMENARBEIT VON FINANZBUCH VERLAG UND INVESTOR VERLAG

simplified

Danksagung

Wie viele Projekte kann auch ein Buch nicht im Alleingang geschrieben werden, ich möchte deswegen die Gelegenheit nutzen, den vielen Menschen meinen Dank auszusprechen, die mich bei meiner Arbeit und den Recherchen unterstützt haben.

Ganz besonders möchte ich meinem Vater, **Joachim Schwarze**, danken, der dieses Projekt überhaupt erst ermöglicht hat und der mir in unzähligen Gesprächen und so vielen Minuten und Stunden am Telefon mit Rat und Tat zur Seite stand. Ich weiß, dass dich meine unerbittlichen Fragen viel Zeit gekostet haben, danke also dafür, dass du nie die Geduld verloren hast.

Ein Dank geht auch an **Tobias Weber**, dessen Einsichten und Ansichten dieses Buch unglaublich bereichern konnten, und der so viel seiner kostbaren Zeit für dieses Projekt geopfert hat. Genauso darf die Arbeit von **Andreas Spät** nicht unerwähnt bleiben, der mir mit seiner Expertise, vor allem zum Minenmarkt, eine große Hilfe gewesen ist. Auch beim übrigen Team von www.**silberinfo**.de möchte ich mich in diesem Zusammenhang aufrichtig bedanken.

James Turk darf in dieser Aufzählung ebenfalls nicht fehlen. Ohne seine unzähligen und gut recherchierten Aufsätze wüssten wir wohl alle viel weniger über die Manipulation des Goldpreises und überhaupt den gesamten Goldmarkt. Ich wünsche dir mit deiner Webseite www.goldmoney.com und deiner visionären Goldwährung alles erdenkliche Glück.

Ich möchte mich bei silberling.de bedanken, dass sie mir freundlicherweise so zahlreiche Münz-Bilder zur Verfügung gestellt hat. Wer physische Ware kaufen will, ist mit der Adresse www.**silberling**.de bestens beraten. Kompetenz, Diskretion und Professionalität wird bei beiden großgeschrieben und ich kann jedem Interessenten nur empfehlen, diese Webseiten zu besuchen.

Kein Buch über Gold kann ohne harte Fakten und Zahlen auskommen, von daher geht ein Dank auch an die vielen Institutionen und Analystenhäuser, die mir freundlicherweise ihre Daten zur Verfügung gestellt haben. Die Fortis Bank, das World Gold Council, ABARE, die LBMA, die Zürcher Kantonalbank, um nur einige zu nennen.

Und schließlich möchte ich mich noch bei allen anderen Verwandten, Freunden, Freundinnen und Kollegen bedanken, die mich alle auf ihre Weise bei diesem Buch unterstützt haben. Ich weiß, dass es manchmal sehr anstrengend gewesen sein muss, wenn ich wochen- und monatelang nur noch Gold im Kopf hatte und von nichts anderem mehr geredet habe. Danke, dass Ihr trotzdem zu mir gehalten habt.

simplified

Vorwort

»Habe ich das Gold zu meiner Zuversicht gemacht und zu dem Goldklumpen gesagt: Mein Trost.«

Hiob 31,24

Wer früher in der Schule gut aufgepasst hat oder heute noch häufiger in die Kirche geht, wird wissen, dass der alte Hiob wohl die Verwendung seines Zitates als einleitende Worte für ein Goldbuch missbilligt hätte. Aber in Hinblick auf die Finanzkrise, die sich zuallererst im Frühsommer 2007 auf dem US-amerikanischen Immobilienmarkt bemerkbar gemacht hat, scheinen diese biblischen Worte auf eine fast unheimliche Weise zutreffend. Kaum eine andere Anlageklasse hat seitdem eine bessere Performance hingelegt als Gold. Das ist auch nicht weiter verwunderlich, denn der Mensch neigt dazu, sich in Zeiten der Krise auf althergebrachte Werte zurückzubesinnen, einer von diesen ist seit jeher die Religion gewesen und ein anderer war schon immer das Gold.

Seit dem Beginn unserer Geschichte findet sich Gold in den Gräbern der Pharaonen und Fürsten, den Palästen von Königen und Händlerdynastien und den Tempeln des Abendlandes, Asiens und Südamerikas gleichermaßen. Gold war über Jahrtausende hinweg, neben Silber und Kupfer, die Grundlage für Währung und Handel, ja gar die Grundlage für die Bemessung von Reichtum überhaupt. Könige kamen und gingen, genauso wie Regierungen und Diktatoren, ja ganze Nationen und Länder verschwanden über die Zeit hinweg von der Landkarte, wurden durch neue ersetzt oder von anderen erobert – doch Gold blieb. Sicherlich war auch die Rolle beziehungsweise der Wert von Gold gewissen Schwankungen unterworfen. Erstmals vielleicht schon rund 3000 v. Chr., als die Pharaonen begannen, mit staatlich finanzierten Expeditionen nach neuen Goldvorkommen in der Nähe von Koptos zu suchen. Später sorgten die Lydier dafür, dass unter dem legendären König Krösus Gold auch eine monetäre

Rolle zukam, indem sie die ersten Goldmünzen der Geschichte prägten. Aber auch die reiche Beute, die die Konquistadoren aus Südamerika auf ihrer vergeblichen Suche nach dem legendären *Eldorado* mit nach Europa brachten, führte zu einer Neubewertung des gelben Metalls. Eine Zeit lang in der Geschichte sollte Silber die monetäre Führung übernehmen, während Gold nunmehr nur noch die zweite Geige spielte. Und schließlich wäre da noch die Entdeckung von Gold im Witwatersrand 1886 zu erwähnen, die die Ausbeutung des größten bekannten Goldvorkommens dieser Erde zur Folge hatte und die weltweite Goldproduktion auf bisher ungeahnte Höhen hat schnellen lassen. An der »Institution« Gold an sich änderte sich aber praktisch nichts. Es gibt Materialien, die wertvoller sind, es gibt Stoffe, die seltener sind, aber es gibt wenig, was begehrter und faszinierender wäre als Gold und in Hinsicht auf seine monetäre Werthaltigkeit steht Gold über die Jahrtausende hinweg unangefochten an erster Stelle – und dabei blieb die Schmuckherstellung noch völlig unerwähnt. Es ist also eine interessante Wendung der zweiten Hälfte des 20. Jahrhunderts, als man begann, sich langsam aber sicher von Gold abzuwenden. 1971 wurde schließlich auch in den USA der Goldstandard offiziell abgeschafft und nur noch die Schweiz hielt bis 2000, fast als eine Art Kuriosum, an der offiziellen Gold-Parität fest. Aber nicht nur auf Regierungsebene verlor das gelbe Metall an Bedeutung, Gold als Anlage verschwand auch allmählich aus den Köpfen der Menschen.

Die Zentralbanken dieser Welt fingen an, später sogar im Rahmen eines eigenen Abkommens, ihre vermeintlichen Überbestände abzubauen und der kleine Anleger sah für die finanzielle Sicherung in Renten- und Immobilienfonds sein Heil und man belächelte die Zeiten, als Opa noch im Garten die Goldmünzen vergraben hatte. Bald wurden auch Hedge-Fonds und immer absurder werdende Derivate populär und die Gewinnversprechungen schienen mit jedem neuen Produkt noch höher zu steigen. Und in der Tat, während am neuen Markt Millionäre fast fließbandartig gemacht wurden, befand sich der Goldpreis auf einer jahrelangen Seitwärtsbewegung, die im April 2001 ihren Tiefstand von 256 $ pro Unze fand. Aber, so möchte man vielleicht hinzufügen, haben auch diejenigen, die recht ungünstig vor zwanzig oder dreißig Jahren in Gold investiert haben, jetzt immer noch ihre Barren zu Hause oder im Bankschließfach liegen, diejenigen aber, die damals in Gigabell oder andere *New Eco-*

nomy-Werte investiert haben, halten heute oftmals nur noch wertloses Papier von Firmen, die es seit Jahren nicht mehr gibt, und teilweise auch nie wirklich gegeben hat.

Mittlerweile schreiben wir das Jahr 2010 und der Goldpreis hat die Marke von 1400 US-Dollar überschritten und an den Börsen ist ein regelrechter Rohstoff-Boom ausgebrochen. Langfristige Edelmetallinvestoren, die die erste Gelegenheit schon vor ein paar Jahren genutzt haben, können sich bereits jetzt schon auf satten Gewinnen ausruhen. Aber es muss bereits hier im Vorwort erwähnt wären, dass auch am Goldmarkt nicht nur Friede, Freude, Eierkuchen herrscht. Es ist ein extrem volatiler Markt, der für die Anleger, neben einem unglaublichen Potenzial, viele Gefahren birgt. Ziel dieses Buches ist es, Ihnen also eine Art erste Hilfestellung zu geben, damit auch Sie erfolgreich am Goldmarkt partizipieren können. Mit anderen Worten soll der Leser in die Begrifflichkeiten und Besonderheiten dieses jahrtausendealten Marktes eingeführt werden, vor allem aber mit der aktuellen fundamentalen Situation vertraut gemacht werden, während nebenbei sowohl ein Blick auf die Historie wie auch auf die Zukunft gerichtet werden soll. Dieses Buch stellt deswegen eine Art Reise durch den gesamten Goldmarkt dar, wobei Ihnen jedes Kapitel einen Überblick über einen Aspekt des heutigen Goldmarktes geben wird, auch wenn vorweg angemerkt werden muss, dass über jedes dieser Kapitel für sich gesehen wohl ein eigenes Buch zu schreiben wäre. Sehen Sie dieses Buch deswegen eher als eine Einführung, die Ihre Neugierde wecken soll und Ihnen nur ein grundsätzliches Verständnis vermitteln kann. Ein besonderes Augenmerk wurde deswegen darauf gelegt, alle branchenspezifischen Begriffe zu erklären, damit auch Neulinge nicht nach den ersten Seiten aufgrund zu vieler unverständlicher Fachausdrücke kapitulieren müssen, während viele interessante Details und Randbemerkungen dieses Buch auch für »alte Hasen« im Goldgeschäft interessant machen sollen.

Vielleicht wird Sie das etwas enttäuschen, aber im Rahmen dieses Buches soll weitestgehend auf Prognosen und konkrete Kaufempfehlungen verzichtet werden. Es geht in der Sache auch nicht darum, Sie von irgendetwas zu überzeugen, sondern vielmehr um eine echte Aufklärung. Nur ein mündiger Anleger, der sich seine eigene Meinung bilden kann und den gesunden Menschenverstand einschaltet, wird auch langfristig erfolgreich in Gold oder in irgendeine andere Anlage investieren können. Nutzen Sie also das reichliche Informationsangebot innerhalb dieses und anderer Bücher, dann steht auch dem Erfolg mit Gold nichts mehr im Wege.

München, 30. Dezember 2010

Norman Schwarze

simplified

Notiz

Seit hunderten von Jahren nimmt das Vereinigte Königreich die dominante Rolle im internationalen Goldhandel ein. Auch wenn mit der Liberalisierung der weltweiten Goldmärkte im letzten Jahrhundert ein Stück dieser Dominanz verloren ging und auch wenn man mittlerweile selbst in Großbritannien auf das metrische System umgestiegen ist, ergeben sich für den Goldmarkt immer noch einige Besonderheiten.

Gold wird in Unzen gehandelt, genauer gesagt in Troy Unzen, nicht zu verwechseln mit der Standard-Unze oder der Flüssigkeits-Unze. Üblicherweise spricht man im Edelmetallhandel aber einfach nur von Unzen und kürzt auch entlang dieser Praxis mit *oz.* ab (und nicht etwas mit *oz. tr.*). Eine Troy Unze, oft auch Feinunze genannt, wiegt rund 31,1035 Gramm und ist der zwölfte Teil eines Troy Pfundes, wobei letzteres in der Edelmetallbranche keine Verwendung findet.

Wenngleich die Unze die allgemein akzeptierte Referenzeinheit ist, wird man häufig auch auf den Ausdruck *Good Delivery Barren* stoßen. Damit sind 400 oz. Standard-Barren mit einer Reinheit von mindestens 99,5% gemeint, die im internationalen Großhandel die gängige Stückelung sind, auch wenn in der Praxis Abweichungen zwischen 350 und 430 Unzen erlaubt sind. Historisch gesehen hatten die Mitglieder des *London Gold Market* das Problem, bei ihren Transaktionen die Qualität von Goldbarren bewerten zu müssen. In der Folge entstanden deswegen Listen von akkreditierten Herstellern, die man ohne Frage akzeptieren würde, ohne also vorher kosten- und zeitaufwändige Prüfverfahren durchzuführen. Barren von solchen Herstellern gab man dann das Prädikat »*Good Delivery*« (auf dt. etwa ›gute Lieferqualität‹ oder ›gute Lieferleistung‹). Mit der Zeit wurde dieses Verfahren zunehmend institutionalisiert und mit seinem eigenen 37-seitigen Regelwerk versehen, was schließlich dazu führte, dass »*Good Delivery*« zum Standard der ganzen Industrie wurde. Hierbei muss jedoch hinzugefügt werden, dass die umgerechnet etwa 12,4 kg schweren Barren ihr Prädikat »*Good Delivery*« sofort verlieren, wenn sie aus dem Netzwerk der akkreditierten Hersteller und Händler entnommen werden.

Ein weiterer Begriff, der in der Edelmetallbranche weithin Verwendung findet, ist das sog. *Bullion*. Bullion ist eigentlich nichts anderes als das englische Wort für Barren, wird aber zumeist als Überbegriff für alle physischen Edelmetall-Anlageprodukte benutzt, bei dem allein der Metallwert preisentscheidend ist. Dementsprechend gibt es Bullionbanken, also Banken, die in den physischen Edelmetallhandel involviert sind, Bullionhändler, was nichts anderes ist als Einzelhändler, die Edelmetall-Barren und -Münzen zu Anlagezwecken verkaufen, oder auch Bullionmünzen, womit ganz allgemein Anlagemünzen gemeint sind.

Sollte im Zusammenhang mit dem Goldmarkt der Ausdruck *Goldbugs* fallen, dann sind damit keine goldenen Käfer gemeint, auch wenn das Wort wohl sinngemäß so zu übersetzen ist, sondern Anleger, die von einem langfristigen Bullenmarkt überzeugt sind, und dementsprechend physisches Gold kaufen. Der Begriff geht wohl auf die Präsidentschaftswahlen von 1896 zurück, als Präsidentschaftskandidat (und späterer Präsident) William McKinley mit der Einführung einer reinen Golddeckung des Dollars Wahlwerbung machte.

Ein weiterer Hinweis, der an dieser Stelle gegeben werden muss, hängt mit der Datenunsicherheit zusammen. Kaum ein Rohstoffmarkt ist so intransparent und komplex wie der Goldmarkt und das macht eine exakte Erhebung von Daten praktisch unmöglich. Die meisten Angaben müssen deswegen tendenziell eher als begründete Vermutungen eingestuft werden und nicht als unverrückbare Tatsachen. Kein noch so gutes Analystenhaus wird schlussendlich erfassen können, wie hoch die tatsächlichen Verkäufe von Altgold oder die Investition in Goldbarren sind. Gerade was den Einzelhandel angeht, ist eine systematische Datenerfassung unrealistisch, ein Großteil der Geschäfte läuft noch dazu in Entwicklungs- und Schwellenländern ab und alle Transaktionen, die unter der Theke abgewickelt werden, sind sowieso jenseits jeglicher Statistik. Das zieht sich hoch bis in die Regierungskreise, wo bei den Goldgeschäften ebenfalls nicht immer alles offengelegt wird. Auch im physischen Groß- und Terminhandel laufen die allermeisten Geschäfte nicht über die Börse ab. Oftmals wird auch über die äußerst undurchsichtige Investitionsnachfrage im Einzelhandel die Angebotsseite mit der Nachfrageseite ausgeglichen, während andere Studien sich aufgrund der unsicheren Datengrundlage dazu entschlossen haben, über diesen Sektor überhaupt nichts auszusagen. Insofern lässt sich auch erklären, warum die Angaben der verschiedenen Analystenhäuser auf dem Goldmarkt durchaus drastisch voneinander abweichen. So gibt *Gold Fields Mineral Services* die komplette Nachfrage 2004 mit 3.863 t an, während die Fortisbank für das gleiche Jahr von 4.325 t Gold spricht, immerhin ein Unterschied von 462 t oder 12 %!!

Behalten Sie sich daher für dieses Buch, aber auch außerhalb, im Hinterkopf, dass Zahlen zum Goldmarkt eher als Richtwert verstanden werden sollten, und immer der Blick auf die Methodik der Datenerfassung gerichtet werden sollte.

In diesem Zusammenhang sei noch angemerkt, dass alle Angaben und Zahlen innerhalb dieses Buches, so nicht eigens erwähnt, nach Stand des Abgabedatums des Manuskripts aufgeführt werden.

1 Das Angebot

»Die Gold suchen,
graben viel Erde und finden wenig.«

HERAKLIT VON EPHESUS (etwa 540-480 v. Chr.), griechischer Philosoph

Die meisten Leser, wenn nicht gar alle, werden irgendwo in ihrem Haushalt Gold versteckt haben. Wer Schmuck, eine teure Uhr, aufwändige Kunstgegenstände aus Gold besitzt oder sogar bereits in Goldmünzen investiert hat, wird diese Beobachtung nicht weiter überraschen, aber auch an anderen Stellen findet sich Gold in größerem oder kleinerem Umfang, selbst wenn es sich vielleicht in den Kontakten der teuren Stereoanlage, der Vergoldung eines Brillengestells oder auf dem Chip eines Mobiltelefons verbirgt. Die wenigsten werden sich allerdings je wirklich Gedanken darüber gemacht haben, woher das Gold eigentlich stammt, das man bei der Bank, bei einem Edelmetallhändler, bei einem Juwelier oder vielleicht sogar beim Zahnarzt für eine Goldfüllung kaufen kann.

Ganz grundsätzlich wird bei den meisten Metallen das Angebot hauptsächlich aus irgendeiner Form von Mine bedient. Gold spielt hier allerdings eindeutig eine Sonderrolle, obwohl sicherlich nicht zu leugnen ist, dass nahezu alles angebotene Gold ursprünglich einmal über eine Mine das Tageslicht erblickt hat. Der Begriff ›Mine‹ soll an dieser Stelle im weitesten denkbaren Sinn verwendet werden – dazu gehören nicht nur die klassischen Arten des Bergbaus, wie Tagebau und Untertagebau, sondern auch kleine Schlammgruben irgendwo in Südamerika oder Zentralafrika, in denen die Einheimischen auf illegale Weise ein Ende ihrer Armut suchen, oder auch das klassische Bild vom Goldgräber in Alaska, der mit seiner Schürfpfanne versucht, dem Fluss ein paar Flitter Waschgold abzuringen. Auch Minen, die man zunächst vielleicht gar nicht direkt in Verbindung mit Gold setzen würde, sind damit gemeint: In Silber-, Blei-, Nickel-, Kupferminen und dergleichen werden oftmals ebenfalls größere oder kleinere Mengen Gold, direkt oder indirekt, gefördert. Der Chemiker sagt dazu, Gold kommt oftmals vergesellschaftet mit anderen Metallen, insbesondere Edelmetallen, vor.

Aber die Minenproduktion ist nur eine der drei Säulen, auf denen das gesamte Goldangebot aufbaut. Die zwei anderen Säulen sind die Verkäufe von Regierungen und Zentralbanken, oftmals auch als sog. offizieller Sektor tituliert, und die Verkäufe von Altgold beziehungsweise Recycling. Während die Zentralbankenverkäufe in einem späteren Kapitel gesondert behandelt werden, soll es innerhalb dieses Kapitels um den Teil des gesamten weltweiten Goldangebotes gehen, der aus Minen und durch die Verkäufe von Altgold bedient wird. Letztere beiden beeinflussen den Markt nicht nur seit der Neuzeit, sondern sind in der Tat jahrtausendealte Phänomene, die ihren Ursprung in der frühesten Geschichte finden. Seit Beginn der Geschichtsschreibung war Gold so begehrt und selten, dass die Mächtigen dieser Welt ihre Goldreserven liquidierten, um Kriege finanzieren zu können, oder den Goldschmuck ihrer Vorgänger umarbeiten ließen und somit altes Gold eine neue Verwendung fand. Im Grunde sorgten seit frühester Zeit auch die Grabräuber dafür, dass die goldenen Schätze von Pharaonen und Königen dem Markt wieder zugänglich gemacht wurden, wenngleich dies auf eher illegale Weise geschah.

Für die Minenproduktion ergibt sich ein vergleichbares Bild. Historisch gesehen ist Gold sogar praktisch eines der ersten Metalle, das die Menschen überhaupt gefunden haben. Das klingt jetzt vielleicht wenig erstaunlich, weil für viele von uns Menschen Gold zu einer Art Konstante geworden ist, die unsere Kulturgeschichte auf die eine oder andere Weise immer begleitet hat, aber in Bezug auf seine Seltenheit scheint das verwunderlich. Zinn, das mit 35 ppm[1] in unserer kontinentalen Erdkruste ungefähr 9000-mal häufiger vorkommt als Gold (mit 0,004 ppm), wurde zum Beispiel erst 1000 Jahre später entdeckt, nämlich kurz vor dem Beginn der Bronzezeit, etwa um 3500 v. Chr., während die frühesten Goldfunde mittlerweile auf 4475 v. Chr. datiert werden können. Das chemische Element Tellur zum Beispiel, das eine ähnliche Häufigkeit aufweist

[1] Parts per million, zu Deutsch »Teile von einer Million«. Ähnlich wie Prozent für Hundertstel steht, wird in der Wissenschaft ppm für den millionsten Teil verwendet.

wie Gold (und in der Tat in der Natur auch in Verbindungen mit Gold vorkommt), wurde erst tausende Jahre später, nämlich 1782 entdeckt. Des Rätsels Lösung ist die relativ hohe chemische Inertheit[2] von Gold. Es ist eines der wenigen Metalle, welches häufig auch gediegen vorkommt (sprich als reines chemisches Element in der Natur), und so waren den Menschen viele Goldvorkommen schon früh in unserer Geschichte einfach zugänglich, während die meisten anderen Metalle oft oder ausschließlich als Oxide (also in Sauerstoffverbindungen), als Sulfide (Schwefelverbindungen) oder Carbonate (in Verbindung mit Kohlensäure) zu finden sind, und damit ein gewisses Maß an Technologie zur Freisetzung benötigt wurde.

Es wäre aber ein Fehler, davon auszugehen, dass die Goldproduktion über die vielen Jahrtausende auch nur annähernd konstant gewesen wäre. In der Tat ist es eigentlich eher so, dass Gold seit kaum mehr als 100 Jahren im großen Stil gefördert wird. Auch wenn dies aufgrund der eher unsicheren Datengrundlage der vergangenen Jahrtausende schwerlich exakt festzustellen ist, so geht man dennoch allgemein davon aus, dass vor 1848, dem Jahr, in dem der erste große Goldrausch in Kalifornien ausbrach, insgesamt nur rund 10.000-12.000 t Gold gefördert wurden. Das mag etwas zu vereinfacht dargestellt sein, aber das sind seit den ersten Goldfunden der Menschheit im Durchschnitt gerade einmal ~1,5 t pro Jahr. Eine Zahl, die bis ins 15. Jahrhundert sicherlich der Realität sehr nahekam. Erst Anfang des 19. Jhd. begann die Goldproduktion sukzessive anzusteigen. Das lag nicht zuletzt an der Industrialisierung und neuen technischen Möglichkeiten, die nun auch in Ländern wie Russland angekommen waren. In der Mitte des 19. Jhd. noch vor dem ersten Goldrausch, wurden dann bereits um die 75 t Gold jährlich produziert – aber man erreichte trotzdem noch lange nicht die Zahlen von heute. Mit der bedeutenden Entdeckung von Gold im Witwatersrand 1886 in Südafrika, aber auch in Kalgoorlies in Australien 1893 und am Yukon in Alaska 1896, konnte die weltweite Goldproduktion dann um die Jahrhundertwende auf knapp 400 t pro Jahr ansteigen. 1936 kam man dann mit 1.020 t das erste Mal über Marke von 1.000 t und 1989 erreichte man schließlich die nächste Marke von 2.000 t Gold jährlich. Aktuell werden

[2] Als inert bezeichnet man chemische Substanzen, die unter den jeweiligen Reaktionsbedingungen gar nicht oder nur in verschwindend geringem Maße mit potenziellen Reaktionspartnern reagieren.

knapp 2.400 t gefördert. Für diesen Anstieg gab es eine Vielzahl von Faktoren – hier nur in aller Kürze eine repräsentative Auswahl: Natürlich entwickelten sich der ganze Bergbausektor in technologischer Hinsicht genauso weiter wie die gesamte andere Wissenschaftswelt auch. Tiefere Erzkörper waren plötzlich zugänglich, die Explorations- und Analysemethoden verfeinerten sich stetig, neue Abbau- und Aufarbeitungsverfahren wurden entwickelt und schließlich spielte auch die Entwicklung des Goldpreises, allen voran die Abkehr vom Goldstandard und damit das Wegfallen der staatlichen Preisfestsetzung und Kontrolle, eine bedeutende Rolle, da Vorkommen, die zuvor unrentabel waren, zu höheren Goldpreisen plötzlich profitabel wurden und ein freier Markt ganz gewiss auch den Wettbewerb stimuliert.

Minenproduktion – Zahlen, Fakten, Hintergründe

Obwohl es in diesem Buch vornehmlich um die Gegenwart gehen soll, ist dieser geschichtliche Rückblick durchaus von großer Bedeutung, denn Gold wird im Grunde nicht verbraucht. Gold wird gefördert, es wird verarbeitet, dann wird es wieder eingeschmolzen und weiter verarbeitet. Es verschwindet in den Tresoren der Nationalbanken, dann verkaufen es die Banken wieder, weil sie Geld brauchen oder es vermeintlich keinen finanzpolitischen Grund für so große Goldreserven mehr gibt, und es kommt wieder auf den freien Markt, bis sie wieder entscheiden, dass ihre Golddeckung zu gering ist und erneut kaufen. Oder um ein Beispiel aus dem Alltag zu bringen, das wohl jeder kennt – jemand erbt einen Goldring von einer verstorbenen Verwandten. Auch hierfür gibt es eine ganze Reihe von möglichen Szenarien, die allesamt nicht zum finalen Verbrauch des Goldes führen. Die eine behält ihn als Erinnerungsstück, die andere lässt ihn umarbeiten, der nächste versucht bei einer Auktion sein Glück und wieder ein anderer hat nur das Einschmelzen im Sinn. Ja selbst wenn sich die Verstorbene dafür entschieden hatte, den Ring mit ins Grab zu nehmen, selbst dann werden wohl die Archäologen und Goldjäger von morgen den Ring wieder ans Tageslicht bringen und damit dem Markt zugänglich machen. Es muss bei einer Betrachtung des gesamten Goldangebotes stets im Hinterkopf behalten werden, dass praktisch alles je geförderte Gold zu einem bestimmten Preis und in einer bestimmten Situation zum Kauf zur Verfügung stehen kann (der Brancheninformationsdienst silberinfo geht von einer Verlustrate von nur zwischen 5 und 10 Prozent aus). Gold ist unter diesem Gesichtspunkt nicht mit anderen Rohstoffen zu vergleichen, beispielsweise Erdöl, wo jährlich Abermillionen Barrels gefördert und im Anschluss verbraucht werden und damit dem Markt beziehungsweise der Menschheit auf immer entzogen werden.

Insgesamt hat die Menschheit bisher schätzungsweise 157.000 t Gold gefördert – das ist ein Würfel mit einer Kantenlänge von kaum weniger als 20 m! Aber es muss klar sein, dass sich sehr viel Gold in festen Händen befindet, und von den Eigentümern gar nicht oder nur zu absoluten Höchstpreisen verkauft werden wird – angefangen bei Museen und Kunstaustellungen, über Zentralbanken und den Tresoren der Superreichen, bis hin zur Münzsammlung von Opa oder dem Schmuck der modebewussten Frau. Die tatsächliche Angebotssituation gestaltet sich deswegen auch weit begrenzter als diese 141.000 (157.000 t –10 %) möglichen Tonnen, auch wenn von den Anlegern und Schmuckbesitzern jährlich mehrere hundert Tonnen altes Gold verkauft werden.

	2005	2006	2007	2008	2009
Minenproduktion	2337	1971	1938	2007	2218
Offizieller Sektor	508	174	475	95	-40
Altgold	882	1123	1056	1185	1408
gesamt	3727	3268	3469	3287	3586

Tabelle 1.1: Gesamtes weltweites Netto-Goldangebot in Tonnen (Quelle: Fortis Goldbook 2010)

Diese aktuellen Zahlen sollte man allerdings auf keinen Fall unerklärt akzeptieren und dringend in die richtige Perspektive rücken, zumal auf die Unsicherheit dieser Angaben in den einleitenden Worten zu diesem Buch bereits hingewiesen wurde. Für potenzielle Goldanleger ist wohl einer der wichtigsten Überlegungen die Frage, wonach sich denn die gesamte Goldproduktion richtet – auch wenn die Antwort auf die Frage scheinbar trivial lautet: nach dem Preis. Doch je nach Vertrautheit mit dem Goldmarkt wirft diese einfache Antwort bereits diverse Fragen auf. 2005 lag der durchschnittliche Goldpreis im *London Fixing* bei rund 444 $ die Unze, während im folgenden Jahr der Durchschnittspreis bereits 603 $ erreichte. Dieser Preisanstieg spiegelt sich allerdings in Tabelle 1.1 in keinster Weise wider, vielmehr wurde sogar ein Abfall der Minenproduktion um mehr als 200 t verzeichnet. Somit scheint die Prämisse von der Preisabhängigkeit der Goldproduktion zunächst keine schlüssige Erklärung liefern zu können. Diese Beobachtung führt jedoch zum ersten Einflussfaktor auf das gesamte Goldangebot und bringt die Geschäftspolitik der Minenunternehmen mit ins Spiel.

Ein Blick auf detaillierte Zahlen würde verraten, dass die eigentliche Minenproduktion zwischen 2005 und 2006 mit absoluten 2.444 t respektive 2.398 t weit weniger deutlich abgefallen ist. Was in dieser knappen Tabelle zum gesamten weltweiten Goldangebot bereits mit einbezogen war, sind die Absicherungsgeschäfte der Minen, normalerweise mit dem englischen Fremdwort *Hedging* bezeichnet.

Die meisten Rohstoffe werden an Terminbörsen gehandelt und das gilt im weitesten Sinne auch für Gold. Mit Ausnahme des Edelmetallhandels gibt es an den Börsen dieser Welt eigentlich keinen Kassamarkt, das heißt man kann die jeweiligen Rohstoffe nicht zur sofortigen Auslieferung kaufen, sondern muss stattdessen einen sogenannten Future-Kontrakt kaufen. Das ist ein vertraglich gebundener Kauf oder Verkauf eines Gutes zwischen zwei Parteien in börsengehandelter Form zu einem festgesetzten Preis und einem festgesetzten Lieferdatum.

An diesen Terminbörsen bietet sich Produzenten nun die Möglichkeit, ihre Rohstoffe leerzuverkaufen, man nennt das auch *short* gehen. Das heißt ein Goldproduzent verkauft seine Produktion von morgen schon heute zu einem festen Preis und geht damit die Verpflichtung ein, zu einem festgesetzten zukünftigen Zeitpunkt seine Ware auszuliefern (an vielen Terminbörsen bietet sich auch die Möglichkeit, so der Käufer das will, die Kontrakte bar zu begleichen). Dafür gibt es verschiedene Gründe. Der Goldmarkt ist ein sehr volatiler Markt und viele Produzenten möchten zumindest einen Teil ihrer Goldproduktion vor diesen Schwankungen des Marktes absichern. Andere Unternehmen sehen hier eine Chance, mit ihrer Produktion auf höhere oder niedrigere Preise zu spekulieren und damit Mehrwert für ihr Unternehmen und ihre Investoren zu schaffen. Gerade vor 2002 war das ein Thema, weil sich der Goldmarkt in einer jahrelangen Seitwärtsbewegung im Bereich von ungefähr 300 $ befand und es für viele Produzenten, vor allem in den 90ern, teilweise schwer war, allein mit dem Verkauf ihrer Produkte auf dem freien Markt überhaupt in die Gewinnzone zu kommen. Der Trick bestand darin, nur zu preislich günstigen Zeitpunkten (also etwa bei einer Rallye) aktiv zu werden und dann möglichst viele Vorwärtsverkäufe zu tätigen. Unternehmen wie AngloGold Ashanti und Barrick Gold sollten im Nachhinein zweifelhaften Ruhm wegen ihrer *Hedge*-Geschäfte erlangen. Ein anderer Grund, der auch heute noch aktuell ist, warum Unternehmen sich auf eine solche Weise absichern müssen, hängt mit der Kreditvergabe zusammen. Viele Unternehmen beantragen bei den Banken Kredite, um damit den Ausbau oder die Erweiterung ihrer Mine finanzieren zu können, aber dafür verlangt die Bank, so wie das auch bei einem ganz normalen privaten Hausbau der Fall ist, eine gewisse Sicherheit. Solche *Hedge*-Positionen können oftmals, wenn keine anderen Optionen offenstehen, von den Banken als Sicherheiten eingefordert werden.

Der vermeintliche Fehler in der obigen Tabelle liegt also an diesen *Hedge*-Positionen. 2002, als sich im Goldpreis dann endlich ein langfristiger Aufwärtstrend abzuzeichnen begann, fingen viele Unternehmen damit an, ihre Positionen im großen Stil glattzustellen. Während die Produzenten 1999 noch netto 506 zusätzliche Tonnen Gold vorwärtsverkauft hatten, kehrte sich die Situation bereits 2000 um, und es wurden bereits netto *Hedge*-Positionen in Höhe von 15 t zurückgekauft. Noch zwei Jahre später, 2002, waren es dann bereits 439 t Gold. Zahlen, die von der eigentlichen Minenproduktion abgezogen werden müssen, weil das Gold ja teilweise bereits Jahre zuvor von Bullionbanken auf der Long-Seite als Absicherung verkauft worden war und jetzt im Gegenzug auf der Nachfrage-Seite wieder auftaucht. Diese *De-Hedging*-Welle begründete sich vor allem darin, dass oben erwähnte Unternehmen wie Barrick Gold jetzt mit ihren Positionen, die zuvor über Jahre hinweg bei nahezu gleichbleibenden Goldpreisen immer wieder in den nächsten Monat gewechselt werden konnten (man nennt das auch *Roll-Over* oder Rollen), plötzlich gigantische Verluste einfuhren. In der Folge haben in den vergangenen Jahren die Minenunternehmen dieser Welt ihre *Hedges* nahezu auf null reduziert, da bei stetig steigenden Goldpreisen damit eigentlich nur Verlustpotenzial erschaffen werden kann. Wegen dieser Milliardenverluste mit *Hedge*-Positionen ist eine solche Geschäftspolitik mittlerweile unter Investoren sehr verpönt, ja quasi ein Anti-Thema geworden, weshalb solche Unternehmen tendenziell eher gemieden werden. Im dritten Quartal 2010 standen laut Aussagen des *Gold Hedging Reports* der VM Group in den Büchern der Goldproduzenten nur noch 173 t[3] Gold in Form von Absicherungsgeschäften aus, womit für die absehbare Zukunft das Goldangebot aus dieser Perspektive kaum noch beeinträchtigt werden sollte.

Aber *Hedging* ist nicht der einzige Faktor, der das Angebot bestimmt und sowohl vom Preis als auch von der Firmenpolitik abhängt. Unternehmen, und insbesondere Minenunternehmen mit beschränkten Ressourcen, sind immer an der Verlängerung der Lebensdauer ihrer Minen interessiert. Das geschieht unter anderem über die Akquisition von neuen Liegenschaften mit neuen Erzkörpern und auch das beeinflusst das Angebot. Denn bei einer günstigen Marktsituation mit guten Goldpreisen sind die meisten Unternehmen an einem Ausbau ihrer Kapazitäten interessiert, was sich auf die Dauer nachhaltig auf die gesamte Goldproduktion auswirkt. Im historischen Rückblick muss aber auch erwähnt werden, dass man in den 1990 Jahren genau den umgekehrten Fall beobachten konnte. Aufgrund der niedrigen Goldpreise wurde fast überhaupt nicht in die Exploration neuer Vorkommen investiert und unrentable Minen wurden reihenweise dicht gemacht. Da die Entwicklung neuer Goldminen aber ein extrem zeitaufwändiges Geschäft ist, kann man dadurch unter anderem erklären, warum die gesamte Minenproduktion in den letzten Jahren nicht auf die deutlich gestiegenen Preise reagieren konnte und sogar abfiel. Mit den steigenden Goldpreisen kam es seit ungefähr 2004 jedoch überall auf der Welt zum Aus- und Aufbau neuer und alter Minen gleichermaßen. Der kanadische Goldbergbau erlebte zum Beispiel eine Renaissance, und auch andernorts wurden alte Abraumhalden oder gar ganze Minen wieder auf mögliche Profite hin untersucht, genauso wie vermehrt nach neuen Projekten exploriert wurde. Deswegen wirkt sich bei Gold, wie bei den meisten anderen Rohstoffen, auch aus diesem Grund ein höherer Preis positiv auf das Angebot aus.

Allerdings hat man mit dieser Betrachtungsweise vielleicht etwas zu vorschnell ein Urteil gefällt, denn bei einem relativ hohen Goldpreis versu-

[3] 2001 waren es noch über 100 Millionen Unzen.

chen die Minengesellschaften, auch über andere Mittel und Wege die Lebensdauer ihrer Mine zu verlängern. Während die Unternehmen in schlechten Zeiten Erzadern mit einem hohen Erzgehalt ausbeuten, weil diese als einzige noch Gewinn abwerfen können, werden umgekehrt bei hohen Preisen nicht selten vornehmlich Erzkörper mit einem niedrigeren Erzgehalt anvisiert. Auch wenn man damit, dank der hohen Goldpreise, weiterhin Gewinne einfährt und sich auch für schlechte Zeiten noch die Option offenhält, Teile der Mine mit einer hohen Goldmineralisation auszubeuten und weiter am Laufen zu halten, damit also die Lebensdauer der Mine verlängert, heißt das aber auch, dass die gesamte Goldproduktion der Mine oftmals absinkt oder zumindest nicht an die Wachstumsraten der Vergangenheit anschließen kann. Insofern haben hohe Goldpreise kurzfristig nicht unbedingt auch einen Anstieg der Minenproduktion zur Folge. Langfristig betrachtet wird durch eine solche Unternehmenspolitik insgesamt aber mehr Gold auf den Markt kommen.

Des Weiteren darf nicht vergessen werden, dass die Antwort auf die ursprüngliche Frage, wovon das Goldangebot abhängig ist, lautet: vom Preis. Ganz absichtlich war nicht die Rede vom Goldpreis. Das mag zwar in Teilen so sein und ist sicherlich ein wichtiger Faktor, aber eben nicht der einzige. Dem Ölpreis ist zum Beispiel ebenfalls ein große Bedeutung beizumessen. Das liegt zum einen daran, dass der Goldbergbau ein sehr arbeits- und energieintensives Geschäft ist. Bereits ab einem Erzgehalt von ein paar wenigen Gramm, bei den aktuellen Preisen minimal vielleicht 0,5 Gramm pro Tonne, kann eine Goldtagebaumine bereits profitabel betrieben werden. Zahlen, die illustrieren können, wie viel Gestein bewegt werden muss, um auch nur ein Kilo zu fördern. Für diese Arbeiten braucht man Maschinen und die wiederum verbrauchen Treibstoff oder auch Schmieröl. Genauso ist es nicht unbedingt selbstverständlich, dass Goldminen ans öffentliche oder staatliche Stromnetz angeschlossen sind, etwa weil sie in so entlegenen Gegenden liegen, und von daher ihre eigenen Generatoren brauchen; und selbst wenn eine Anbindung an das Stromnetz vorhanden ist, sind die Energiepreise immer auch abhängig vom Ölpreis. Insofern darf man bei der Betrachtung nicht nur allein auf den Goldpreis schauen, sondern muss auch andere Preisfaktoren berücksichtigen. Genauso spielen auch die Gehälter der Bergarbeiter, des Managements, von externen Dienstleistern, etc. eine Rolle und das vor allem auf Dollar Basis. Bisher ist der US-Dollar immer noch die Leitwährung für den Goldpreis und wenn eine andere Währung gegenüber dem Dollar an Boden gewinnt oder verliert, macht sich das in der Folge relativ gesehen auch bei den Kosten des Unternehmens bemerkbar. Andere Länder werden von Inflationen heimgesucht und die Arbeiter verlangen stetig höhere Gehälter und so gibt es auch auf dieser Ebene viele Faktoren, die das Angebot beeinflussen, denn bei höheren Kosten werden die Gewinnspannen kleiner und das kann sich eventuell auf die Rentabilität gewisser Goldverkommen auswirken und zu Schließungen führen. Es ist in der Tat so, dass in den letzten Jahren manche Unternehmen Gewinneinbußen hinnehmen mussten, obwohl der Goldpreis so deutlich angestiegen ist, einfach weil die anderen Kostenfaktoren, wie der Ölpreis, Materialkosten und die Gehälter der Arbeiter weit stärker angestiegen sind. Auch wenn dies nicht als globaler Trend bezeichnet werden kann und sich bisher nur auf Einzelfälle beschränkte, so ist trotzdem zu beobachten, dass 2008 in Australien die gesamten Produktionskosten im Durchschnitt um 20,6% gegenüber dem Vorjahr auf 702 USD anstiegen, während der Goldpreis mit 25,4% nicht drastisch stärker zulegen konnte. Mit der weltweiten Wirtschaftskrise und dem damit verbundenen Abfall der meisten Rohstoffpreise hatte sich diese Situation allerdings vorerst wieder entspannt.

Aber der Preis ist nicht der einzige Faktor, der für das Ausmaß des gesamten Goldangebotes verantwortlich zu machen ist, auch wenn sich viele der nun folgenden Faktoren auf die eine oder andere Weise dann doch wieder auf den Preis oder die Kosten zurückführen lassen.

Die Politik und politische Maßnahmen spielen eine ebenso wichtige Rolle. Für viele Länder, wie etwa Südafrika, Australien oder etwa Peru, ist der Bergbau eine der wichtigen, wenn nicht die wichtigste Einnahmequelle des Landes und insofern ist es nicht weiter verwunderlich, dass auch von Seiten der Regierung Maßnahmen ergriffen werden, um den Bergbau zu erleichtern, oder aber auch in manchen Fällen zu erschweren. Ein nicht zu vernachlässigender Aspekt ist in diesem Kontext der Förderzins. Da der Bergbau die Ressourcen eines Landes aufbraucht, Infrastruktur nutzt, aber auch für eine gewisse Umweltverschmutzung sorgt, verlangen die meisten Länder dieser Erde festgesetzte Abgaben, quasi als Entschädigung, den sogenannten Förderzins. Wie sich das Ganze im einzelnen zusammensetzt und in welchen Fällen überhaupt wie viel gezahlt werden muss, das ist von Land zu Land verschieden, aber in jedem Fall entsteht eine zusätzliche Belastung für die Unternehmen. Inwieweit ein Land so einen Förderzins erhebt, in welchem Umfang sich dieser gestaltet, ob es Ausnahmeregelungen gibt oder etwa ob bestehende Regeln im Sinne einer Subventionierung aufgelockert werden, kann die Ansiedlung oder den Ausbau bestehender Minen begünstigen oder eben verhindern und damit hat der Förderzins beziehungsweise Änderungen des Förderzinses Auswirkungen auf das gesamte Angebot. Auch die allgemeine Besteuerung nimmt einen großen Stellenwert bei der Auswahl von neuen Projekten für viele Minenunternehmen ein.

Und so muss berücksichtigt werden, dass auch durch politische Maßnahmen das mögliche weltweite Angebot beeinflusst wird. Wie sieht es mit den Abgaben aus, wie mit den Umweltauflagen, gibt es Subventionierungen oder plant eine Regierung eine Reform der eben genannten Punkte, um den Bergbau des Landes zu fördern beziehungsweise zu behindern. Ein Beispiel ist Russland, das nach dem Fall der Sowjetunion plötzlich mehr oder weniger Teil der kapitalistischen Welt wurde, worauf plötzlich auch ausländische Firmen anfingen in die russische Goldindustrie zu investieren. Oder genau das Gegenteil, man denke an Venezuela, das bereits seit Anfang 2008 Absichten deutlich machte, die großen Goldminen des Landes zu verstaatlichen. Genauso hätte, auch wenn sich das aktuell vielleicht wenige vorstellen können, ein Krieg in einem der großen goldproduzierenden Länder, wie Australien, Südafrika oder China, wahrscheinlich extrem negative Auswirkungen auf das gesamte Goldangebot, die sich in ihrer Komplexität nicht einmal annähernd abschätzen lassen. Das erinnert an den Burenkrieg in Südafrika, der zur Jahrhundertwende die Goldproduktion des Landes hat einbrechen lassen. Bei einer Betrachtung des Goldangebotes, vor allem in Hinblick auf das Angebot von morgen, dürfen deswegen auf keinen Fall solche politischen Aspekte vergessen werden.

Wie das gesamte Goldangebot in seiner Struktur auf drei Säulen steht, so finden sich auch für das Goldangebot aus den Minen drei verschiedene Einflussfaktoren. Die Unternehmenspolitik und politische Maßnahmen wurden bereits angesprochen, es fehlt also noch ein letzter und dritter Aspekt und das sind die wirtschaftlichen Rahmenbedingungen. Damit sind die generellen wirtschaftlichen Bedingungen auf den nationalen und internationalen Märkten gemeint. Der Preis wurde bereits als einer dieser wichtigen Faktoren vorgestellt, denn bei hohen Goldpreisen stehen den Minenunternehmen weitaus mehr Erzvorkommen zur Ausbeutung zur Verfügung als bei niedrigen, und insofern beeinflusst das auch das gesamte Angebot. Diese Beobachtung steht auch in Einklang mit den allgemeinen Theorien zur freien Marktwirtschaft. Allerdings ist das nur die halbe Wahrheit, denn ein rein krisenbedingter Anstieg des Goldpreises muss sich nicht notwendigerweise positiv auf die Minenproduktion auswirken.

Seit geraumer Zeit nun ist die Gesundheit der internationalen Finanzmärkte ein Thema wie nie zuvor oder vielleicht sollte man eher von Krankheit sprechen. Das wirkt sich in zweierlei Hinsicht auf das Angebot aus, denn Goldminen sind eine der gefährlichsten und risikoreichsten Geschäfte auf dieser Welt. Sie brauchen unglaublich viel Kapital, der Aufbau dauert unglaublich lange und die Erfolgschancen sind denkbar gering. Nur ein Bruchteil der Explorationsprojekte wird schließlich tatsächlich zur Produktionsreife gebracht und ein wichtiger Faktor, der über Erfolg und Misserfolg entscheidet, ist das Klima an den internationalen Finanzmärkten. Zum einen starten die meisten neuen Projekte als Aktiengesellschaften und versuchen sich über die Börsen und deren Anleger zu finanzieren. Aber dafür braucht es ganz offensichtlich Interessenten. Fehlen diese, stirbt das Unternehmen bereits im Keim, und wenn das Ganze aufgrund der schlechten Lage an den Finanzmärkten systematisch passiert, etwa weil die Anleger kein Geld haben oder nicht bereit sind, ebensolches auszugeben, dann heißt das für die Zukunft weniger neue potenzielle Goldproduzenten. Da die Lebensdauer der meisten Minen aber auf ein paar wenige Jahre und Jahrzehnte begrenzt ist, heißt das wiederum, dass in so einem Falle eventuell nicht genügend neue Minen in Produktion gehen, um den Wegfall schließender Minen zu kompensieren. Das wiederum würde sich nachhaltig negativ auf das gesamte Angebot auswirken. Gold ist kein Naturrohstoff wie etwa Weizen, wo innerhalb einer Saison entschieden werden kann, auch das brachliegende Nachbarfeld zu bestellen, um damit auf die gestiegene Nachfragesituation zu reagieren. Wenn die Exploration von neuen Goldvorkommen vernachlässigt wird, kann sich dies noch bis ins nächste Jahrzehnt auswirken.

Aber die Finanzierung neuer Goldprojekte läuft selbstverständlich nicht nur über die Börsen, sondern auch über Banken und Bankkredite. Im Zuge der Kreditkrise, die sich das erste Mal 2007 bemerkbar machte, aber dann im 2. Quartal 2008 mit voller Wucht einsetzte, sind Kredite längst nicht mehr so leicht zu haben, wie das in den Jahren zuvor möglich war. Das Auslaufen alter Kredite bringt Unternehmen in Schwierigkeiten, genauso wie die verzweifelte Suche nach neuen Krediten, um etwa ein Projekt voranzutreiben, gerade und vor allem dann wenn auch die Anleger nicht an Investitionen in besagte Projekte interessiert sind. Wenn also Kredite knapp werden, dann wirkt sich das vielleicht in einer so direkten Weise negativ auf das Angebot aus wie kein anderer Faktor. Mit etwas Zeitverzögerung ist dann ein Abfall der Produktion, sollte nicht andere positive Faktoren hinzukommen, im höchsten Maße wahrscheinlich.

Ein weiterer Aspekt, der zu den wirtschaftlichen Rahmenbedingungen gezählt werden muss, ist die Energieversorgung. Bergbau ist, wie bereits angesprochen, ein extrem energieintensives Geschäft und von daher ist eine gute Energieversorgung von elementarer Bedeutung. Dieses Energieproblem wird von Jahr zu Jahr ein immer wichtigeres, aber auch brisanteres Thema. Während unser gesamter Energieverbrauch stetig steigt und Nationen wie China noch nicht einmal ein Zehntel ihres möglichen Potenzials ausgereizt haben (jedenfalls in Hinblick auf den Energieverbrauch von großen Industrienationen wie den USA), gehen unsere fossilen Brennstoffe langsam zur Neige und eine offensichtliche Lösung für dieses Problem ist noch nicht gefunden. Es soll ganz gewiss nicht eine Diskussion über die Vor- und Nachteile von Atomenergie folgen, vielmehr soll das Augenmerk auf die Brisanz gelenkt werden, die diese Problematik für die Goldindustrie haben könnte, oder vielmehr bereits jetzt schon hat. Südafrika, einer der größten Goldproduzenten der Welt, erlebte Ende 2007, Anfang 2008 einen Zusammenbruch des öffentlichen Stromnetzes, und es brauchte mehr als ein Jahr, um die Versorgung der gesamten Nation und aller Industrien wieder zu annähernd 100 % zu gewährleisten. Unter anderem führte dies mit -14 % für das gesamte Jahr 2008 zu einem der stärksten Produktionsrückgänge in der Geschichte des Landes seit dem großen Generalstreik 1922. In der Folge dieser Energiekrise investierten viele Unternehmen in eine eigene, private Stromversorgung, mit all den finanziellen Aufwendungen, die dafür notwendig waren.

Der Fokus soll nicht zu sehr auf diese Energieproblematik gerichtet werden, spielt diese im internationalen Vergleich, und vor allem auch im geschichtlichen Rückblick, noch eine eher geringfügige Rolle. Es soll vielmehr ein Augenmerk darauf gelegt werden, dass der Markt von morgen, und damit das Angebot von morgen, nicht unbedingt bloß mit einem Blick in die Vergangenheit abzuschätzen ist. Auch in Zukunft wird es zu neuen und scheinbar vollkommen überraschenden Bewegungen und Phänomenen kommen, die sich positiv wie auch negativ auf das gesamte Angebot auswirken können.

Ein erster Überblick über das Ausmaß der Minenproduktion und von welchen allgemeinen Faktoren diese abhängt, wurde hiermit vermittelt, offen blieb bisher jedoch die Frage nach den Ursprungsländern des Goldes. Mit anderen Worten, wo wird das meiste Gold gefördert?

In gewisser Weise hängt die Antwort auf diese Frage davon ab, über welchen Zeitraum in der Vergangenheit man spricht. Vor 3000 Jahren wäre die Antwort wohl Ägypten (oder vielmehr Nubien) gewesen. Vor 300 bis 400 Jahren gestellt, wäre die Antwort sicherlich Amerika, also Kolumbien oder Mexico gewesen. Hätte man die Frage vor 100, vor 50, vor 5 Jahren, ja im Grunde in jedem Jahr nach der Entdeckung von Gold im Witwatersrand gestellt, dann wäre die Antwort eindeutig Südafrika gewesen. Das hat sich nun aber in den letzten Jahren eindeutig gewandelt und Südafrika taucht seit 2007 in den Statistiken nicht mehr an erster Stelle auf. Der Grund dafür ist recht einfach, denn nach mehr als 100 Jahren Bergbau sind die Goldvorkommen allmählich erschöpft oder vielmehr unerreichbar geworden. Die Minen reichen teilweise bis zu 3,5 km tief in den Boden, mit all den technischen und ökonomischen Problemen, die damit verbunden sind, und so ist es auch kein Wunder, dass Südafrikas Goldproduktion seit Jahren rückläufig ist, während im Vergleich dazu in anderen Ländern stetig neue Vorkommen erschlossen werden können. Mittlerweile hat sich China an die Spitze der Liste der größten Goldproduzenten hervor gearbeitet, wie die nachfolgende Tabelle 1.2 belegt.

Schon auf den ersten Blick sieht man, dass Europa auf der Goldkarte maximal noch eine Randnotiz zukommt, während China, Südafrika, Australien und die USA die großen Goldnationen sind. Auch Lateinamerika spielt in der obersten Liga mit, auch wenn die Länder Peru, Mexico und

	2000	2001	2002	2003	2004	2005	2006	2007	2008
China	291	280	266	281	258	262	247	247	215
Südafrika	296	331	309	330	292	336	284	317	264
Australien	155	157	148	141	129	120	104	102	96
USA	172	193	202	211	217	230	247	281	292
Kanada	20	20	21	20	20	18	18	16	15
Russland	378	375	392	406	413	462	495	472	486
Lateinamerika	154	165	181	182	182	175	173	169	189
Asien	454	417	419	398	363	315	296	270	233
Restafrika	185	193	221	238	231	215	234	244	241
Europa	355	335	299	281	260	262	252	238	235
Rest	145	146	138	138	144	131	126	125	139
Weltproduktion	2613	2640	2613	2619	2492	2546	2486	2481	2416

(Quelle: Australian Commodity Statistics 2009)

Tabelle 1.2: Gesamte weltweite Goldproduktion im Ländervergleich in Tonnen

Chile für sich betrachtet jeweils nicht mit den Produktionszahlen der großen Vier konkurrieren können. Allerdings ist auch festzustellen, dass die Goldproduktion der eher traditionellen Länder wie Südafrika und den USA im Abwärtstrend liegt, während sich in China noch riesige, unexplorierte Gebiete befinden, und damit noch viel Potenzial für einen weiteren Anstieg der Produktion in den kommenden Jahren.

Stillschweigend hat sich hiermit ein weiterer Faktor mit eingeschlichen, der für die Bemessung des Goldangebotes ebenfalls sehr wichtig ist. Ein Faktor, der bei genauerem Nachdenken recht evident und banal ist. Minen, ja die Vorkommen ganzer Länder können erschöpft werden und andersherum können Neuentdeckungen oder auch das Vorantreiben der Industrialisierung in Entwicklungsländern für neues Angebot sorgen. Die Welt ist keine statische Angelegenheit, mit Konstanten, auf die man sich immer verlassen kann – das ist selbst beim ewigen Metall Gold nicht anders und selbstverständlich muss auch aus diesem Grund stetig nach einem möglichen Wandel Ausschau gehalten werden. Auch Gold ist ein endlicher Rohstoff und daran wird selbst ein hoher Goldpreis schlussendlich nichts ändern können. Die Minenproduktion ist schon seit einigen Jahren rückläufig und viele Experten gehen davon aus, dass der Goldproduktionspeak, ganz ähnlich wie auch bei Erdöl, bereits überschritten wurde.

	Reserven[4]	Reservenbasis[5]
USA	3000	5500
Australien	5800	6000
Brasilien	2000	2500
Kanada	1000	4200
Chile	2000	3400
China	1900	4100
Ghana	1600	2700
Indonesien	3000	6000
Mexico	1400	3400
Papua Neu Guinea	1200	2300
Peru	1400	2300
Russland	5000	7000
Südafrika	6000	31 000
Usbekistan	1700	1900
andere Länder	10 000	22 000
Welt gesamt	47 000	100 000

Tabelle 1.3: Weltweite Goldreserven in Tonnen, Stand 2010

(Quelle: U.S. Geological Survey)

Aktuell schätzt die *U.S. Geological Survey* die nachgewiesenen Goldreserven dieser Welt auf insgesamt nur 100.000 Tonnen, wobei in Südafrika, Russland, Australien, Indonesien und in den USA noch am meisten Gold im Boden schlummert.

Sicherlich sind diese Zahlen stark gerundet und beziehen sich ausschließlich auf aktuelle Minenprojekte (ob Produktionsanlagen vorhanden sind, spielt bei der Betrachtung keine Rolle, solange der geologische Nachweis erbracht wurde) und insofern werden zukünftige Explorations-

[4] Nachgewiesene Ressourcen, die aus wirtschaftlicher Sicht abbauwürdig sind.

[5] Alle nachgewiesenen Ressourcen, die zum aktuellen Stand der Technik und in Hinblick auf die mögliche Preisentwicklung als potenziell abbauwürdig klassifiziert werden können.

projekte diesen Angaben ganz gewiss noch weitere Tonnen Gold hinzufügen können. Dennoch wird dadurch auf eindrucksvolle Weise deutlich, wie wenig Gold in der Erde steckt, und wie begrenzt sich das mögliche zukünftige Minenangebot in seinen Ausmaßen darstellt, denn 100.000 Tonnen sind weniger, als ein Land wie Peru monatlich (!) an Kupfer oder Zink fördert.

Altgold

Wie eingangs bereits erwähnt, stützt sich das gesamte Goldangebot nicht nur auf die Minenproduktion, sondern auch auf die Verkäufe von Altgold, im englischen Sprachraum auch als *scrap* oder *scrap gold* bekannt. Mehrfach wurde bereits angesprochen, dass Gold kein typisches Verbrauchsgut ist, sondern, in gewissem Sinne, dem Markt auf ewig erhalten bleibt.

Altgold oder *scrap* ist jedoch ein sehr weiter Begriff, und wenn er in den Angebotsstatistiken auftaucht, dann fasst man darunter im Allgemeinen recht verschiedene Phänomene zusammen, die sich allerdings in einem Punkt gleichen – es handelt sich hierbei nicht um neu gefördertes Gold, sondern eben um altes, bereits in irgendeiner Form verarbeitetes und verkauftes Gold, das wieder auf den freien Markt gekommen ist. Die einfachste Art, wie das geschehen kann, ist, wenn sich ein Anleger entscheidet, seine Position zu liquidieren. Das ist vor allem deswegen einfach, weil es sich hierbei nicht selten bereits um diverse Anlageprodukte wie Münzen oder Barren handelt, die zumeist ohne eine Wiederaufbereitung erneut auf den Markt geworfen werden können. Die zweite Möglichkeit ist der Verkauf von Schmuck und tatsächlich nimmt alter Goldschmuck den größten Anteil beim gesamten Altgoldangebot ein. Oftmals passiert dies auf sehr direktem Weg über den Juwelier, der den Schmuck dann für seine Zwecke einschmilzt oder umarbeitet. Gerade auch in Indien und anderen Entwicklungs- und Schwellenländern ist dies ein großes Thema, da die einheimische Bevölkerung eine Alters- und Krisenvorsorge tendenziell eher in Schmuck tätigt als in Form von Barren und Münzen. Und schließlich bleibt noch das Recycling von Industrieprodukten und dergleichen als letzter großer Pfeiler des Altgoldangebotes. Das fängt an bei vergoldetem Schmuck oder anderen vergoldeten Gegenständen, beziehungsweise Gegenständen mit einem geringen, aber signifikanten Goldanteil. Aber genauso gut findet Gold teilweise in Katalysatoren und überhaupt in der chemischen Industrie und Forschung sowie in der gesamten Computerchipbranche Anwendung und auch hier ist das Recycling von Gold dank des hohen Preises selbst bei geringen involvierten Mengen profitabel. In Japan gibt es sogar eine Firma, die aus den Ablagerungen in Kläranlagen Gold kommerziell wiederaufbereitet.

Gegen Ende 2010 visierte der Goldpreis die Marke von 1400 $ pro Unze an, und somit erklärt sich auch, warum wenig unversucht bleibt, um an altes Gold wieder heranzukommen und man es eben nicht, wie etwa viele andere, weniger kostspielige Rohstoffe, auf der Müllkippe verkommen lässt.

	2005	2006	2007	2008	2009
Europa	102	126	117	125	154
Nordamerika	70	88	83	92	107
Lateinamerika	40	50	48	51	56
Mittlerer Osten	209	261	238	277	324
Indischer Subkontinent	142	198	180	215	276
Asien	262	327	320	350	408
Afrika	15	18	16	17	20
Osteuropa	40	53	50	55	61
Ozeanien	3	4	3	4	4
Welt Gesamt	882	1123	1056	1185	1408

Tabelle 1.4: weltweites Altgoldangebot im Überblick, Angaben in Tonnen (Quelle: Fortis Yellowbook 2010)

In Bezug auf das gesamte Altgoldvolumen ist durchaus auffällig, dass gut 70% der gesamten Verkäufe auf den asiatischen Raum fallen, während die großen Industrienationen in Europa und Nordamerika tendenziell eher einen kleinen Anteil an der Gesamtmenge ausmachen. Vereinfacht gesagt, auch wenn in Kapitel 3 noch näher auf dieses Themengebiet eingegangen werden soll, liegt das schlicht und ergreifend daran, dass in diesem Erdteil auch weit mehr Gold nachgefragt wird und somit in der Folge auch wieder mehr verkauft werden kann.

Ganz generell stellt sich vor allem aber auch die Frage, wovon das Altgoldangebot eigentlich abhängt? Die Antwort auf diese Frage gestaltet sich recht parallel zur Antwort auf die Frage, wovon die Minenproduktion abhängt. Auch in diesem Fall muss gesagt werden: vom Preis.

Das scheint zunächst einleuchtend, ist im Detail dann aber doch etwas komplizierter. Zunächst ist festzustellen, dass ein hoher Goldpreis sehr häufig dazu führt, dass die Eigentümer von Goldschmuck, teilweise auch von Bullionprodukten, die Gunst der Stunde nutzen, um ihr Gold zu verkaufen, ähnlich wie andere vielleicht ihre Aktien bei einer Rallye verkaufen würden. Das muss in absoluten Zahlen nicht unbedingt nur neue Höchstpreise bedeuten, oftmals ist auch eine besonders heftige Markterholung Auslöser für vermehrte Goldverkäufe.

Der Goldpreis sollte zudem auch immer relativ zu anderen Gütern und überhaupt der gesamten wirtschaftlichen Situation gesehen werden. Aber das allein muss nicht immer ausschlaggebend sein – es können auch Ernteausfälle in Indien, ein Rückgang des Ölpreises für den mittleren Osten oder etwa die Verschuldungskrise in Lateinamerika sein, die sich auf das gesamte Altgoldvolumen auswirken.

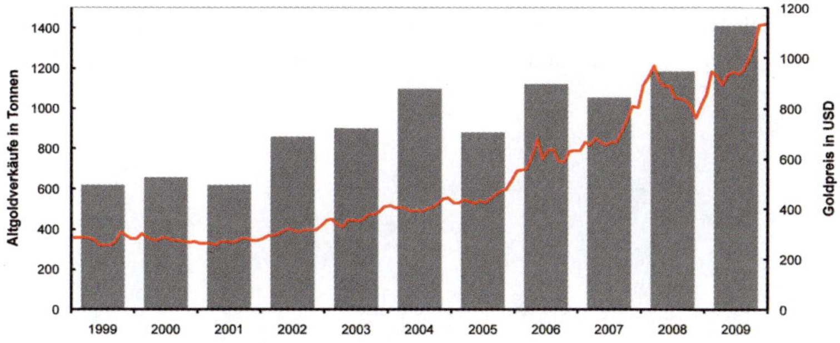

Grafik 1.1: Altgoldverkäufe im Verhältnis zum Goldpreis (Datengrundlage: Fortis Yellowbook)

Genauso muss berücksichtigt werden, dass hohe Goldpreise nicht nur die Eigentümer von Gold in den verschiedensten Formen zum Verkauf animieren, sondern auch überhaupt die Zurückgewinnung von Gold möglich oder vielmehr rentabel und profitabel machen. Ähnlich wie für die Minenunternehmen mit höheren Goldpreisen Erzvorkommen mit einem geringeren Mineralisierungsgrad wirtschaftlich interessant werden, können bei hohen Goldpreisen weit mehr elektronische Komponenten und andere industrielle Abfallprodukte und Ausrüstungsgegenstände ausgeschlachtet werden. (Wobei der Goldpreis relativ zu den anderen Kosten gesehen werden muss, denn ein rein inflationsbedingter Anstieg des Goldpreises wird sich kaum auf die gesamte Goldproduktion aus Recyclinganlagen auswirken).

Abschließend noch ein Wort dazu, wie das meiste Altgold verkauft wird und wo es wiederaufbereitet wird. Hauptsächlich passiert das in Raffinerien, bis daraus *Good Delivery Barren* oder Barren von noch höherer Reinheit gegossen werden können. Genauso gibt es Scheideanstalten, die sich auf Edelmetall-Recycling spezialisiert haben und Elektronikschrott und Industrieabfälle in größeren Mengen ankaufen, um daraus unter anderem auch Gold zurückzugewinnen. Schlussendlich gibt es in nahezu jeder Stadt in Deutschland, genauso wie in den allermeisten anderen Ländern dieser Welt, Ankaufstellen für Altgold. In erster Linie sind solche Ankaufstellen, meist kleine Händler und Juweliere, nur an Schmuck, Kunstgegenständen und Münzen interessiert, aber dennoch werden hier insgesamt gesehen große Mengen Altgold aufgekauft und entweder direkt weiterverarbeitet beziehungsweise weiterverkauft oder über den Umweg über eine Scheideanstalt wieder auf den Markt gebracht.

simplified

2 Handelsplätze

Auch wenn man mit Gold kein Frauenherz kaufen kann, alles Übrige schon.

ERHARD BLANCK (*1942),
deutscher Heilpraktiker, Schriftsteller und Maler

Angebot und Nachfrage sind wohl so eng miteinander verbunden wie Gold und Geld und tatsächlich werden beide Begriffe oftmals im gleichen Atemzug genannt. Was dabei jedoch nicht selten unter den Tisch fällt, ist die Schnittstelle zwischen Angebot und Nachfrage, denn das Gold wird ja schließlich nicht direkt von den Minen an die Konsumenten verkauft. Im Grunde ist bereits diese Vorstellung in ihren Grundzügen falsch, mal abgesehen davon, ob es tatsächlich so etwas wie Direktverkauf oder Produzentenverbände gibt, weil die wenigsten Minen überhaupt handelstaugliche Goldbarren produzieren. Die meisten Goldminen produzieren nur sehr stark angereichertes Erz, also Goldkonzentrat oder sogenannte Doré-Barren. Letztere sind nichts anderes als die direkt eingeschmolzene und noch relativ stark verunreinigte Rohware der Minen. Zunächst muss die Rohware also an Goldraffinerien geliefert werden, in denen die Produktion der Goldminen aufgearbeitet und durch elektrolytische Vorgänge aufgereinigt wird, bis daraus ein Produkt entsteht, das den Auflagen für die international anerkannten Standards für Goldbarren entspricht (sprich eine Reinheit von mehr als 99,5%). Erst dann werden sie an die weltweiten Handelsplätze für Gold weitertransportiert und schließlich an die Verbraucher und Investoren dieser Welt weiterverkauft. Damit beginnt der Weg des Goldes jedoch undurchsichtig zu werden, insbesondere wenn es darum geht, Aussagen über diesen Teil des Goldmarktes mit harten Fakten zu belegen.

Problematisch ist das Ganze insofern, weil es dazu keine umfassenden offiziellen Statistiken gibt, vor allem weil in den Goldhandel so viele

Großbanken und Notenbanken verwickelt sind, die über ihre Goldgeschäfte keine detaillierte Auskunft geben, und weswegen die Daten maximal auf indirekte Weise approximiert werden können. Nichtdestotrotz soll zumindest ein Versuch gestartet werden, die Goldgeschäfte mit offiziellen Zahlen und Fakten zu hinterlegen.

Der wichtigste Goldhandelsplatz der Welt ist unangefochten die *London Bullion Market Association*, kurz LBMA, in London. Hier wird der Goldpreis täglich zweimal festgesetzt oder auch gefixt und generell ist dies der Preis, wonach sich die physische Gold-Welt richtet, denn fast alle Over-the-Counter (OTC) Geschäfte werden *loco London*[6] abgewickelt. Die LBMA ist keine Terminbörse im klassischen Sinn, sondern vielmehr nur ein Handelsverband von 6 Großbanken, die als Clearing-Mitglieder und *Market Maker* fungieren (Barclays Bank, Bank of Nova Scotia, Deutsche Bank, HSBC, JPMorgan Chase und UBS[7]), und einer Vielzahl von verschiedenen Klienten und Mitgliedern, wie andere Banken, Großhändler, Raffinieren, Industrielle, etc., die hier OTC- Handel mit Gold betreiben.

OTC ist in diesem Fall nicht nur mit außerbörslichem Handel zu übersetzen, sondern tatsächlich sehr wörtlich, nämlich mit *über den Tresen*. Vereinfacht gesagt ist die LBMA eine Handelsplattform, bei der allein physisches Gold gehandelt wird, das bei vom Verband offiziell anerkannten Vermögensverwaltern in London hinterlegt ist, und dann gegen Cash an einen neuen Eigentümer weiterverkauft wird. In der Regel wird das Gold als solches dabei nicht bewegt. Für die LBMA gibt es auch detaillierte Statistiken zum Handelsvolumen:

	2005	2006	2007	2008	2009	2010
Mio. oz. Gold	16,5	21,5	20,3	22,3	20,4	18,4

Tabelle 2.1: Durchschnittliches tägliches Handelsvolumen an der LBMA (Quelle: London Bullion Market Association)

[6] Loco ist ein englisches Wort für »Ort, Stelle«, abgeleitet vom lateinischen locus. Damit sind Geschäfte gemeint, bei denen LBMA-Klienten mit einem Metallkonto in London Gold im Auftrag Dritter transferieren.

[7] Goldman Sachs, Mitsui&Co, Royal Bank of Canada und Société Générale gehören auch noch zur Liste der Market Maker, bieten aber keine Clearing-Dienste an.

Diese Zahlen kann man aber nicht in direktem Zusammenhang mit dem absoluten jährlichen Goldangebot setzen. Durchschnittliche 22,3 Mio. Unzen Gold pro Tag im Jahr 2008 sind umgerechnet ca. 693 t Gold. Extrapoliert man diesen Wert auf das ganze Jahr, bekommt man eine gigantische Menge Gold, die weit jenseits der gesamten Weltjahresproduktion liegt. Hier wird Handel getrieben, auf Termin gekauft oder verkauft, teilweise sogar spekuliert, und das umfasst mehr Gold als nur die aktuelle Produktion, sondern alles Gold, was den jeweiligen Handelstreibenden in irgendeiner Form zu Verfügung steht, sprich Bestände von Großhändlern, Banken, Zentralbanken, etc., denn wie besprochen wird Gold nicht verbraucht. Somit lassen sich auch diese hohen Zahlen erklären und dabei blieben so etwas wie Swap- und Spread-Geschäfte, Goldleihgeschäfte und ähnliche Transaktionen, die das Handelsvolumen aufblähen, noch vollkommen unberücksichtigt. Auch mit Optionen wird an der LBMA gehandelt. Offiziellen Angaben seitens der Zollbehörden zufolge wurden 2008 insgesamt wohl 440 t Gold nach England importiert, wobei die inoffizielle Zahl aufgrund der äußerst ungewöhnlichen Statistikführung noch etwas höher liegen sollte.

Während der für die Preisbildung wichtigster Umschlagsplatz London ist, ist wohl der größte physische Markt Zürich und der dort eingerichtete *Zürich Gold Pool,* der allerdings noch weit intransparenter und schlechter zugänglich ist als sein Londoner Pendant.

Zürich war, neben Genf, schon seit jeher ein wichtiges Goldhandelszentrum in der Schweiz und auf der Welt. Einen Teil dieser Geschäfte verdankte das Land seinem neutralen Status – das nationalsozialistische Regime schaffte zum Beispiel große Mengen Gold in die Schweiz, um Deutschland mit Devisen zu versorgen und den Kriegsapparat überhaupt noch am Laufen halten zu können. Später in diesem Jahrhundert sollte dieser neutrale Status auch bei Südafrika und dem Apartheidregime eine Rolle spielen. Aber die wirkliche Geburtsstunde von Zürich als Goldmarkt von internationaler Größe fällt wohl ins Jahr 1968. Damals, bevor der Tier-2-Markt eingerichtet werden konnte, wurde der alte Goldmarkt in London auf Wunsch der US-Regierung geschlossen, und für ein paar wenige Tag war hier kein Goldhandel möglich. In dieser Phase formten drei Schweizer Banken – UBS, Schweizer Bank Verein und Crédit Suisse – einen Gold Pool, um den Markt aufrecht zu halten und sich am Markt neu zu positionieren. Aber es war nicht nur die Schließung des Londoner Goldmarktes, sondern auch das Wegfallen der festgesetzten Goldpreise (denn zuvor waren die Produzenten gezwungen, über die Bank of England in den Gold Pool der Zentralbanken zu verkaufen), der für den Erfolg des neu eingerichteten *Züricher Gold Pools* sprach. Die UBS hatte bereits zuvor versucht, eine Geschäftsbeziehung mit Südafrika aufzubauen, und die temporäre Schließung des Londoner Goldmarktes gab den Ausschlag, dass man von südafrikanischer Seite schließlich darauf einging. Auch nachdem in London der Handel wieder aufgenommen wurde, sollte der Großteil der südafrikanischen Goldproduktion weiterhin nach Zürich gehen. Plötzlich hatten die Händler auch Zugriff auf große Mengen frisch geförderte Goldbarren und damit war die Autonomie des *Gold Pools* garantiert. Als dann in den 70ern auch die Russen ihre Geschäfte von London nach Zürich verlagerten und nunmehr ihre Produktion über die dort ansässige Wozchod Handelsbank ablaufen ließen, wurde Zürich als Goldhandelsplatz weiterhin bestärkt.

Im Grunde ist der *Zürich Gold Pool* nicht großartig anders strukturiert als die LBMA, nur fungieren hier nur die oben genannten drei Gründungsmitglieder als die Marktmacher. 1982 wurde die Premex (seit 1999 Teil der Cosmorex) eingerichtet, um professionellen Marktteilnehmern einen Broker-Service anbieten zu können. Ab 1986 wurde dann, ähnlich wie in London, auch täglich der Preis gefixt, nur geschieht das in Zürich nur einmal morgendlich per Telefon. Auch in Zürich liegt der Fokus eigentlich auf dem physischen Handel, wenngleich man mittlerweile auch zu einem der größten Handelsplätze für Papiergold geworden ist.

Was nun den Stellenwert des *Züricher Gold Pools* in der Welt angeht, dazu lassen sich nur sehr schwer verbindliche Aussagen treffen. Es wäre vollkommen falsch, sich vorzustellen, dass in Zürich irgendwo ein *Gold Pool*-Gebäude steht. Das Ganze ist ein eher loser Verband von Banken, die unter dem Namen *Zürich Gold Pool* ihre Geschäfte miteinander koordinieren. Man darf sich des Weiteren nicht der Illusion hingeben, dass trotz der recht großen Volumina wirklich viele Personen in den Goldhandel involviert sind. Wenn mehr als zehn Mitarbeiter in der Edelmetall-Abteilung einer Bank beschäftigt sind, dann handelt es sich schon um einen der großen Marktmacher.

Mittlerweile hat sich die Crédit Suisse fast völlig aus dem Geschäft zurückgezogen und das Clearing wird hauptsächlich von der UBS übernommen. Aber von der wird man keine Angaben zu ihren Goldgeschäften erhalten, noch wird man von der Premex, die sowieso nur Broker sind, Informationen bekommen. Es bleibt allein der indirekte Weg über die Schweizer Goldimporte, auch wenn darauf hingewiesen werden muss, dass sich in der Schweiz drei der größten Goldraffinieren der Welt befinden, für Schmuck und Uhrenindustrie ebenfalls große Mengen des gelben Metalls gebraucht werden und nicht alles in die Schweiz importierte Gold notwendigerweise auch in Zürich auf den Markt kommt. Genauso steht fest, dass den Schweizer Banken mehr Gold für ihre Geschäfte zur Verfügung steht, als nur das importierte Gold. Aber dennoch können diese Zahlen einen gewissen Eindruck von der Bedeutung der Eidgenossen im internationalen Vergleich geben.

	Import	Export
2009	2185,8	989,9
für monetäre Zwecke	0,3	4468,0
Münzen	24,6	82,7
2008	2084,8	1294,9
für monetäre Zwecke	8,5	7,3
Münzen	14,0	6,7

Tabelle 2.2: Gold-Außenhandel Schweiz, Angaben in Tonnen (Quelle: Eidgenössische Zollverwaltung)

Die LBMA in London und der *Gold Pool* in Zürich sind allerdings nicht die einzigen Handelsplätze auf der Welt, obwohl sie wahrscheinlich im internationalen Handel mit Abstand die wichtigste Rolle einnehmen, gerade was den Verkauf der weltweiten Minenproduktion angeht.

Auch New York gehört zu den großen Goldhandelsplätzen der Welt, obwohl hier erst seit wenigen Jahrzehnten gehandelt wird. Grund dafür ist unter anderem die Tatsache, dass bis 1974 US-Bürger per Gesetz gar nicht zum Besitz von Gold befugt waren. Warum aber New York im Grunde immer nur ein inländischer Markt blieb, kann dies nicht erklären. Vielleicht liegt es daran, dass die USA seit Ende der 1980er selbst zu einer der großen goldproduzierenden Nationen avancierten, während gleichzeitig die Nachfrage auf dem Binnenmarkt ebenfalls stark genug war, um die inländische Produktion zu absorbieren. Dennoch kommt ein großer Teil der lateinamerikanischen Goldproduktion (Peru, Mexico, Chile) und große Teile der kanadischen Goldförderung über die USA auf den Markt.

	2004	2005	2006	2007	2008	2009
Import	283	341	263	170	231	340
Export	257	324	389	519	568	385

Tabelle 2.3: Gold-Außenhandel USA, Angaben in Tonnen (Quelle: U.S. Geological Survey)

Nun wäre es falsch zu schreiben, dass New York im internationalen Goldhandel keine Rolle spielt, richtiger wäre, dass sie im OTC-Geschäft eher unbedeutend sind. Mit COMEX und NYMEX steht in New York eine der größten Terminbörsen der Welt, allerdings konzentriert sich hier der Handel auf Future-Kontrakte und Papiergeschäfte. Wobei zu sagen ist, dass der Goldterminhandel an der COMEX wie kein anderer das internationale Preisgeschehen beeinflusst.

Für den asiatischen Raum muss die *Tokyo Commodities Exchange*, kurz TOCOM, und Hong Kong erwähnt werden. Auch wenn beides relativ große Märkte sind, über die der Großteil des Goldhandels im ostasiatischen Raum abläuft, und zwar in durchaus signifikanten Mengen, so bleibt dennoch zu bemerken, dass keiner dieser beiden Märkte das internationale Preisgeschehen wirklich beeinflusst. Vor allem an der TOCOM richtet man sich, obwohl eigentlich ein eigener Terminmarkt existiert, ganz nach dem Spotpreis in London. Hong Kong hingegen ist vielleicht eher als Schnittstelle zwischen dem Westen und dem Osten zu sehen und in der Tat äußert sich das bereits auf sehr fundamentale Weise. Während in Europa hauptsächlich *Good Delivery Barren* und 1-Kilo-Barren gehandelt werden, sind in Fernost eher die traditionellen chinesischen *tael* Barren[8] gebräuchlich. Alle drei werden in Hong Kong gehandelt, was den lokalen Händlern bei Preisrallyes in den Überseemärkten oftmals die Möglichkeit auf gewinnbringende Arbitragegeschäfte zwischen den im Inland präferierten *tael* Barren und 1kg Barren bietet.

[8] Siehe auch Kapitel 7

Obwohl Indien als größter Markt für Gold weltweit gilt, jedenfalls was die Nachfragevolumina angeht, so hat sich hier nie wirklich ein Handelsplatz von internationaler Bedeutung herausbilden können. Die Ursache hierfür ist jedoch vielmehr eine politische. In Indien laufen nahezu alle Goldimporte über die Zentralbank, die Reserve Bank of India (RBI), oder über von der RBI vergebene Import-Lizenzen, hauptsächlich an Großbanken und ein paar wenige große Edelmetallhändler. Über Jahrzehnte hinweg, bis 1990, war der Import von Gold sogar völlig verboten und der Handel nur sehr eingeschränkt möglich, weswegen ein Großteil der Goldgeschäfte eher illegalen Charakter hatte. Erst in den letzten Jahren hat sich die Situation etwas gelockert. Seit einigen Jahren verfügt Indien über mehrere eigene Terminbörsen, an denen Gold gehandelt wird, von denen der *Multi Commodity Exchange of India*, kurz MCX, wohl der wichtigste ist.

Das Zentrum für den physischen Handel ist eindeutig Mumbai, wobei hier die im Handel traditionell gebräuchlichste Einheit 5-*tola* und 10-*tola* Barren (*1 tola* = 11.66 Gramm) sind; seit 2003, als die Regierung die Steuersätze für in Gramm denominierte Barren änderte, haben sich zunehmend auch 1-Kilo-Barren durchgesetzt. Auch wenn es mit der *Bombay Bullion Association* eine Art informellen und eher losen Dachverband gibt, fehlt eine Institution wie die LBMA oder der *Zürich Gold Pool*. Der Goldpreis wird in Indien typischerweise in Rupien pro 10 Gramm angegeben, ist aber hauptsächlich vom Spotpreis in London abhängig. Generell liegt der indische Goldpreis jedoch um ein gutes Stück über dem Spotpreis in London, was darauf zurückzuführen ist, dass Mumbai in erster Linie kein Primärmarkt ist, auf dem neu gefördertes Gold direkt auf den Markt kommt. Im Allgemeinen handelt es sich bei dem Gold, welches in Mumbai über die autorisierten Banken (die praktisch gesehen nur als Vermittler tätig sind) auf den Markt kommt, um Konsignationsware aus der Schweiz oder auch aus London. Um Ware also, die bis zum Verkaufszeitpunkt, und der damit verbundenen Entnahme aus den Tresoren der indischen Banken, Eigentum der jeweiligen Schweizer oder Londoner Bank bleibt. Die zusätzlichen Transportkosten, Importzölle, Handelsmargen und Verkaufsabgaben wirken sich allesamt negativ auf den Preis aus und können die zum Teil erheblichen Aufpreise im Vergleich zu London erklären.

Eng mit dem indischen Markt verknüpft ist auch Dubai. Im Grunde existiert dieser Markt eigentlich nur für und wegen des indischen Marktes.

Nachdem 1947 in Indien ein Importverbot für Gold verhängt wurde, war der Freihafen von Dubai die logische Alternative für die Goldhändler aus Mumbai und fungierte sozusagen als Scharnier zwischen London bzw. Zürich und Mumbai. Außerdem hatte gerade für viele in der Schweiz und in London agierende Banken Dubai einen entscheidenden geographischen Vorteil. Obwohl nur ein Teil der südafrikanischen Goldproduktion das Land in Form von *Good Delivery Barren* verlässt, werden diese verkaufsfertigen Barren oftmals direkt über Filialen in Dubai nach Indien verkauft und gar nicht erst nach Zürich verschifft. In den letzten Jahren und Jahrzehnten hat sich Dubai aber selbst zu einem großen Markt entwickelt, was nicht zuletzt an den Heerscharen an indischen Gastarbeitern liegt, die hier einen Teil ihres Verdienstes in Gold anlegen wollen. Auch die vielen Touristen, die im legendären Gold-Souk von Dubai-City günstigen Schmuck erwerben wollen, haben Dubai als Markt weiter etabliert.

Bild 2.1: Schaufensterauslage im Gold Souk von Dubai-City (Quelle: silberinfo)

Im Emirat gibt es deswegen seit 2002 respektive 2004 mittlerweile zwei Handelsplattformen für Gold, das Dubai Multi Commodities Center (DMCC) und der Dubai Gold & Commodities Exchange (DGCX). Wobei sich das DMCC auf den physischen Handel konzentriert, während die DGCX die Termingeschäfte übernimmt. Wie man an den Import-Export-Statistiken eindeutig sieht, wächst die Bedeutung von Dubai im internationalen Vergleich zunehmend.

	Import	Export
2009	576	403
2008	674	371
2007	559	287
2006	489	274
2005	522	223
2004	503	261

Tabelle 2.4: Gold-Außenhandel Dubai, Angabe in Tonnen

(Quelle: Dubai Multi Commodities Center)

So sich die Nachfragesituation in Dubai selbst und Indien nicht grundlegend verändert, wird Dubai auch in den kommenden Jahren seine Stellung im internationalen Goldhandel halten, wenn nicht gar ausbauen können.

Mit London, Zürich, New York, Tokyo, Hong Kong, Dubai und Mumbai wurden einige der für den physischen Goldhandel wichtige Handelsplätze vorgestellt, allerdings hört die Liste damit keineswegs auf. In vielen weiteren Ländern dieser Erde findet sich, vor allem dort, wo selber viel Gold produziert oder gefördert beziehungsweise wo Gold verbraucht und gebraucht wird, irgendeine Vereinigung, irgendeine Art Terminbörse oder Handelsplattform, über die physische Goldtransaktionen abgewickelt werden. In Europa könnte man vielleicht noch Italien erwähnen, wo eine produktionsstarke Schmuckindustrie mit Ware versorgt werden will. Im internationalen Vergleich findet sich zum Beispiel noch in der Türkei, mit dem Istanbul Gold Exchange, ein großer Handelsplatz für Gold, genauso wie über Singapur und Sydney ein Großteil der asiatischen Goldgeschäfte abgewickelt werden.

simplified

3 Die Nachfrage

*»Wie kam Gold zum höchsten Werte?
Darum, daß es ungemein ist und unnütz und leuchtend
und mild im Glanze; es schenkt sich immer.«*

FRIEDRICH WILHELM NIETZSCHE (1844-1900),
deutscher Philosoph, Essayist, Lyriker und Schriftsteller

Nachdem sich die letzten beiden Kapitel intensiv mit dem Angebot und den Handelsplätzen beschäftigt haben, drängt sich die Nachfragesituation am Goldmarkt als logischer nächster Schritt förmlich auf. Auch wenn es unter Experten immer wieder zu Diskussionen kommt, ob sich die Bewegungen des Goldpreises wirklich in erster Linie am Wandel der Fundamentaldaten orientieren, sprich Veränderungen von Angebot und Nachfrage, bleibt es dennoch ganz außer Frage, dass für potenzielle Anleger hier wichtige Informationen gewonnen werden können.

Gold ist ein sehr altes und begehrtes Metall und so verwundert es nicht, dass es mehr als nur einen Markt für das edle Metall gibt. Im Allgemeinen teilt man die Goldnachfrage in drei Kategorien auf: die industrielle Nachfrage, die Nachfrage der Schmuckbranche und die Investitionsnachfrage. Es gab einmal eine Zeit, da hätte man dieser Liste noch, ähnlich auch wie beim Angebot, den offiziellen Sektor hinzufügen müssen. Auch wenn mittlerweile Regierungen und Zentralbanken wieder anfangen ihre Goldpositionen aufzustocken, geschieht dies noch in einem eher kleineren Umfang. Laut Aussagen von Gold Fields Mineral Services wurden 2010 rund 90 Tonnen Gold vom offiziellen Sektor nachgefragt. Immerhin eine geschichtsträchtige Trendwende – denn noch 2008 wurde, wie in den gesamten drei Jahrzehnten zuvor, von den Zentralbanken netto noch Gold verkauft. Es wäre aber, gerade mit Blick auf die aktuelle Schwäche des US-Dollars und die Ängste um den Fortbestand der europäischen Gemeinschaftswährung, denkbar, dass in relativ naher Zukunft wieder wirklich signifikante Mengen Gold von diesem Sektor nachgefragt werden. Das ist aber, wenn überhaupt, Zukunftsmusik. Auch das Dehedging der Produzenten taucht in den meisten Statistiken auf, weil bei Erfüllung der Termingeschäfte die Bullionbank oder der Händler auf der Long-Seite Gold, welches sie bei Kontraktabschluss über Goldleihgeschäfte zur Absicherung verkauft haben, nun zurückkaufen müssen. Da dadurch aber keine echte Nachfrage im Sinne eines Verbrauchs generiert wird, sondern im Grunde nur mit dem Faktor Zeit gespielt wird, soll auf das Dehedging an dieser Stelle nicht weiter eingegangen werden.

	2001	2002	2003	2004	2005	2006	2007	2008	2009
Schmuck	3008	2660	2483	2878	2996	2276	2227	1976	1672
Industrie	514	555	602	682	750	687	714	735	672
Investment[9]	55	69	118	234	300	365	382	545	810
Dehedging[10]	108	439	363	456	141	411	421	340	247
Gesamt	3685	3723	3566	4250	4187	3739	3744	3596	3401

Tabelle 3.1: weltweite Goldnachfrage in Tonnen (Quelle: Fortis Yellow Book 2010)

Als Erstes sticht vielleicht ins Auge, dass bei der gesamten weltweiten Nachfrage die Schmuckbranche den Löwenanteil ausmacht. Auf den zweiten Blick sieht man vielleicht, dass die Investitionsnachfrage in den letzten Jahren massiv zugenommen hat, und eventuell fällt auch auf, dass die gesamte Nachfrage zwar in den letzten drei Jahren abgefallen ist, aber mit Blick auf das letzte Jahrzehnt im Großen und Ganzen tendenziell eher unverändert geblieben ist. Mit diesen drei Beobachtungen hat man im Grunde bereits die grundlegenden Nachfragetrends verstanden, vielleicht wäre noch erwähnenswert, dass die Schmucknachfrage rückläufig ist, während die restliche industrielle Nachfrage eher konstant geblieben ist.

Um noch tiefer in die Materie einzusteigen, folgt als Zweites Grafik 3.1, die die Entwicklungen des Goldpreises ins Verhältnis mit der Veränderung des Angebots setzt.

[9] Nur eindeutig identifizierbare Käufe; Barrenkäufe sind in diesen Angaben beispielsweise nicht mit enthalten.
[10] netto

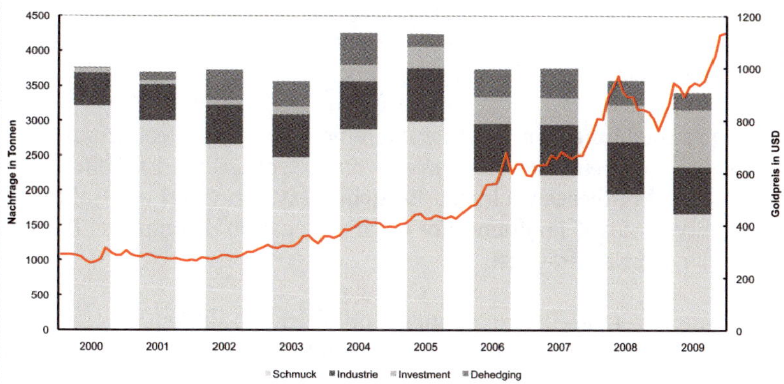

Grafik 3.1: Korrelation von Goldpreis und Nachfrage (Datengrundlage: Fortis Yellow Book 2005/2010)

Erstaunlich ist, dass die Gesamtnachfrage in Tonnen nahezu unabhängig von der Entwicklung des Goldpreises verläuft. Oft bekommt man doch zu lesen, dass mit steigendem Preis die Nachfrage sinkt, während mit fallenden Preisen auch ein Anstieg der Nachfrage verbunden wird – und dennoch blieb die gesamte Goldnachfrage, obwohl sich der Goldpreis in den letzten zehn Jahren mehr als verfünffacht hat, auf einem annäherungsweise gleichbleibenden Niveau. Die Goldnachfrage scheint laut dieser Grafik vollkommen entgegen jeder Intuition zu verlaufen, ja sogar gegen die Gesetze des freien Marktes, vor allem wenn man bedenkt, dass die Nachfrage auf Dollarbasis im gleichen Zeitraum um ein Vielfaches angestiegen ist.

Natürlich ist auch der Goldmarkt im Grunde ein freier Markt und die Gesetze von Angebot und Nachfrage sind auch hier wirksam, aber diese Grafik kann vielleicht verdeutlichen, welche Sonderrolle Gold einnimmt, denn Gold ist in erster Linie kein Industrierohstoff oder gar ein Gegenstand des täglichen Bedarfs. Stattdessen sollte man Gold besser als Luxusgegenstand oder als Anlagegegenstand beschreiben, mit nur einer geringen industriellen Komponente, wo Gold tatsächlich als Industrierohstoff im eigentlichen Sinne nachgefragt wird. Gerade in Hinsicht auf die Investitionsnachfrage muss festgestellt werden, dass steigende Preise ganz generell zu einem erhöhten Interesse seitens der Anleger führen und damit auch zu einer größeren Nachfrage.

Für die Betrachtung von Gold ist das eine essenzielle Beobachtung, die deswegen noch einmal wiederholt werden soll: Gold ist kein Industrierohstoff! Mit dieser wichtigen Einsicht lässt sich vieles am Goldmarkt erklären, was zuvor kontraintuitiv erschien, egal ob das nun die Preisbildung oder die Nachfrage ist.

Um wirklich festzustellen zu können, von welchen Faktoren die Nachfrage abhängt und welche Tendenzen man finden kann, lohnt sich eine Betrachtung der oben angeführten drei verschiedenen Unterkategorien der gesamten Nachfrage, denn hier gibt es teilweise erhebliche Unterschiede, etwa auch in puncto Preissensibilität.

Die Schmucknachfrage

Vielleicht ist es für die meisten Leser nicht weiter überraschend, dass die Schmuckbranche mit Abstand für den größten Teil der Nachfrage verantwortlich zu machen ist. Man muss auch kein ausgewiesener Experte sein, um festzustellen, dass es in Deutschland fast in jeder Stadt zumindest einen Juwelier gibt, bei dem unter anderem auch Goldschmuck angeboten wird, während die Suche nach Goldhändlern vielerorts weit schwieriger fällt, und Fabriken für Computerchips ebenfalls nicht zum allgemeinen Stadtbild hinzugehören. Die Zeiten, in denen Gold noch eine wichtige, primäre monetäre Rolle in Form von Münzen im Umlauf einnahm, sind auch längst vorbei, und somit wird auch von Seiten der Notenbank kaum noch eine Nachfrage generiert.

Der eigentliche Grund für die Dominanz des Schmuckmarktes ist aber ein anderer und lässt sich nur mit Blick auf den internationalen Markt erklären, denn allein von der relativen Häufigkeit der einzelnen Vertriebswege kann man selbstverständlich nicht auf die gesamten Volumina schließen.

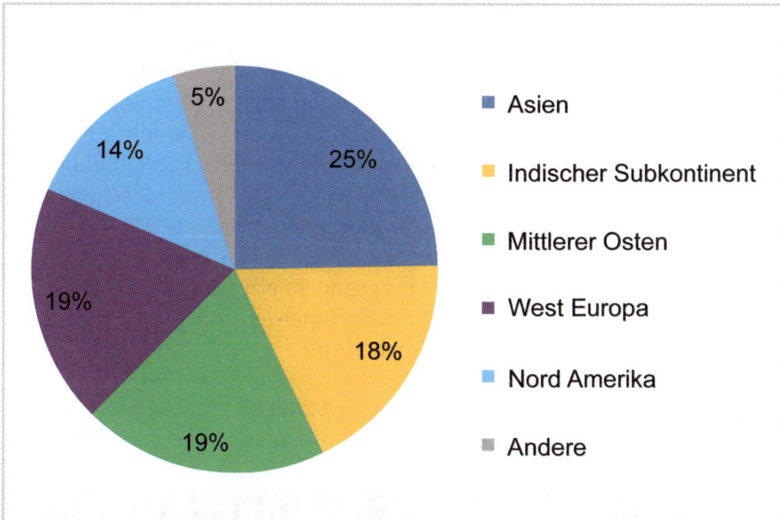

Grafik 3.2: Weltweite Schmucknachfrage 2009 in Prozent (Quelle: Fortis Yellow Book 2010)

Auch wenn Europa und Nordamerika in vielerlei Hinsicht die bedeutendsten Absatzmärkte der Welt sind, muss die Situation bei Gold etwas differenzierter betrachtet werden, denn knapp zwei Drittel der gesamten Schmucknachfrage fällt auf den asiatischen Raum[11]. Das liegt aber zuallererst nicht daran, dass die Bevölkerung dort mehr Geld für Luxusgüter wie Schmuck übrig hat, oder etwa dass die Menschen in Asien und im Mittleren Osten größeren Gefallen an Goldschmuck finden. Gold und vor allem aber Goldschmuck wird in diesen Regionen der Erde vielmehr traditionell auch als Investition und als finanzielle Absicherung betrachtet. Aus diesem Grund wird teilweise auch die Unterscheidung zwischen Investitionsschmuck und reinem Zierschmuck getroffen.

In Indien ist es üblich, dass jeder Vater seiner Tochter über die Jahre hinweg sukzessive Goldschmuck kauft, der ihr später bei der Hochzeit als Mitgift mitgegeben wird. Oftmals ist es allein dieser Goldschmuck, der als

[11] Wenngleich vermerkt werden sollte, dass die USA, als Einzelland betrachtet, im internationalen Vergleich mit durchschnittlich rund 332 t in den letzten zehn Jahren auf Platz 2 der größten Schmuckkonsumenten liegt.

Besitz der Frau verstanden wird und ihr im Fall einer etwaigen Scheidung, oder nach dem Tod ihres Mannes erhalten bleibt. Im Zusammenhang mit dem indischen Goldmarkt wird man bei eventuellen Nachforschungen zwangsläufig über den Begriff Hochzeitssaison stolpern, auf Englisch *wedding season*, weil dies die aktivste Zeit des Jahres ist. Goldpositionen werden liquidiert, um damit die teuren traditionellen indischen Großhochzeiten ausrichten zu können, genauso wie Goldschmuck als Geschenk oder Mitgift für die Braut erworben wird. Mit der Hochzeitssaison sind vor allem die Monate Januar, Mai, Oktober und Dezember gemeint, auf die jeweils wichtige indische Feste fallen. Besonders erwähnenswert ist hierbei *Diwaili*, das Fest des Lichtes, das von den meisten Indern als günstigster Zeitpunkt für eine Hochzeit angesehen wird.

Indien war einst unangefochten der größte Markt für Goldschmuck auf der Welt, doch nachdem der Goldpreis in den vergangenen zwei Jahren so

Bild 3.1: Schaufensterauslage bei einem typischen indischen Juwelier (Quelle: silberinfo)

massiv angestiegen ist, hat sich diese Situation gewandelt. Während die Inder sich wegen dem hohen Preis und der schlechten Wirtschaftslage nicht mehr so viel Gold leisten können, tauchte 2009 die USA erstmals an erster Stelle in den Statistiken auf. Langfristig ist aber davon auszugehen, dass China die Spitzenposition übernehmen wird. Einen großen Stellenwert nimmt auch der gesamte arabische Raum ein, insbesondere Saudi-Arabien, Pakistan, die Türkei und die Vereinigten Arabischen Emirate. Deutschland ist im weltweiten Vergleich hingegen eher als unbedeutend einzustufen.

	2004	2005	2006	2007	2008	2009
USA	378,5	372,2	334,5	317,6	260,9	261,1
Indien	526,0	578,3	353,2	323,2	305,9	246,1
China	265,0	274,2	252,6	243,2	216,5	225,6
Saudi-Arabien	152,3	160,0	116,8	123,4	114,6	94,6
Türkei	128,5	137,6	98,9	114,7	84,2	64,1
Italien	87,4	85,1	81,1	77,1	64,4	51,8
Ägypten	76,7	85,8	56,4	61,2	57,4	47,1
Indonesien	82,0	82,8	57,7	55,2	49,6	46,4
Pakistan	93,2	100,3	61,4	57,3	52,6	41,9
Schweiz	72,7	71,7	63,7	59,6	47,8	41,3
...						
Deutschland (Rang 13)	58,5	57,4	50,1	46,7	36,8	32,0

Tabelle 3.2: Die 10 größten Märkte für Goldschmuck, Angaben in Tonnen (Quelle: Fortis Yellow Book 2010)

In Westeuropa ist als der einzig wirklich wichtige Markt Italien zu nennen und das aus zwei Gründen. Erstens wird hier im europäischen Vergleich viel größerer Wert auf Goldschmuck gelegt, was sich in einer durchaus signifikanten Binnennachfrage ausdrückt, zweitens ist Italien auch einer der wichtigsten Produktionsstandorte für Goldschmuck auf der Erde. Gerade in Oberitalien hat sich über die Jahre eine rege Goldindustrie mit viel Know-how und richtungsweisenden Produktionsverfahren herausbilden können und Mitte bis Ende der 90er wurden hier mit mehr als 500 t gut ein Sechstel der gesamten weltweiten Goldschmuckproduktion hergestellt. Mit dem Einbruch der Nachfrage auf den für Italien wichtigen Absatz-

märkten Europa und Nordamerika, belief sich die gesamte Produktion von Goldschmuck 2009 nur noch auf 190 t Gold.
Selbstverständlich ist Italien nicht das einzige Produktionszentrum für Goldschmuck aller Art. So konnte sich zum Beispiel China, obwohl die Goldschmuckindustrie des Landes im Vergleich zu den traditionellen Produktionszentren der Welt noch sehr jung ist, 2009 erstmals auf Rang 1 der größten Schmuckproduzenten positionieren. Die Türkei fragt mittlerweile nur noch 114,7 t Gold jährlich nach und findet sich im internationalen Vergleich an vierter Stelle. Laut Angaben des *Istanbul Gold Exchange* wurden zwischen 2000 und 2009 im Durchschnitt immerhin knapp 190t jährlich in das Land am Bosporus importiert, die Hoch-Zeiten der Schmuckindustrie scheinen jedoch auch in der Türkei nunmehr der Vergangenheit anzugehören.

	2004	2005	2006	2007	2008	2009
China	240,0	250,0	260,0	252,2	227,0	255,0
Indien	532,0	592,5	355,5	319,9	303,9	243,1
Italien	330,0	320,0	304,0	288,8	240,7	190,0
Türkei	263,0	283,5	192,7	230,8	163,9	114,7

Tabelle 3.3: Die vier größten Goldschmuckproduzenten im Überblick, Angaben in Tonnen (Quelle: Fortis Yellow Book 2010)

Indien ist nicht nur eines der größten Märkte für Goldschmuck, hier wird findet sich auch einer der größten Produktionsstandorte für Goldschmuck auf der Welt. Typischerweise wird in Indien nicht in großen Fertigungsbetrieben oder Fabriken hergestellt, sondern in kleinen und Kleinstbetrieben in Garagen, Hinterhöfen und Gassen, von denen es allerdings, über ganz Indien verstreut, hunderttausende gibt. Mumbai, mit seinem Zaveri Basar, ist auch in dieser Hinsicht als wichtigster Schauplatz des Geschehens zu nennen und nicht nur als größter Handelsplatz des Landes.

In Verbindung mit dem indischen Markt, Ähnliches gilt aber für viele andere Entwicklungsländer, muss jedoch noch auf ein weiteres charakteristisches Merkmal eingegangen werden. Auch wenn Indien selbst über keine nennenswerten Goldminen verfügt und somit theoretisch vollkommen auf Importe angewiesen ist, decken die Goldschmiede des Landes ihre Nachfrage nicht allein über ebensolche Importe. In finanziell schwierigen Zeiten, etwa bei Ernteausfällen, oder aber auch wenn der Goldpreis neue Rekordstände erreicht und sich Gewinnmitnahmen anbieten, kann das Altgoldangebot des Landes so groß werden (während gleichzeitig weniger nachgefragt wird), dass die gesamten Importe des Landes fast auf null zurück gehen und die Nachfrage stattdessen allein über Altgoldverkäufe bedient werden kann. Der indische Markt und vergleichbare Märkte im asiatischen Raum sind sehr dynamisch, gerade weil der Goldschmuck dortzulande tendenziell eher als Investition und nicht nur als reiner Schmuck betrachtet wird.

Mit dieser Beobachtung im Hinterkopf, kommt man nicht umhin, sich zu fragen, von welchen Faktoren denn die gesamte Nachfrage des Schmucksektors abhängt. Im Allgemeinen geht man von zwei Faktoren aus, die den Schmuckmarkt, und die Nachfrage der Schmuckindustrie, die diesen Markt mit Waren beliefert, kurz- und mittelfristig gesehen beeinflusst. Zum einen ist die Schmuckbranche sehr preisempfindlich, gerade in den weniger weit entwickelten Ländern der Erde. Ein hoher Goldpreis sorgt dafür, dass sich die Bevölkerung ärmerer Länder Goldschmuck im kleineren Umfang oder überhaupt nicht mehr leisten kann. Zudem kommt auch die Investitionskomponente von Goldschmuck hinzu. Hohe Preise senken oftmals die Kaufmoral der Anleger in Investitionsschmuck, die dann keine potenziellen Gewinne mehr wittern und lieber auf einen günstigeren Kaufzeitpunkt warten. Auch der Preisunterschied in den einzelnen Währungen muss berücksichtigt werden. Eine schwache Rupie zum Beispiel kann die Goldpreise, relativ gesehen, ebenfalls nach oben treiben.

Genauso ist die Nachfrage aber auch einkommensabhängig. Vor allem in den westlichen Märkten, wo Goldschmuck rein als Luxusgegenstand betrachtet wird, und sich ein Schmuckkauf insofern hauptsächlich nach dem verfügbaren Einkommen richtet und somit alle Phänomene, die das reale Einkommen der potenziellen Schmuckkäufer beeinträchtigen, einen Einfluss auf die gesamte Nachfrage haben. Das kann sich in Form von Inflation oder Massenarbeitslosigkeit ausdrücken, genauso gehören dazu auch Faktoren, wie die oben erwähnten Ernteausfälle, die zur Folge haben, dass die indischen Kleinbauern kein oder weniger Geld in Goldschmuck investieren können. Manchmal stolpert man in den Medien deswegen über scheinbar kuriose Nachrichten, wie »schlechter Monsun lässt indische Gol-

dimporte einbrechen«, die mit diesem Wissen aber durchaus einleuchtend erscheinen.
Im Zuge der US-Immobilienkrise, die später dann in eine internationale Finanzkrise übergehen sollte, war auf dem US-Markt (der mit 378,5 t noch im Jahr 2004 immerhin einen Anteil von 13 % an der gesamten weltweiten Schmucknachfrage hatte) zu beobachten, wie die Gesamtnachfrage in den Jahren bis 2008 um mehr als 100 t einbrechen musste, weil sich die Einkommenssituation der US-Bürger derart verschlechtert hatte (siehe Tabelle 3.2).

In Hinblick auf die Grafik 3.1 muss für die Nachfrage des Schmucksektors festgestellt werden, dass mit steigenden Preisen die absolute Nachfrage, ausgedrückt in Tonnen, generell abfällt. Denn steigende Preise bedeuten, dass in den asiatischen Märkten die Kaufmoral sinkt, während, ganz generell betrachtet, bei gleichbleibendem realen Einkommen, weniger Gold für das gleiche Geld über den Ladentisch geht.

Neben den beiden gerade beschriebenen klassischen Faktoren, müssen am Rande auch andere Aspekte erwähnt werden, wie etwa Modeerscheinungen. So ist zum Beispiel festzustellen, dass in Japan, einer Gesellschaft, in der die demonstrative Zurschaustellung von Reichtum eher verpönt ist, noch bis relativ weit über die zweite Hälfte des vergangenen Jahrhunderts Goldschmuck aus diesem Grund generell eher gemieden wurde. In den 1980ern und ganz massiv dann in den 1990er schienen dann die Bedenken und Vorstellungen der Vergangenheit vergessen oder ignoriert zu werden und plötzlich avancierte Japan, mit einer Nachfrage jenseits der Marke von 100 t Anfang der 90er, zu einem der wichtigsten Schmuckmärkte der Welt. Mittlerweile hat sich dieser Trend jedoch wieder umgekehrt und die Japaner sind eher wegen ihrer großen Altgoldverkäufe als wegen einer signifikanten Schmucknachfrage in den Medien.

Genauso führte der Zusammenbruch des Sozialismus, und der damit verbundenen Liberalisierung des Goldmarktes, zu einer deutlichen Steigerung der Goldnachfrage in den betroffenen Ländern. Mitbürger, die aus den neuen Bundesländern kommen, werden sich eventuell noch daran erinnern, wie schwierig es in der DDR war an Gold heranzukommen. Das gilt auch für andere ehemals sozialistische Länder, etwa Russland, wo der Luxusmarkt seit dem Zerfall der Sowjetunion boomt, aber genauso auch

China, wo ein langsamer Liberalisierungskurs gefahren wird. Natürlich führte nicht nur allein die Tatsache, dass die chinesische Bevölkerung seit 1982[12] überhaupt erst einmal Gold, egal in welcher Form, besitzen durfte, auch auf dem Schmuckmarkt zu einer steigenden Nachfrage. China ist genauso wegen seiner scheinbar unaufhaltsamen, teilweise zweistelligen Wachstumsraten ständig in den Medien und mit diesem Wachstum ging auch ein Anstieg der Gehälter der Bevölkerung einher. Mit der Liberalisierung des Goldmarktes und dem Anstieg des verfügbaren Einkommens hat sich das Reich der Mitte in den letzten Jahren ebenfalls zu einem der größten Märkte für Goldschmuck entwickelt.

Industrielle Nachfrage

Wie bereits im Kapitel über die Nachfrage kurz erwähnt wurde, als es um das Thema Altgold ging, gibt es für das gelbe Metall Gold auch eine Vielzahl von industriellen Anwendungen. Gleichzeitig ist aber zu beobachten, dass die Nachfrage der Industrie nur einen eher geringen Anteil zwischen 10 und 15 Prozent an der Gesamtnachfrage einnimmt, was zum einen auf die Seltenheit des Materials, hauptsächlich aber auf den hohen Preis dieses Rohstoffes zurückzuführen ist. Während bei den meisten wichtigen Industrierohstoffen die Preise generell pro Tonne angegeben werden, mindestens aber in Kilogramm, erfolgt die Preisangabe bei Gold bekanntlich in einer viel kleineren Standardeinheit – der Unze. So ist es nicht weiter verwunderlich, dass bei den meisten Großindustriellenprozessen nichts unversucht bleibt, für den teuren Rohstoff Gold einen adäquaten Ersatz zu finden. Dennoch hat Gold eine Reihe von hervorragenden physikalischen und chemischen Eigenschaften, auf die, besonders bei sehr hochwertigen Produkten, bei der die Qualität und weniger der Preis im Vordergrund steht, nicht verzichtet werden kann.

Gold zeichnet sich durch eine sehr gute Formbarkeit und Duktilität aus und es ist, wie eigentlich alle Edelmetalle, ein hervorragender Leiter von Elektrizität und Wärme. Es ist gut zum Löten geeignet und verbindet sich bereitwillig mit anderen Materialien, ohne dass man hartlöten muss, ge-

[12] Die vollständige Liberalisierung des Goldhandels kann aber erst gut 20 Jahre später, ab März 2003, als abgeschlossen gelten.

nauso geht Gold sehr leicht Legierungen ein. Ein wichtiges Merkmal für die Elektroindustrie ist auch die Korrosionsbeständigkeit. Da Gold unter Normalbedingungen mit den meisten ubiquitären Elementen und Verbindungen nicht reagiert, wird die Oberflächenleitfähigkeit damit nicht durch zum Beispiel Oxidation beeinträchtigt (anders als Silber, das zwar ein besserer Leiter ist, aber sehr rasch an der Luft oxidiert). Gold ist zudem auch ein guter Reflektor von Wärmestrahlung und kommt auch aufgrund seiner Korrosionsbeständigkeit weitläufig zum Einsatz (eine goldbeschichtete Wärmedecke hat zum Beispiel fast jeder als Teil des Sanikastens im Auto).

Trotz der vielseitigen industriellen Anwendungsgebiete für Gold, misst man der industriellen Nachfrage, mit Blick auf den gesamten Goldmarkt, eher eine geringe Bedeutung bei. Das hängt zum einen sicherlich mit der Tatsache zusammen, dass die Investitionsnachfrage in den letzten Jahren so in den Vordergrund getreten ist, zum anderen aber auch an technischen Neuerungen, die es erlauben, geringere Mengen Gold, bei gleichen Ergebnissen, zum Einsatz zu bringen, und sich so steigende Produktionszahlen trotzdem nicht auf den Verbrauch auswirken.

Generell lassen sich die industriellen Anwendungen von Gold in drei Teilbereiche aufteilen. Der wichtigste Bereich ist der Elektroniksektor, an zweiter Stelle kommen medizinische Anwendungen, vor allem Zahngold, und als letzter wichtiger Teilbereich wird Gold von der Industrie zu dekorativen Zwecken eingesetzt. In der Optik spielen Hartgoldbeschichtungen auch eine wichtige Rolle, genauso wie die guten Reflektionseigenschaften von Gold in der Raumfahrt Anwendung finden. So wurden zum Beispiel beim Bau der US-Raumfähre Columbia fast 41 kg Gold verbraucht. Beide zuletzt genannten Anwendungsgebiete haben aber, insgesamt gesehen, keinen signifikanten Einfluss auf die weltweite Nachfrage.

	2004	2005	2006	2007	2008	2009
Elektroniksektor	332	357	372	403	422	376
Dekoration, Dental & andere	350	393	315	311	313	297
gesamt	682	750	687	714	735	673

Tabelle 3.4: Industrielle Goldnachfrage in Tonnen (Quelle: Fortis Yellow Book 2010)

Elektroindustrie

In der Elektroindustrie kommt Gold vor allem bei der Beschichtung und Gestaltung von Platinen zum Einsatz. Hier kommt die gute elektrische Leitfähigkeit und Oxidationsbeständigkeit von Gold zum Tragen und dank modernster Technik können genügend geringe Schichtdicken erreicht werden, so dass die Verwendung von Gold, trotz der hohen Materialkosten, auch aus ökonomischer Sicht Sinn macht. Waren in den 1970ern 20 Mikrometer die Grenze des technisch Machbaren, arbeitet man heute bei Platinen mit Schichtdicken von unter 2 Mikrometer, was zu enormen Materialeinsparungen führte.

Insgesamt gibt es drei wichtige Möglichkeiten, Platinen mit Gold zu beschichten. Bei der Elektroplattierung fließt ein elektrischer Strom durch eine Lösung mit Gold-Ionen, wodurch sich elementares Gold an der Kathode (also der negativen Elektrode) abscheidet, man nennt dieses Verfahren auch »galvanisches Bad«. Dies ist die mit Abstand häufigste Methode und wird hauptsächlich dazu verwendet, um Kontakte und Steckverbindungen auf der Platine zu lokalisieren. Die Elektroplattierung ist sehr kostengünstig, bringt aber den Nachteil mit sich, dass eine Stromverbindung existieren muss. Isolierte Elemente auf der Platine müssen ohne äußere Stromquelle auf chemischem Weg vergoldet werden, im sogenannten »stromlosen Bad«; hierbei kommen meist Goldcyanid-Lösungen zum Einsatz. Mit Hilfe eines sogenannten Reduktionsmittels reduziert man die in Lösung befindlichen Gold-Ionen dann zum elementaren Metall. Als dritte Möglichkeit gibt es noch das galvanische Immersionsverfahren, bei dem das jeweilige Werkstück vorher mit einem unedleren Metall beschichtet wird (zum Beispiel Eisen oder Nickel) und wiederum in eine Goldcyanid-Lösung getaucht wird. Vereinfacht dargestellt, geht dann ein Teil des unedleren Metalls auf der Platine in Lösung, während sich das edlere Gold aus der Lösung in elementarer Form an der Oberfläche niederschlägt.

Zudem lassen sich auch über ein Siebdruckverfahren Goldpasten auf die Platine bringen, die dort dann auf thermischem Weg fixiert werden. Dieses Verfahren heißt Dickfilm- oder Dickschichttechnik.

Im Gegensatz dazu handelt es sich bei der Dünnschicht- oder Dünnfilmtechnik um ein physikalisches Verfahren, bei dem (unter anderem) Gold mit Hilfe von leicht flüchtigen Verbindungen aus der Gasphase auf der gewünschten Oberfläche abgeschieden werden kann.

Aber Gold kommt auch in Form von sogenannten Bonddrähten auf Platinen zum Einsatz. Das sind hauchfeine Golddrähte mit einer extrem hohen Reinheit von 999.99, im Bereich zwischen 10 und 200 Mikrometer, die man dazu verwendet, die einzelnen Steckelemente (wie Chips) untereinander und mit der Platine zu verbinden.

Für elektronische Zwecke wird mit zusammen über 60% weltweit das meiste Gold von den USA und Japan nachgefragt, während die westeuropäischen Länder eher eine untergeordnete Rolle spielen.

	2004	2005	2006	2007	2008	2009
Japan	125,0	131,6	135,5	146,3	150,7	132,6
USA	72,2	74,4	77,4	83,5	86,0	73,1
Südkorea	55,5	66,6	69,2	74,8	77,0	67,8
Russland	16,0	16,5	17,2	18,6	19,1	16,3
Singapur	13,5	15,5	15,6	16,9	17,5	15,3
China	2,5	3,8	5,7	7,4	14,5	-
Deutschland	10,8	10,9	11,3	12,2	12,6	11,0
Schweiz	8,9	9,4	9,8	10,6	11,0	9,6
Frankreich	8,9	9,5	9,9	10,6	11,0	9,5
Großbritannien	5,5	5,4	5,6	6,0	6,2	5,5

(Quelle: Fortis Yellow Book 2010)

Tabelle 3.5: Die 10 größten Verbrauchernationen von Gold in der Elektroindustrie, Angabe in Tonnen

Medizinische Anwendungen

Wegen seiner guten Formbarkeit, seiner Korrosionsbeständigkeit, seiner chemischen Stabilität und insbesondere auch wegen seiner hohen Bioverträglichkeit kommt Gold schon seit Jahrhunderten und Jahrtausenden im Bereich der Zahnmedizin zum Einsatz. Bereits im alten Ägypten und bei den Etruskern wurden Golddrähte verwendet, um Ersatzzähne im Gebiss zu verankern. Die Medizin hat seitdem ganz gewiss immense

Fortschritte gemacht, aber noch immer gehören Kronen, Füllungen und Brücken aus Gold zum Standardrepertoire eines jeden Zahnarztes. Da reines Gold allerdings zu weich ist, um dauerhaft den Beanspruchungen des Kauvorgangs zu widerstehen, kommt in den meisten Fällen eine Goldlegierung zum Einsatz, sogenanntes Zahngold. Zahngold ist eine Legierung mit einem Goldbestandteil zwischen 62 % und 78 %, je nach Verwendungszweck und Hersteller, wobei oftmals noch ein Anteil Silber, Platin oder Palladium hinzugefügt wird, so dass ein Edelmetallgehalt von mindestens 75 % erreicht wird. Der Rest ist dann Kupfer und Zink.

Auch zum Zusammenlöten einzelner Prothesenkomponenten wird häufig eine Legierung aus Gold, Silber und Kupfer herangezogen, die auch Spuren von Zinn, Zink oder Nickel enthalten kann.

Ganz generell gesehen ist die Verwendung von Gold in der Zahnmedizin jedoch eindeutig auf dem Rückzug. Das liegt zum einen am Fortschreiten der Technik. Neue Materialien können als besserer oder kostengünstigerer Ersatz für die alten Goldfüllungen, Brücken und Kronen dienen. Zum anderen spielt sicherlich auch der Wandel des Ästhetikempfindens eine Rolle. Kaum ein Patient will heute noch durch goldene Zähne auffallen und entscheidet sich deswegen lieber für eine farblich gut ins Gebiss integrierte Keramik- oder Kunststoffalternative. Zusätzlich ist die Verwendung von Zahngold mit erheblichen Kosten verbunden und in Zeiten von immer weiter sinkenden Kassenleistungen in den führenden Industrienationen, sofern überhaupt noch vorhanden, liegen Goldfüllungen oder Kronen nicht selten weit jenseits der finanziellen Möglichkeiten vieler Patienten und somit ist es auch nicht verwunderlich, dass die Zahngoldnachfrage seit Jahren rückläufig ist. Laut der *Australian Commodity Statistics 2009* nahm der Verbrauch der Dentalindustrie seit dem Jahr 2009 kontinuierlich um insgesamt 12 t ab, so dass 2008 nur noch 56 t Gold von diesem Sektor verbraucht wurden, wobei in Japan, Deutschland und den USA mit zusammen mehr als 70 % der Großteil dieser Nachfrage generiert wurde.

Im medizinischen Bereich kommt Gold außerdem schon seit langem bei der Behandlung von Arthritis zum Einsatz und ist ein beliebter Werkstoff für Prothesen in Körperregionen, die einer erhöhten Entzündungsgefahr ausgesetzt sind, etwa dem Innenohr. Die traditionelle ayurvedische Heilkunst in Indien schreibt Gold ebenfalls Heilkräfte und eine aphrodisierende Wirkung zu. Zukunftspotenzial gibt es im Bereich der Krebsheilung und Forschung, wo man versucht, mit Goldkomplexen einen nebenwirkungsärmeren Ersatz für die vielen auf Platinkomplexen aufbauenden Medikamente zu finden.

Dekorationszwecke

Der letzte große Pfeiler der industriellen Goldnachfrage ist Gold zu Dekorationszwecken. Vor allem in der Keramik- und Glasindustrie erfreuen sich traditionell goldverzierte Objekte großer Beliebtheit. Sogenanntes flüssiges Gold (feine Goldpartikel in einer Lösung aus organischen Komplexen) wird dabei direkt auf die Oberfläche aufgetragen und danach erhitzt, wobei die organischen Komplexverbindungen verdampfen und eine dünne Schicht Gold übrig bleibt, die später auf Wunsch poliert werden kann.

Ein weiterer Begriff, der in dieser Kategorie der industriellen Goldnachfrage oft auftritt, ist Walzgold. Walzgold, man findet auch die Begriffe Doublé Gold oder *Filled Gold*, wird hergestellt, indem man eine Goldschicht unter hohem Druck auf ein Messing- oder Nickelblech aufträgt und anschließend dünn auswalzt. Walzgold kommt heutzutage eigentlich nur noch bei der Herstellung von Modeschmuck oder zur Verzierung von hochwertigen Schreibgeräten zum Einsatz und wurde selbst da in großen Teilen durch galvanische Verfahren, die mittlerweile der Industriestandard sind, ersetzt. Gold Kaliumcyanid ist inzwischen das gängige Reagenz, um Luxusgegenstände wie Brillengläser, Gürtelschnallen, Handtaschenverschlüsse und dergleichen, aber auch hochwertigen Modeschmuck, über ein elektronisches Immersionsverfahren zu vergolden.

In den Bereich der Dekoration fällt auch Blattgold, welches schon seit Jahrhunderten zur Verschönerung von prestigeträchtigen Gebäuden, repräsentativen Innenräumen sowie Kunstwerken und Büchern herangezogen wird, und sowohl durch seine phänomenale Optik als auch durch seine Korrosionsbeständigkeit (gerade als Außenfarbe) überzeugen kann.

Die gesamte Nachfrage für Dekorationszwecke ist im Grunde von zwei Faktoren abhängig. Einerseits lässt sich beobachten, dass mit steigenden

Goldpreisen mehr Kunden eine Alternative zu echtem Goldschmuck suchen und somit die Nachfrage nach Modeschmuck steigt. Andererseits kommt Gold in der Industrie hauptsächlich auch bei der Veredelung von Luxusgegenständen zum Einsatz und somit ist die Nachfrage dieses Segments auch von der Wirtschaftslage abhängig, was sich in der Gesamtbetrachtung seit 2000 in leicht schwankenden, aber im Großen und Ganzen konstanten Zahlen im Bereich von plus/minus 90 t äußert.

Für die gesamten industriellen Anwendungen gilt, dass die Nachfrage tendenziell eher unabhängig vom Preis ist, man nennt das auch preisunelastisch. Das ist hauptsächlich darauf zurückzuführen, dass Gold zum einen rein aus qualitativen Gründen in der Industrie zum Einsatz kommt, und insofern ein höherer Preis in Kauf genommen werden muss, weil es weder einen adäquaten und/oder preisgünstigen Ersatz gibt noch ein Abfall der Produktqualität im Interesse der Hersteller und Kunden ist. Zum anderen ist zu beobachten, dass Gold, trotz der hohen Materialkosten pro Unze, an den gesamten Produktionskosten des Endproduktes nur einen geringen Anteil einnimmt. In vielen Fällen ist auch der Herstellungsprozess an sich teurer und zeitaufwändiger als die reinen Materialkosten von Gold.

Weder der Platinen- oder Chiphersteller noch der Produzent von Porzellan mit Goldrand wird sich bei einem steigenden Goldpreis anstelle von Gold für ein anderes Produkt oder für einen geringeren Verbrauch entscheiden, weil das, mit Ausnahme von technischen Neuerungen (die maximal durch hohe Preise motiviert sind, aber nicht damit zusammenfallen), in der Regel gar nicht möglich ist oder sinnvoll erscheint. Stattdessen hängt die industrielle Nachfrage vielmehr von der gesamten Wirtschaftslage ab. In wirtschaftlich angespannten Zeiten kommt es unter anderem auch zu einer geringeren Nachfrage nach Produkten, in denen Gold verarbeitet wurde, und somit sind dann folgerichtig auch bei der industriellen Goldnachfrage rückläufige Zahlen zu beobachten.

Im Fall von Zahngold sorgten allerdings weder der Preis noch in erster Linie die Weltwirtschaftslage für einen Einbruch der Nachfrage, vielmehr sind in diesem Fall technische Neuerungen die Schuld zu geben, weswegen die alten Anwendungsgebiete auf dem Rückzug sind. Sicherlich ist das in Zukunft in anderen Industriezweigen zu erwarten, denn es ist aktuell nicht vollkommen auszuschließen, dass nicht schon morgen ein besserer Ersatz für die Platinenbeschichtung gefunden wird. Andererseits muss man im Rahmen einer solchen Überlegung einräumen, dass auch stetig neue Anwendungsgebiete für Gold gefunden werden, von denen vielleicht eines in Zukunft eine ähnliche Signifikanz erreichen könnte.

Investitionsnachfrage

Da mit einer Investition in Gold, anders als mit Aktien oder Anleihen, keine Verbindlichkeiten gegenüber Dritten, etwa Regierungen oder Banken, eingegangen wird, und Gold somit nicht dem Risiko ausgesetzt ist, über Nacht wertlos zu werden, dient das ewige Metall in vielen Portfolios als Risikostreuung. Auch die Tatsachen, dass der Goldpreis mit den wenigsten Mainstream-Anlagen korreliert und als Absicherung gegen Inflation und Turbulenzen am Devisenmarkt herangezogen werden kann, sind mit ein Grund dafür, warum Gold bei vielen Anlegern so beliebt ist. Unter der Investitionsnachfrage versteht man im Allgemeinen die Nachfrage der Anleger nach Barren und anderen Bullionprodukten sowie nach anderen goldgedeckten Investmentvehikeln, wie zum Beispiel den ETFs. Auch wenn ein Großteil der Schmucknachfrage in Asien und im Mittleren Osten ebenfalls auf Investitionsabsichten zurückgeführt werden kann, wird dies standardmäßig nicht als Teil der Investitionsnachfrage verstanden.

Anzumerken wäre, dass alle Zahlen und Angaben zur gesamten Investitionsnachfrage allenfalls Schätzungen sein können, da ein Großteil der Investitionen über den äußerst undurchsichtigen OTC-Markt getätigt werden, genauso wie die Käufe im Einzelhandel ebenfalls nicht in ihrer ganzen Bandbreite erfasst werden können. Innerhalb dieses Abschnittes sowie in der gesamten Literatur wird deswegen von der *identifizierbaren Investitionsnachfrage* gesprochen, womit alle identifizierbaren, also eindeutig belegbaren, Goldkäufe zu Investitionszwecken gemeint sind, mit Ausnahme der Aktivitäten der Zentralbanken.

Auch wenn eine Investition in physisches Gold seit alters her eine der traditionellsten Anlagemöglichkeiten war, verlor Gold ab den 1980er Jahren immer mehr an Bedeutung und stattdessen konzentrierte man sich zunehmend auf den Aktienmarkt. Tatsächlich ist es sogar so, dass es ab dieser

Zeit oftmals netto zu einer negativen Investitionsnachfrage kam, weil die Liquidierungen von alten Goldpositionen, im Vergleich zum Erwerb von neuen Bullionprodukten, überwogen. Erst ab ungefähr 2000 kam es dann wieder zu einer Renaissance auf dem Goldmarkt. Das lag unter anderem an einem zunehmenden Vertrauensverlust an den Aktienmärkten und der Angst vor Inflation, genauso spielte aber auch eine ausgeprägte Dollarschwäche seit 2000 und ein vermehrtes geopolitisches Risiko eine wichtige Rolle, warum Gold wieder Einzug in die Portfolios der Anleger hielt.

Ab März 2003, und ganz massiv dann ab 2004 mit dem SPDR Gold ETF[13], gab es mit den *Exchange Traded Funds* plötzlich auch für institutionelle Investoren die Möglichkeit, kostengünstig und direkt am physischen Goldmarkt zu partizipieren, was zu einer regelrechten Revolution auf dem Goldmarkt und in Hinblick auf die Investitionsnachfrage zu gigantischen Zuwachsraten führte (mehr dazu in Kapitel 6).

Generell unterscheidet man bei der gesamten Investitionsnachfrage vier Kategorien: Barrenkäufe, Münzkäufe, Medaillen und Sammlermünzen und als letztes ETFs und ähnliche Produkte.

	2004	2005	2006	2007	2008	2009
Barren	256	263	235	237	381	211,6
Münzen	91	105	109	106	187,3	220,7
Medaillen & inoffizielle Münzen	26	37	59	73	67,7	53,3
ETFs & ähnliche Produkte	124	195	254	253	320,9	617,1
weitere, indentifizierbare Goldnachfrage	-	-	-	-10	219,8	229,7
Gesamtnachfrage	497	600	657	659	1176,7	1332,4

(Quelle: Australian Commodity Statistics 2008, Fortis Yellow Book 2010, eigene Recherchen)

Tabelle 3.6: identifizierbare Investitionsnachfrage nach Gold in Tonnen

Tabelle 3.6 kann zeigen, warum die gesamte Goldnachfrage nicht auf die massiv steigenden Goldpreise reagiert hat, sondern stattdessen weitestgehend konstant verlief. Während die Schmucknachfrage im Allgemei-

[13] Damals noch streetTRACKS Gold Shares

nen mit steigenden Goldpreisen abnimmt, verhält es sich bei der Investitionsnachfrage genau umgekehrt.

Auch für den Goldmarkt gilt »Tief kaufen – Hoch verkaufen«, aber ganz gewiss bewirken steigende Preise, dass die Anleger überhaupt erst einmal vom Goldmarkt Notiz nehmen, genauso vertrauen viele Investoren auf ihr Wissen, dass das Ende des Bullenmarktes noch lang nicht erreicht ist, und sich somit auch ein Einstieg bei höheren Preisen noch lohnt. Oftmals ist es vielleicht auch missverständlich, von steigenden Preisen zu reden, denn der Goldpreis korreliert negativ mit den meisten anderen Anlagen, und so ist ein hoher Goldpreis häufig Ausdruck der relativen Schwäche anderer Anlageklassen oder Währungen, wodurch Gold im Gegenzug wiederum wesentlich attraktiver erscheint.

Wie stark dieses Interesse an Gold auch bei Kleinanlegern gestiegen ist, sieht man beispielsweise an den Goldmünzenverkäufen der US-Mint. Auch wenn die Produkte der Prägeanstalt über die letzten Jahre hinweg

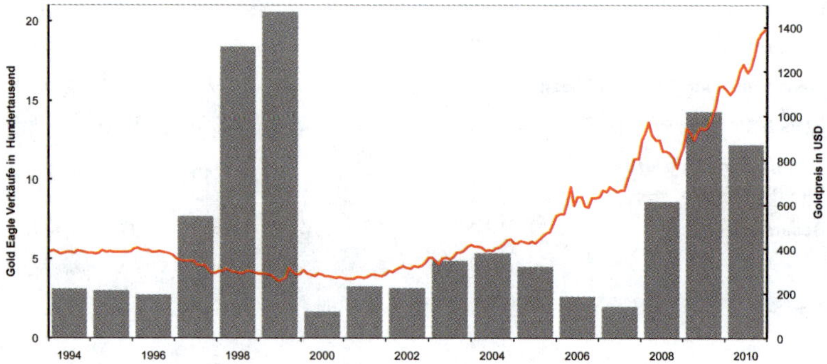

(Datengrundlage: US-Mint)

Grafik 3.3: Korrelation American Gold Eagle Verkaufszahlen der US-Mint zum Goldpreis

durchweg mit guten Verkaufszahlen glänzen konnten und die berühmten American Eagles Münzen in der Tat per Gesetz in genügend großen Stückzahlen produziert werden müssen, um die Nachfrage der amerikanischen Öffentlichkeit stillen zu können, kam es im August 2008 zu einer derart starken Nachfrage, dass sich die Prägeanstalt bis Juni 2009 gezwungen sah, den Verkauf völlig einzustellen bzw. zu kontingentieren und die Produktpalette auf allein die 1-Unzen-Stückelung herunterzufahren.

Das lag aber zuallererst nicht an der Entwicklung des Goldpreises, denn der stieg über die letzten acht Jahre kontinuierlich und praktisch ohne Unterbrechung an und hätte demnach die relativ schlechten Verkaufszahlen der Jahre 2006 und 2007 nicht erklären können. Die Motivation für den Kauf von Bullionmünzen der US-Münze scheint eine andere zu sein und ein Blick auf die Jahre 1998 und 1999 liefert dabei den entscheidenden Hinweis. Trotz einer Seitwärtsbewegung des Goldpreises auf unterstem Niveau wurden mit gut 2 Mio. mehr Unzen Gold verkauft als in den nächsten 5 Jahren zusammengenommen. Grund war die allgemeine Panik vor dem Jahreswechsel 2000 in Zusammenhang mit dem sog. «Millenium-Bug« oder auch »Y2k«, der die US-Amerikaner die Sicherheit von Gold aufsuchen ließ, aus Angst zum Beispiel vor einem Totalverlust mit ihren elektronischen Konten. Ein Jahr zuvor hatte auch die LTCM-Krise für einen deutlichen Vertrauensverlust der Anleger gesorgt. Ähnlich war es dann auch in der zweiten Hälfte 2008, als der Zusammenbruch des gesamten Finanzsystems nur durch staatliche Rettungsprogramme in Milliarden- und Billionenhöhe abgewendet werden konnte, während gleichzeitig die Finanzwelt weiterhin von neuen Hiobsbotschaften, Banken- und Kreditinstitutspleiten in Atem gehalten wurde. Seit dieser Zeit ist auf dem physischen Goldmarkt ein unglaublicher Boom zu beobachten, der in Europa und den USA zeitweise sogar von Engpässen und ausgedehnten Lieferverzögerungen und einer noch nie dagewesenen Nachfrage gekennzeichnet ist. Neue Bullionprodukte bekannter Hersteller sind oftmals binnen weniger Tage und Wochen restlos ausverkauft.

Das galt sowohl für den Kleinanleger, der sein Geld für ein paar kleine Goldmünzen zusammenkratzte, genauso aber für große Fonds und Versicherungsgiganten, die plötzlich die Vorteile einer Goldposition wiederentdeckt hatten.

Gerade in Hinblick auf das Interesse der Anleger an Goldbarren muss fast schon von Panikkäufen die Rede sein. Europa, das bei einer Betrachtung der weltweiten Barrennachfrage über Jahre hinweg höchstens als Fußnote auftauchte, avancierte 2008 zum bedeutendsten Kontinent, mit gigantischen Zuwachsraten im Bereich von mehreren Hundert Prozent, und ließ sogar den vormals größten Markt, Indien, weit hinter sich. Plötzlich wurden von den europäischen Anlegern mehr als 200 t in Barrenform nachgefragt, während nur vier Jahre zuvor netto von einer Deinvestition gesprochen werden musste. Ein ähnliches Bild ergibt sich für den nordamerikanischen Markt, wo ebenfalls ein drastischer Anstieg der Nachfrage verzeichnet wurde, der ebenfalls nicht zu sehr in Relation mit der Entwicklung des Goldpreises gesetzt werden sollte, sondern sich vielmehr mit den Ängsten und Bedenken der US-amerikanischen Anleger in Bezug auf die Sicherheit ihrer Ersparnisse und Anlagen erklären lässt.

Auch hinsichtlich der gesamten Gold-Investmentbranche muss festgestellt werden, dass es hauptsächlich die relative Sicherheit einer Goldanlage ist, die die Investoren zum Kauf bewegt. Zwar gibt es auch eine ganze Reihe professioneller und informierter Goldanleger, die auf diesem Markt vor allem Gewinnpotenzial sehen, während die Sicherheit nur ein angenehmer, wenngleich erwünschter, Nebeneffekt ist, doch ist das bisher bei weitem nicht die Mehrheit, und insgesamt nimmt die Preissensibilität der Goldnachfrage eher einen geringeren Stellenwert ein. So war im zweiten Quartal 2009, nachdem sich die Situation auf den Finanzmärkten vorerst wieder beruhigt hat, auch wieder ein Abfall der Investitionsnachfrage zu beobachten (obwohl sich diese im Vergleich zu den Vorjahren immer noch auf einem hohen Niveau befand), ohne dass dafür ein Abfall des Goldpreises verantwortlich gemacht werden konnte.

Es ist durchaus vorstellbar, dass die Investitionsnachfrage in Zukunft auch von anderen Faktoren bestimmt werden könnte. So gehen viele Experten aktuell von langfristig weiterhin steigenden Goldkursen aus, was wiederum immer mehr Investoren und Spekulanten auf den Goldmarkt locken wird, bis sich der Goldpreis schließlich vollkommen von äußeren Faktoren abkoppeln kann und es irgendwann vielleicht sogar zu einer Goldblase kommt. In dieser Zeit wäre die Investitionsnachfrage wahrscheinlich ausschließlich von der Preisentwicklung abhängig, wobei mit den immer weiter steigenden Goldpreisen eine immer größere Investitionsnachfrage bedient werden müsste, bis die Blase dann schließlich platzt. Ob es wirklich dazu kommt, lässt sich nicht mit Sicherheit sagen und hängt von vielen verschiedenen Faktoren ab, es ist jedenfalls ein mögliches Szenario und die ersten Indizien zeichnen sich dafür bereits ab. Es wird aber wohl noch eine Zeit brauchen, bis die Goldanlage auch bei der Allgemeinheit der Mainstream-Investoren angekommen ist, und sein Image als antiquiertes, wenngleich sicheres und für Notzeiten geeignetes, Anlageprodukt endgültig verliert und als das angesehen wird, was es eigentlich ist – eine großartige Gelegenheit.

simplified

4 Der Goldpreis

»Nach Golde drängt, am Golde hängt doch alles.
Ach wir Armen!«

JOHANN WOLFGANG VON GOETHE (1749-1832),
deutscher Dichter und Gelehrter; aus Faust

Im heutigen Informationszeitalter ist für die Anleger der Goldpreis praktisch in allen Medien verfügbar. Die meisten Tageszeitungen drucken ihn ab, im Fernsehen oder im Videotext ist er auch zu finden, und in den letzten Jahren ist vor allem das Internet zu einem wichtigen, wenn nicht zum wichtigsten Informationsmedium für den Goldpreis avanciert.

Obwohl die meisten Goldanleger den Goldpreis auf nahezu täglicher Basis verfolgen, einfach weil er die wichtigste Bemessungsgrundlage für den Erfolg oder eben Misserfolg ihrer Anlagen ist, wissen die wenigsten, wie der Goldpreis eigentlich zustande kommt. Dies zu erklären ist aber weit schwieriger, als sich das die meisten Anleger vielleicht vorstellen, denn der Goldmarkt ist pucto Preisquotierung weit davon entfernt einheitlich zu sein, insofern kommt es durchaus darauf an, welchen Kurs man gerade betrachtet.

Gold wird werktags praktisch 24h rund um die Uhr gehandelt (in Hong Kong ist der Markt sogar am Samstag geöffnet), und dabei wird elektronisch übermittelt, zu welchem Kurs der letzte Goldhandel stattgefunden hat, sowie der günstigste Preis, zu welchem eine Feinunze Gold gerade angeboten wird (Brief-Kurs), sowie welcher Preis der Höchstbietende gerade für eine Feinunze Gold zu zahlen bereit ist (Geld-Kurs). Aus diesen Daten wird der wohl bekannteste Chart zusammengestellt: der Spotpreis[14], der die letzten, ungewichteten Gebote für Gold zur sofortigen

[14] Von engl. spot – sofort lieferbar

Auslieferung pro Unze in New York und London abbildet (wobei Gold gängigerweise mit zweitägiger Valuta gehandelt wird).

Dieser allseits bekannte Live-Kurs wird aber nicht etwa von einer offiziellen Börse oder einem offiziellen elektronischen Tradingsystem (auf dem Goldmarkt wäre das wohl *Reuters Dealings* oder EBS) erstellt, sondern ist lediglich ein Durchschnittswert, zusammengestellt aus Goldtransaktionen an den eben genannten Goldhandelsplätzen. Man sollte außerdem nicht der Vorstellung erliegen, dass mit einzelnen Unzen gehandelt wird, obwohl der Kurs eigentlich in US-Dollar pro Unze angeben wird. In der Regel werden minimal 2000 Unzen quotiert (also 5 Standard-Barren à 400 Unzen), maximal aber 5000 Unzen, so dass bei größeren Volumina ein etwaiges Interesse vorher angezeigt werden muss.

Auch wenn wir heutzutage im Internetzeitalter leben, werden die meisten dieser Goldgeschäfte immer noch per Telefon abgewickelt, und die großen Broker verfügen allesamt über Standleitungen zu den wichtigen Goldhäusern. Ein Großteil des Goldhandels wird *Over The Counter* (OTC) abgewickelt, ist also sehr diskret, sehr individuell, dadurch kann aber auch die vergleichsweise hohe Volatilität des Spotpreises erklärt werden, in den solche OTC-Transaktionen nicht mit eingepreist werden. Gerade für große Händler, Schmuckproduzenten, Raffinerien, Investmentfonds und andere große Akteure am Goldmarkt ergibt sich damit durchaus ein Problem mit der Preisbildung, noch dazu weil der allseits publizierte Goldpreis nicht einmal wirklich offiziell ist. Auch deswegen wird dieser Intraday-Handel durch das *London Gold Fixing* ergänzt.

Das *London Gold Fixing* geht auf das Jahr 1919 zurück und dient seit jeher als eigentlicher Benchmark für den Großhandel. Ursprünglich bestand vor allem seitens der Produzenten, aufgrund der großen internationalen Währungsvolatilität nach Ende des Ersten Weltkrieges, ein Interesse an einem offiziellen und formgebundenen Preisfindungsmechanismus. Zweimal täglich, um 10:30 und um 15:00 (englischer Zeit), wird von den fünf Mitgliedern (Barclays Capital, Société Général, Deutsche Bank, HSBC und Bank of Nova Scotia) per Telefonkonferenz ein Goldpreis verhandelt. Früher geschah das noch direkt in den Räumen von N.M. Rothschild, wo die Mitglieder über Schreibtische mit eigenen Telefonanschlüssen verfügten. Mit dem Rückzug der Rothschild-Bank aus dem Goldgeschäft im Jahr 2004, die über 85 Jahre den Vorsitzenden gestellt hatte, gab man diese persönlichen Treffen jedoch auf; auch rotiert der Vorsitzende mittlerweile auf jährlicher Basis zwischen den fünf Mitgliedern.

Das *London Gold Fixing* muss als Versuch definiert werden, möglichst viele Aufträge zu einem einheitlichen Preis abzuwickeln. Es geht also nicht um eine reine Festsetzung eines Kassakurses, sondern es handelt sich dabei tatsächlich um einen Preisfindungsprozess, der in der Folge kurz skizziert werden soll:

Zu Beginn des Fixings schlägt der Vorsitzende (engl. Chairman) einen Eröffnungspreis vor, der dann an die anderen Fixingmitglieder weitergeleitet wird; die wiederum prüfen, ob es seitens ihrer Kunden für diesen Preis Käufer oder Verkäufer gibt. Für den Fall, dass es zu diesem Preis Käufer und/oder Verkäufer gibt, werden vom *Chairman* die zur Disposition stehenden Unzen erfragt. Wenn es zu diesem Eröffnungspreis nur Käufer oder Verkäufer gibt oder kein Gleichgewicht zwischen den jeweils angebotenen und erfragten Mengen herrscht, muss ein neuer Preis vorgeschlagen werden. Dieser Vorgang wird dann so lange wiederholt, bis Kauf- und Verkaufsseite ausgeglichen sind, wobei ein Ermessensspielraum von bis zu 50 Barren zwischen den beiden Seiten erlaubt ist, was in so einem Fall dann auf die Fixing-Mitglieder umgelegt wird. Wenngleich offiziell keine Zahlen angegeben werden, illustriert diese Grenze auf eindrucksvolle Weise, in welchem Umfang Geschäfte über das *London Gold Fixing* laufen, denn 50 Standard-Barren sind 20.000 Unzen Gold im Gegenwert von 26-28 Millionen USD (bei einem Durchschnittspreis von 1300-1400 $ die Unze).

Beim Fixing gibt es keinen Spread, stattdessen muss der Käufer ein *Premium* zwischen 20 und 50 Cent pro Unze zahlen, während der Verkäufer einen *Discount* von in der Regel bis zu 15 Cent pro Unze erhält. Weitere Vorteile für die Kunden sind die Gewährleistung einer absoluten Anonymität und eine extrem hohe Marktliquidität, zusätzlich wird auch eine geringere Preisvolatilität als im Intraday-Handel erreicht. Tatsächlich werden über das *London Gold Fixing* auch die größten Volumina gehandelt, einfach weil die großen Akteure am Markt die erwähnten Vorteile nutzen wollen, während dem Intraday-Handel für den physischen Goldhandel eine vergleichsweise geringere Bedeutung zukommt. Zudem verwenden die meisten Investmentfonds und ähnliche Investmentvehikel, die in irgendeiner Weise an den Goldpreis gekoppelt sind, das *London Gold Fixing* als Benchmark für ihre Berechnungen, insbesondere das Nachmittagsfixing.

Mit dem Spotpreis und dem *London Gold Fixing* ist aber die komplette Vielfalt bei der Preisquotierung noch nicht erschöpft. Viele Geschäfte am Goldmarkt laufen über den Terminmarkt ab, etwa in Form von Vorwärtsverkäufen, sogenannten *Forwards*. Seit jeher wollen sich Produzenten und Konsumenten gegen ein Preisrisiko absichern oder über Terminprodukte eine gesicherte Berechnungsgrundlage für das operative Geschäft erwirken, was auch *Hedging* genannt wird. So haben zum Beispiel Schmuckproduzenten Angst vor plötzlich steigenden Preisen, während Minenunternehmen hauptsächlich um fallende Preise besorgt sind. Gold lässt sich aber in der Regel nicht zum Spotpreis auf Termin kaufen oder verkaufen, man muss deswegen vom Händler zusätzlich einen Vorwärtspreis anfragen. Um diesen zu verstehen, muss man allerdings etwas tiefer in den Terminmarkt einsteigen.

Will ein Marktteilnehmer Gold auf Termin kaufen, so bekommt er einen Briefkurs, der zumeist über dem aktuellen Spotpreis liegt, man nennt diese Situation auch Contango. Dieses Premium erklärt sich durch die Geschäfte, die der Händler seinerseits tätigen muss, um sich vor einem eventuellen Preisrisiko abzusichern. Üblicherweise kauft der Händler bereits am jeweiligen Handelstag das Gold und bewahrt es dann bis zum Lieferzeitpunkt auf. Genau deswegen entsteht der Aufpreis auf den Spotpreis. Der Händler wird seine Goldkäufe üblicherweise zu US-Zinsen am Interbankenmarkt finanzieren und das schlägt sich wiederum auf den Kosten nieder, die der Händler an den Kunden weitergibt. Allerdings verleiht der Händler dieses Gold über den Zeitraum bis zum Auslieferungsdatum weiter und kassiert dafür Zinsen ein, den sogenannten Goldleihzins (engl. *gold lease rate*), der zumeist niedriger ist als der US-Zinssatz. Der Differenzbetrag zwischen US-Zinssätzen und dem Goldleihzins, zuzüglich Lager- und Versicherungsgebühren (die jedoch in Teilen vom Leihnehmer gezahlt werden müssen), ergibt dann das Contango. Wenn aufgrund eines Angebotsengpasses auf dem physischen Goldmarkt die *lease rates* nach oben schießen, kann es unter Umständen passieren, dass statt dem Aufschlag ein Abschlag (auch *Discount*) berechnet wird, weil die US-Zinsen im Vergleich viel niedriger sind. In diesem Fall spricht man dann von *Backwardation*.

Der umgekehrte Fall, also wenn etwa ein Produzent Gold vorwärtsverkaufen will, kann ganz analog dazu konstruiert werden. Nur würde sich dann der Händler bei Abschluss des Kontraktes bei einer Bank oder Zentralbank Gold leihen, dieses sofort verkaufen und den Erlös am Interbankenmarkt investieren und damit LIBOR verdienen.

Wie so vieles im Goldmarkt sind auch die *Forwards* Teil des OTC-Marktes, insofern gibt es keine detaillierten Statistiken oder Kurse, jedoch veröffentlichen einige Internetseiten auch Charts zu den Goldleihzinsen. Weil diese Forwards direkt zwischen den Marktteilnehmern abgeschlossen werden und nicht direkt Teil des Börsenhandels sind, sind in puncto Laufzeit, Volumina und dergleichen praktisch keine Grenzen gesetzt.

Anders sieht es bei Futures aus. Futures fallen zwar auch in die Kategorie der Termingeschäfte, sind aber verbindliche Börsenverträge zwischen zwei Parteien mit einem festgesetzten Lieferzeitpunkt und Kontraktgrößen. Auch andere Handelsparameter, wie die Qualität der Ware, in welcher Währung die Preisangabe erfolgt, genauso wie die minimale Preisveränderung im Handel, sind genauestens festgelegt. Auch wenn bei Futures eine physische Auslieferung möglich ist, werden die allermeisten Future-Kontrakte noch vor dem Fälligkeitsdatum glattgestellt, indem ein gegenläufiger Terminkauf getätigt wird. Grundsätzlich wird die Position eines Verkäufers als Short-Position bezeichnet und die Position des Käufers als Long-Position.

Die Preisbildung bei den Futures folgt ganz grob gesagt der Entwicklung des Basiswertes (auch *underlying*), sprich dem Gold Spotpreis. Hinzu kommen allerdings noch die Bestandhaltungskosten, die ebenfalls auf den Future-Preis umgelegt werden. Zum einen werden die Zinsen berechnet, die das fest in Gold angelegte Kapital sonst abwerfen würden, zum anderen fallen Versicherungskosten und Lagerhaltungskosten an. Je länger die Laufzeit des Future-Kontraktes, umso höher werden damit auch diese Bestandhaltungskosten. Davon abgesehen sind bei Futures allerdings keine Prämien fällig, weil sowohl Käufer als auch Verkäufer die gleichen Rechte und Pflichten haben und somit kein Ausgleich zwischen den Vertragsparteien geschaffen werden muss. Beide Vertragsparteien müssen aber eine Einschusszahlung als Sicherheit leisten, die auch *Margin* genannt wird und in der Regel nur einem Bruchteil des Kontraktwertes entspricht, üblich sind 5% (wobei der Prozentsatz in Zeiten großer Preisvolatilität oft geändert wird und ganz generell für Börsenmitglieder niedriger ist). Sinkt der Margenkontostand unter die Mindesteinschussgrenze, erfolgt der sogenannte *Margin Call* und der jeweilige Investor muss weiteres Geld zur Deckung einschießen. Wird dieser Nachschussverpflichtung nicht nachgekommen, ist der Broker berechtigt, die Schließung der Positionen herbeizuführen, um damit die Deckung des Kontos zu gewährleisten.

Ohne diese Thematik noch weiter zu vertiefen, soll an dieser Stelle nur noch der Hinweis erfolgen, dass es für die diversen Future-Produkte an den Terminbörsen jeweils auch einen offiziellen Preis-Chart gibt, den man entweder direkt oder indirekt (über diverse andere Informationsdienste) beziehen kann. Inwieweit dieser relevant ist, hängt selbstverständlich allein von der jeweiligen Anlagestrategie ab. Befinden sich in einem Portfolio keine Future-Kontrakte oder Produkte, die in irgendeiner Form in den Gold-Future-Handel involviert sind, ist diesen Kursen sicherlich keine zu große Bedeutung beizumessen. Allerdings ist der Future-Preis an der COMEX durchaus ein gebräuchlicher Referenzwert in der gesamten Goldbranche.

Trotz der Erwähnung all dieser verschiedenen Kurse, blieb der wichtigste Preis, jedenfalls für die Kleinanleger, noch völlig unerwähnt – der reale Goldpreis. Das ist eine Erfahrung, die jeder Goldanleger machen wird, und, um peinlichen Fragen vorzubeugen, im Rahmen dieses Buches auch erklärt werden muss. Selbst wenn der Blick auf einen aktuellen Goldchart, als Beispiel einen Goldpreis von 1384,30 USD pro Unze verrät, wird man zu diesem Kurs bei keinem seriösen Einzelhändler Gold kaufen können, jedenfalls nicht unter normalen Marktbedingungen. All diese bisher besprochenen Kurse beziehen sich in der Regel auf die im Großhandel üblichen 12,4 kg (400 oz.) Standard-Barren, die bereits schon in Hinblick auf den Herstellungsprozess wesentlich günstiger angeboten werden können als etwa schön polierte 100 gr Barren. Natürlich entsteht entlang des Distributionswegs bis hin zum Einzelhandel ebenfalls ein Mehr an Kosten, das sich dann im Preis widerspiegelt.[15] Sicherlich ist das keine besondere Eigenart von Gold und kann genauso bei anderen Rohstoffen wie etwa Kaffee oder Orangensaft beobachtet werden. Da aber Gold in erster Linie kein Konsumgut ist, sondern auch eine sehr dominante Investmentkomponente beinhaltet, ist dies besonders relevant, weil der Unterschied hauptsächlich nicht zwischen Großhandel und Endkunden entsteht, sondern tendenziell eher von der Höhe der Investitionssumme und dem gewählten Produkt abhängt. Mittlerweile gibt es im englischsprachigen Internet diverse Versuche, diesen Einzelhandelspreis in Form von Kursen darzustellen. Einige Anbieter verwenden dazu den durchschnittlichen Tagespreis, so wie er von einer ausgewählten Anzahl an Einzelhändlern angegeben wird, andere ermitteln aus beendeten Internetauktionen für 1-Unzen-Standardprodukte einen Durchschnittspreis. Inwiefern solche Experimentalkurse in Zukunft an Bedeutung gewinnen, lässt sich aktuell kaum abschätzen, in jedem Fall muss man sich aber der Tatsache bewusst sein, dass der Spotpreis (oder das *London Gold Fixing*) für den physischen Erwerb von Goldpositionen nur ein guter Richtwert ist, für den im Alltag aber in der Regel kein Gold gekauft werden kann.

Einflussfaktoren

Während ein generelles Verständnis und Hintergrundwissen zur Entstehung des Goldpreises ganz gewiss von Nutzen ist, stehen bei den meisten Anlegern ganz andere Fragen im Vordergrund. Einmal wäre das die Frage nach dem Goldpreis von morgen und dann noch die Frage nach dem Warum. Warum ist der Goldpreis so stark gefallen? Oder auch, warum gehen Analysten von steigenden Goldpreisen aus? Im Grunde lassen sich all diese wichtigen Fragen zeitgleich beantworten, denn hauptsächlich geht es hierbei um die verschiedenen Einflussfaktoren auf den Goldpreis. Werden diese richtig erkannt, lassen sich sowohl vergangene Kursentwicklungen erklären als auch Prognosen für die Zukunft abgeben. Was hier so schnell dahingeschrieben wurde, gestaltet sich im Detail allerdings als äußerst kompliziert, so dass sich selbst die meisten Experten vor der Nennung genauer Zahlen scheuen, gerade wenn es um sehr kurzfristige Prognosen geht. Das liegt unter anderem auch daran, dass der Goldmarkt mit

[15] Mehr zu dieser Problematik im Kapitel 7

so vielen Märkten korreliert und von so vielen grundverschiedenen Faktoren beeinflusst wird. Während zum Beispiel neuartige strukturierte Finanzprodukte allein der Investition dienen, während etwa Basismetalle fast ausschließlich für den Konsum gefördert werden, während beispielsweise Champagner einzig und allein als Luxusgut eingestuft werden kann, ist Gold all das und noch mehr. So nimmt Gold zudem, auch nach der Abkehr vom Goldstandard, immer noch eine wichtige monetäre Rolle als Reserve für Notzeiten ein und wird gleichsam von Regierungen und Zentralbanken nachgefragt oder aber auch verkauft.

Somit wird hoffentlich ersichtlich, dass eine Betrachtung all dieser Einflussmöglichkeiten nicht nur lohnenswert, sondern dringend nötig ist, um auf dem Goldmarkt langfristig bestehen zu können. Ganz generell sind diese in kurzfristige, mittelfristige und langfristige Faktoren zu unterteilen und sollen in der Folge auch in dieser Reihenfolge besprochen werden.

Die Stärke des US-Dollars

Gold wird international in US-Dollar gehandelt, der aktuellen Leitwährung. Steigt der Dollarkurs im Verhältnis zu den anderen Währungen, wird die Feinunze Gold in den Heimwährungen der jeweiligen Länder, z.B. in Euro oder Schweizer Franken, automatisch teurer. Umgekehrt kann ein Europäer sein Geld günstiger in Gold anlegen, wenn sich der Dollar gegenüber den europäischen Währungen abschwächt.

Dies kompensiert der Goldpreis oft damit, dass er kurzfristig eine Gegenbewegung vollzieht. Sinkt der US-Dollar, steigt der Goldpreis und umgekehrt. Gold wird daher oft auch als natürlicher Gegenpart zum Papierdollar, sozusagen als ›Anti-Dollar‹ gesehen.

Man könnte die inverse Korrelation des Goldpreises zur USD-Stärke auch zu den langfristigen Faktoren zählen, da zumindest am Anfang des laufenden Gold-Bullenmarkts dieser mit einer ausgeprägten Dollarschwäche einherging. Es wäre aber falsch zu glauben, dass die Dollarschwäche langfristig *der* entscheidende Faktor ist, denn je länger die Goldhausse andauert, desto stärker scheint sich der Goldpreis vom US-Dollar abzukoppeln. So war zu beobachten, dass in den Anfangsjahren, nach Beginn des aktuellen Bullenmarkts, der Goldpreis in Euro oder Schweizer Fran-

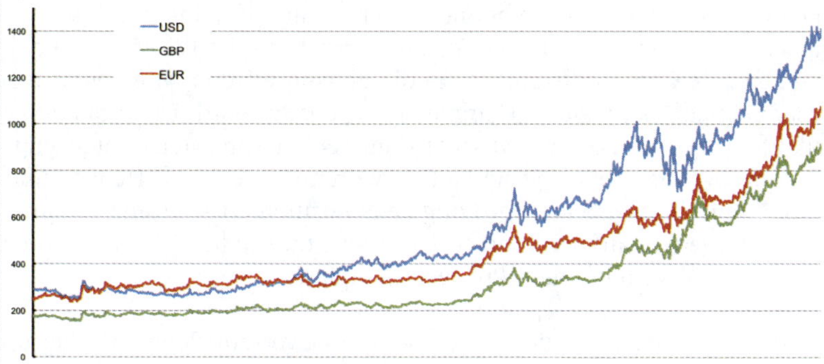

Grafik 4.1: Goldpreis pro Unze in USD im Vergleich mit Euro und Britischem Pfund

ken kaum zulegen konnte, obwohl auf USD-Basis bereits kräftige Kursgewinne zu verzeichnen waren. In einer zweiten Phase schwächte sich der US-Dollar zwar ab, der Goldpreis konnte aber im Verhältnis stärker zulegen, so dass sich Gold auch langsam in den europäischen Währungen verteuerte. In einer dritten Phase, welche in den Krisenjahren 2007-2009 begonnen hat, wurde eine immer stärkere Entkoppelung sichtbar. Zeitweise verhält sich der Goldpreis zwar trotzdem noch invers zur USD-Stärke, doch gibt es immer wieder längere Zeitabschnitte, während derer sich der Goldpreis unabhängig vom Dollar bewegt oder gar *trotz* Dollarstärke anstieg. Entsprechend hat sich seit diesen Jahren der Goldpreis auch auf Basis des Euro, des Schweizer Frankens und vieler anderen Währungen weltweit verteuert.

Die Marktstruktur

Auch wenn der physische Handel mit Gold für die Preisfindung einen zunehmend wichtigeren Stellenwert einnimmt, so wird der Goldpreis momentan noch hauptsächlich an den Futures-Börsen gemacht, insbesondere an der amerikanischen COMEX, die die wichtigste Terminbörse im internationalen Edelmetallhandel ist.

Dort handeln Goldminengesellschaften, Banken sowie große und kleine Spekulanten (die »Nicht-Kommerziellen«) mit Terminkontrakten, genauso wie Schmuckproduzenten, die versuchen, ihr Preisrisiko einzugrenzen. Die Goldproduzenten und die Banken werden zu einer Gruppe zusammengefasst, welche ›Commercials‹ genannt wird. Die großen Spekulanten und die *Commercials* positionieren sich meistens entgegengesetzt, wobei die großen Spekulanten, worunter vor allem Hedge-Funds fallen, typischerweise auf der Long-Seite positioniert sind, die Commercials naturgemäß auf der Short-Seite, da sich für Produzenten hauptsächlich ein Problem mit einem Preisverfall ergibt.

Die genaue Aufstellung der Positionen dieser verschiedenen Marktgruppen an der COMEX wird von der US-Regulierungsbehörde CFTC jede Woche veröffentlicht, und zwar jeweils am Freitagabend um circa 22 Uhr MEZ (dabei handelt es sich jeweils um die Daten vom Dienstag davor) im sogenannten *Commitment of Traders* (CoT) Bericht.

CoT Report Gold - Futures & Optionen | Positionen vom Dienstag 4. August 2009								
Nicht-Kommerzielle			Kommerzielle		Total		nicht meldepflichtige Positionen	
Long	Short	Spreads	Long	Short	Long	Short	Long	Short
217.009	23.495	41.473	82.256	319.449	340.738	375.417	51.096	17.417
Veränderung gegenüber vorheriger Meldeperiode								
17.557	-3.186	-5.566	-9.217	16.455	2.774	7.703	3.720	-1,209
Ausstehende Kontrakte		392.834	Veränderung zur Vorwoche		6.494			
Offene Postionen der Händler je nach Kategorie in Prozent								
55,2	6,0	10,6	20,9	79,0	86,7	95,6	13,3	4,4
Anzahl der Händler je nach Kategorie								
165	51	59	38	51	225	142	Händler Gesamt	282

Grafik 4.2: Beispiel eines Commitment of Traders Report (Quelle: silberinfo)

Die großen Spekulanten sind typischerweise kurzfristig im Goldfutures-Markt engagiert und benutzen auch häufig automatisierte Handelsprogramme, womit Positionen meist entsprechend dem Preistrend eingegangen werden. Nach einer längeren Phase mit stetig steigenden Goldpreisen entsteht daher oft ein spekulativer Überhang an Long-Positionen im Markt, d.h. die großen Spekulanten haben eine sehr große Long-Position aufgebaut, welche nun zu einem Korrekturpotenzial führt, da die spekulativ orientierten Fonds früher oder später die Gewinne mitnehmen werden. Typischerweise geschieht dies über nachgezogene Stopp-Loss-Limits. Ist diese Long-Position sehr groß, kann jederzeit eine kaskadenartige, so genannte Long-Liquidation auftreten. Dadurch, dass viele Fonds ihre Stopp-Limits an ähnlichen Positionen im Markt haben (oft an den gleichen charttechnischen Marken orientiert), kann schon ein anfänglich kleiner Kurstaucher zu einer Kettenreaktion führen, da gleichzeitig viele Long-Positionen auf den Markt kommen und die *Commercials* ihre Ankaufspreise in so einem Fall, entsprechend den Regeln von Angebot und Nachfrage, automatisch senken werden und die Preise in der Folge richtiggehend ins Bodenlose stürzen. Im CoT-Report ist so eine Situation daran zu erkennen, dass danach die Long-Positionen der ›großen Spekulanten‹, wie auch die Short-Positionen der *Commercials* deutlich reduziert sind. Ist ein Preisboden gefunden, kann die nächste Aufwärtsbewegung beginnen, und so weiter. Im Bullenmarkt bewegt sich der Goldpreis daher meistens in einem Zickzack-Muster aufwärts.

Um die Marktstruktur beurteilen zu können und Hinweise zu erhalten, ob eine Korrektur ansteht, ist es daher sinnvoll, diese CoT-Reporte zu studieren. Haben sich die großen Spekulanten im Vergleich mit dem langjährigen Durchschnitt stark auf der Long-Seite engagiert, ist Gefahr im Verzug. Sind die Long-Positionen der großen Spekulanten kleiner oder haben sich sogar viele auf der Short-Seite positioniert, kann dies durchaus der Anfang eines neuen kurzfristigen Aufwärtstrends im langfristigen Bullenmarkt sein.

Die Charttechnik

Die Finanzwissenschaft ist in vielen Fällen alles andere als eine exakte Wissenschaft; an den Märkten handeln Menschen und beeinflussen damit die Kurse – und diese Menschen handeln nicht selten alles andere als rational. Daher sagt man auch oft, dass Psychologen die besseren Börsenhändler wären. Dies gilt vor allem dann, wenn es um ›Trading‹, also um den kurzfristigen Börsenhandel geht, welcher auch kurzfristig die Kurse beeinflusst.

Auf eine eindrückliche Art und Weise zeigt dies die Charttechnik, welche es erlaubt, bei kurzfristigen Prognosen eine erstaunliche Trefferquote zu erreichen. Bei der reinen Chartanalyse spielen wirtschaftliche Informationen und Unternehmenskennzahlen keinerlei Rolle, stattdessen richtet man sich rein nach diversen Indikatoren und charttypischen Formationen, unter der Annahme, dass alle relevanten Informationen bereits im Chart enthalten sind. Ob mit diesen Analysen wirklich Aussagen über den zukünftigen Kursverlauf getroffen werden können, ist durchaus strittig, allerdings ist auch auf dem Goldmarkt zu beobachten, dass die Charttechnik ein wichtiger Bestandteil eines jeden Börsenbriefes, Fachzeitschrift oder Newsletters ist. Das ist insofern relevant, da über diese weitverbreitete Medienpräsenz die Analyse eines Chartverlaufs in Hinblick auf mögliche Kauf- bzw. Verkaufssignale durchaus zur selbsterfüllenden Prophezeiung werden kann. Wird von einem Charttechniker also bei einem Kursausbruch über eine sogenannte Widerstandsmarke ein massiver Preisausbruch vorhergesagt, kann dies dazu führen, dass viele Händler und Investoren nach einem Kursanstieg über diese Marke tatsächlich Kaufaufträge eingeben, um von diesem prognostizierten Kursboom zu profitieren. Der wichtige Unterschied ist hierbei eben genau, dass die Charttechnik diesen Kursanstieg nicht vorhergesagt, sondern regelrecht ausgelöst hat.

Allerdings gibt es durchaus sehr viele charttechnische Informationen, die recht zuverlässig von Händlern für ihre Entscheidungen herangezogen werden können. Für den Goldpreis ist das insofern von großer Bedeutung, da mittlerweile Hedge-Fonds, Indexfonds und andere Großinvestoren am Goldmarkt agieren, und in der Regel allein auf solche technischen Signale setzen, wenn es darum geht, riesige Summen am Goldmarkt anzulegen oder aus diesem abzuziehen. Das hat nicht selten heftige Kursbewegungen zur Folge, welche nur mit einem Blick auf den Chart sinnvoll erklärt werden können.

Nachrichten, Gerüchte und Ankündigungen

Meldungen und auch am Markt herumgereichte Gerüchte können kurzfristig immer wieder Einfluss auf den Preis ausüben, sicherlich auch, weil ein Großteil des Goldmarktes so intransparent ist. Als Beispiel wären da z.B. Ankündigungen von Goldverkäufen durch die Zentralbanken zu nennen oder die zahlreichen Ankündigungen des Internationalen Währungsfond, IWF, dass Goldverkäufe vorgeschlagen, geprüft oder ins Auge gefasst würden. Damit wird in die erwartete Angebotssituation massiv eingegriffen und eine Reaktion des Marktes bleibt selten aus. Oftmals ist auch zu beobachten, wie Nachrichten über Terroranschläge, Kriege oder sonstige Krisen in wichtigen Industrieländern oder -zentren den Goldpreis beeinflussen, etwa weil von den Investoren ein sicherer Hafen gesucht wird oder es gar zu Panikkäufen kommt. Aber genau das Gegenteil kann ebenfalls eintreten. So kam es im November 2008 zu Terroranschlägen in der indischen Finanz- und Goldmetropole Mumbai, worauf sich die Bevölkerung über Tage und Wochen nicht auf die Straße traute, und der gesamte Goldhandel praktisch zum Erliegen kam und ein Anstieg des Goldpreises völlig ausblieb. Ganz ähnlich konnten die vielen Banken- und Finanzinstitutspleiten 2008 den Goldpreis nicht positiv stimulieren, wie das generell eigentlich zu erwarten wäre. Während der Einzelhandel in der Folge, aufgrund der starken Nachfrage der Kleinanleger, sogar von Engpässen gezeichnet war, kam es auf Seiten der großen Investmentfonds zu massiven Liquidationen von Goldpositionen, um die ständig eingehenden *Margin-Calls* überhaupt noch finanzieren zu können, was in der Summe zu fallenden Preisen führte.

Schließlich sind auch die Wirtschaftsdaten, wie auf wohl jedem Markt, von großer Bedeutung, vor allem in Bezug auf die Nachfrage nach Goldschmuck. Negative Kennzahlen zum indischen Bruttoinlandsprodukt oder, wie bereits im Angebotskapitel angeklungen, ein schlechter Monsun oder aber auch steuerrechtliche Neuregelungen, all diese Nachrichten können sich kurzfristig auch im Goldpreis widerspiegeln.

Saisonale Faktoren

Schaut man sich die Goldpreis-Entwicklung der letzten Jahre an, so wird man feststellen, dass es einige, immer wiederkehrende saisonale Muster gibt. So waren beispielsweise die Sommermonate in den letzten Jahren regelmäßig von einer ausgeprägten Goldpreisschwäche gekennzeichnet. Meist korrigierte der Goldpreis im Frühsommer und es setzte eine regelrechte Sommerflaute ein, bis dann im Herbst die Kurse wieder ansteigen konnten. Lokale Kursmaxima gab es hingegen immer wieder im Herbst, Winter und Frühling. Solche saisonalen Muster kennt man auch von den Aktienmärkten (man beachte die Börsenweisheit »sell in May and go away!«), jedoch ist dieses Phänomen auf dem Goldmarkt noch weit ausgeprägter. Während die westliche Welt ihren Sommerurlaub genießt, wartet man auf dem wichtigen indischen und asiatischen Markt auf das Einbringen der Ernte, und so läuft das Goldgeschäft in der Regel erst im August/September wieder an. Ein Blick auf die Goldpreisentwicklung der letzten acht Jahre, also seit Beginn des aktuellen Bullenmarktes, kann dies eindeutig bestätigen, was in gewisser Weise auch daran liegt, dass gegen Ende des Jahres, vor allem gegen Weihnachten, deutlich mehr Schmuck nachgefragt wird.

Genauso muss ein Zusammenhang mit der indischen Hochzeitssaison gesucht werden, die ihren Anfang und Höhepunkt im Oktober findet und bis Mai anhält, während zwischen Juni und September die Nachfrage nach Goldschmuck auf dem indischen Subkontinent deswegen eher gedämpft verläuft.

Alles in allem ist es aber wichtig, allein von Tendenzen zu sprechen, die unbedingt im Zusammenhang mit allen anderen Einflussfaktoren gesehen werden müssen. Wie im vorherigen Abschnitt bereits kurz angeklungen ist, musste der Goldpreis Ende 2008 deutlich nachgeben. Auch wenn das ganz eindeutig durch die internationale Finanzkrise bedingt war, ist es durchaus nicht sicher, ob in Zukunft nicht andere externe Faktoren diese Saisonalität beinträchtigen, oder etwa der Bullenmarkt in eine neue Phase übergeht und ebenfalls eine Abkehr von saisonalen Mustern deutlich wird.

Negative Realzinsen

Physisches Gold, zu Hause gelagert, bringt bekanntlich keine Zinsen, was für viele Verfechter des Sparbuchs Grund genug ist, ihr Geld lieber in Papiergeld-Anlagen zu parkieren. Die ganze Sache muss allerdings differenzierter betrachtet werden. Eine Fiat-Währung, also Geld, bei dem es keine gesetzliche Einlöseverpflichtung (etwa in Gold) gibt und dessen Akzeptanz allein per Gesetzesdekret gesichert ist, verliert dauernd etwas an Kaufkraft, was auch Teuerung oder Inflation genannt wird.

Eine gewisse Inflation ist durchaus gewollt und wird auch von den Zentralbanken akzeptiert, da Inflation verglichen mit dem Gegenteil, der Deflation, volkswirtschaftlich das kleinere Übel ist. Als Folgeerscheinung führt die Inflation für die stark verschuldeten öffentlichen Haushalte zum angenehmen Effekt, dass die Schulden stetig entwertet werden.

Ein Papiergeld-Sparer ist also schon alleine deswegen auf Zinsen angewiesen, um diese Geldentwertung zu kompensieren. Das effektive Einkommen des Anlegers berechnet sich also aus dem Zinssatz minus der Inflationsrate, man spricht auch vom Realzins.

Im Allgemeinen liegt der Leitzins über der (zumindest offiziell ausgewiesenen) Inflationsrate. Da viele Zentralbanken aber die Geldwertstabilität hinter konjunkturelle Interessen stellen, werden Zinsen immer wieder so stark gesenkt, dass sie zeitweise sogar unterhalb der Inflationsraten liegen. Gerade in den USA passierte dies in den letzten Jahren mehrmals, als mit tiefen Zinsen versucht wurde, die Konjunktur anzukurbeln, auch Japan verfolgte jahrelang eine Nullzins-Politik. Man spricht hier von negativen Realzinsen.

Erhält man mit einer Papiergeldanlage weniger Zins, als die Inflation an Wert wegfrisst, so ist die Anlage logischerweise insgesamt ein Verlustgeschäft, so dass sich die Anleger in solchen Zeiten nach anderen Möglichkeiten umsehen. Eine Anlage, die wenigstens den Wert erhält, wird in solchen Zeiten plötzlich als durchaus attraktiv gesehen. Gold hat jedoch die Eigenschaft, die Kaufkraft und den Wert zu erhalten, weswegen in Zeiten negativer Realzinsen Gold stärker nachgefragt wird und der Goldpreis in solchen Phasen meistens deutlich zulegen kann. Umgekehrt führen sehr hohe Leitzinsen, wie sie FED-Vorsitzender Volcker Anfang der 80er Jahre in den USA durchsetzte, bei sinkenden Inflationswerten dazu, dass Gold für viele Anleger eher unattraktiv erscheint, wodurch der Goldpreis in solchen Phasen oft unter Druck kommt.

Langfristige Faktoren

Fallen kurzfristige Faktoren eher in eine Kategorie, welche für taktische Investitionen sowie für das Timing von Ein- und Ausstiegen interessant sind, so sind die langfristigen Faktoren für strategische Anlagen entscheidend. Es handelt sich hierbei um die Argumente, welche von überzeugten Gold-‚Bullen' und -‚Bären' genannt werden, wenn man sie auf die Gründe für ihre jeweiligen Anlagen hin anspricht.

Ganz vorne auf der Liste dieser Argumente steht der Rückgang der weltweiten Goldproduktion in den letzten Jahren, bedingt einerseits durch den Ressourcenschwund, andererseits aber auch durch mangelnde Investitionen in den 90er Jahren. Sicherlich darf bei einer Diskussion über dieses Thema die Tatsache nicht unerwähnt bleiben, dass, so wie im Angebots-Kapitel besprochen, das verfügbare Goldangebot nur zu einem Teil aus der Minenproduktion bedient wird und mit den immer weiter steigenden Preisen auch das Altgoldvolumen nach oben ging. Trotzdem kann ein Produktionsrückgang für sich betrachtet nur bullisch für den Preis interpretiert werden. Außerdem muss berücksichtig werden, dass nicht nur die Weltbevölkerung stetig zunimmt, sondern auch, mit Blick auf China und andere Entwicklungs- und Schwellenländer, ein immer größerer Anteil der Menschen auf dieser Erde einen Lebensstandard erreicht, der das Verlangen nach dem gelbe Metall finanziell unterstützen kann. Langfristig gehen die meisten Goldexperten schon allein deswegen von einem steigenden Goldpreis aus, weil eine größere Nachfrage bei abfallendem Angebot auch gar nicht anders interpretiert werden kann.

Bei einer detaillierteren Betrachtungsweise lässt sich auch feststellen, dass ab Ende 2008 auch im Bergbausektor wieder eine Trendwende zu beobachten war. Sprach man in den Jahren zuvor von einem regelrechten Boom, zog die internationale Finanzkrise auch diese Branche mit in den Keller, was gravierende Auswirkungen, vor allem im Bereich der Explorationsgesellschaften, hatte, und mit Blick auf die Zukunft kein positives Bild für die Minenproduktion der nächsten Jahre wirft. Außerdem führten die steigenden Preise der letzten zehn Jahre dazu, dass die meisten Produzenten ihre Absicherungsprogramme stark oder vollkommen zurückgefahren haben und das gesamte Angebot aus der Minenproduktion durch diese Dehedging-Welle noch weiter begrenzt wurde. Gleichzeitig gingen die Verkäufe des offiziellen Sektors stark zurück und auch von dieser Seite kam in den letzten Jahren immer weniger Gold auf den Markt.

Während der massive Anstieg der Altgoldverkäufe zu einem großen Teil auch auf die globale Wirtschaftskrise zurückzuführen ist, scheinen die Zuwachsraten bei der Investitionsnachfrage eher ein langfristiges Phänomen zu sein. Manche Experten sprechen sogar von einer Abkehr vom Papiergeld-System. Viele Anleger, und es werden immer mehr, haben das Vertrauen in den Euro, in den Dollar oder in die anderen Fiat-Währungen verloren und suchen jetzt nach Investments, die ihnen langfristig einen Werterhalt garantieren können.

Papiergeld gibt es zwar schon seit vielen Jahrhunderten, aber die ungedeckte beziehungsweise nur durch ebenfalls ungedeckte Devisen gedeckte Version ist ein Experiment, das nicht einmal 40 Jahre alt ist, während Gold und Silber schon seit Jahrtausenden als Tausch-, aber auch Wertaufbewahrungsmittel galten. Immer mehr Anleger besinnen sich unter den aktuellen Umständen auf diese althergebrachten Werte. Selbst bei den Zentralbanken dieser Welt hat ein Umdenken stattgefunden.

Das äußert sich einerseits nicht nur in den gerade angesprochenen rückläufigen Verkäufen von Goldreserven (im Fall von China und Russland bekanntermaßen sogar in Goldkäufen), andererseits wird, mittlerweile ganz offen über eine Abkehr vom US-Dollar als internationale Leitwährung gesprochen. Inwiefern es wirklich dazu kommen wird, ist aktuell noch schwer abzuschätzen, und wahrscheinlich würde dieser Prozess eher Jahrzehnte als Jahre dauern, aber in jedem Fall wird dadurch deutlich, wie marode unser Finanzsystem eigentlich geworden ist. Viele Goldbugs sprechen sich deswegen zum Beispiel für eine Wiedereinführung eines Goldstandards aus und verweisen dabei auf die vielen Vorteile einer solchen Währung, die anhand der Geschichte aufgezeigt werden können. Im arabischen Raum gibt es zum Beispiel schon seit Längerem Bemühungen zu einer goldgedeckten Gemeinschaftswährung, während in Mexiko die Bestrebungen eher in Richtung einer silbergedeckten Nationalwährung gehen. Im Grunde spielt es auch gar keine Rolle, ob die Fiat-Währung zu Recht oder zu Unrecht in ein schlechtes Licht gestellt wird, schon allein zunehmend unsichere Verhältnisse an den internationalen Finanz- und Währungsmärkten werden zu einem erhöhten Interesse an Gold führen und damit auch zu einem Anstieg des Goldpreises.

Ein Begriff, der in Bezug auf Gold immer wieder fällt, und von Befürwortern des gelben Metalls ebenfalls als eindeutiges Zeichen dafür gewertet wird, dass der Goldpreis auch in den kommenden Jahren noch steigen wird, ist der sogenannte Rohstoff-Zyklus. Vereinfacht gesagt, verläuft nach dieser Theorie der Rohstoffmarkt in immer wiederkehrenden Zyklen, sprich in Phasen, in denen mit Rohstoffen Geld verdient werden kann, und Phasen, in denen die Investoren den Rohstoffen den Rücken zudrehen. Anders als bei Trends am Aktien- oder Währungsmarkt kann es auf dem Rohstoffmarkt durchaus auch zu langanhaltenden Superzyklen kommen, die über 20 Jahre lang andauern. Der Blick in die Vergangenheit bestätigt zum Beispiel, dass zwischen 1945 und 1975 mit Rohstoffen viel Geld zu verdienen war, während sich die Investoren zwischen 1980 und 2000 auf die Aktienmärkte konzentrierten. Anhänger dieser Theorie machen dafür den Wiederaufbau des zerstörten Europas verantwortlich, vor allem Deutschland, aber auch die Japaner, die in diesen Jahren ebenfalls zu einer der großen Industrienationen aufsteigen konnten, dafür aber Unmengen an Rohstoffen verbrauchten. Geht man noch weiter zurück in der Geschichte, ergibt sich für den Zeitraum zwischen 1880 und 1900, als die USA industrialisiert wurde, ein ähnliches Bild. Seit 2001 befinden wir uns an den Rohstoffmärkten, damit also auch bei Gold, wieder in einem Bullenmarkt, und das ist nicht zuletzt als Resultat der gigantischen Nachfrage nach Rohstoffen seitens Schwellen- und Entwicklungsländern wie Indien oder China zu sehen – eine Interpretation, die die Zyklentheorie weiter bestätigt. Da diese Entwicklung keineswegs als abgeschlossen gelten darf, liegt es durchaus im Bereich des Möglichen, dass mit dem aktuellen Bullenmarkt erneut ein solcher Superzyklus vorliegt, der noch viele Jahre andauern könnte. Gerade in Hinblick auf die immer knapper werdenden Ressourcen dieser Welt, könnte sich die Situation in Zukunft sogar noch deutlich verschärfen, zumal sich die weltweiten Lagerbestände an wichtigen Industriemetallen ebenfalls auf einem historischen Tiefstniveau bewegen (obwohl sich die Situation mit der Wirtschaftskrise gegen Ende 2008 wieder entspannt hat).

Schenkt man also dieser Rohstoffzyklentheorie Glauben, so muss man auch in den kommenden Jahren von einem weiter ansteigenden Goldpreis ausgehen.

Neben dieser groben Einteilung in die einzelnen Zyklen des Aktien- bzw. Rohstoffmarktes kann man aber auch den Gold-Bullenmarkt, für sich betrachtet, in einzelne Phasen unterteilen. Bei dieser Analyse stützt man sich hauptsächlich auf die Erfahrungen mit dem letzten großen Bullenmarkt in den 70er Jahren und konstruiert analog dazu eine Prognose für die aktuelle Situation. Auch wenn es sicherlich Kritiker dieser These gibt, so scheint der aktuelle Bullenmarkt tatsächlich recht parallel zur Goldeuphorie Ende der 70er zu verlaufen. Entsprechend wird der Goldbullenmarkt in drei Phasen eingeteilt:

- **1. Phase (2001–2005):** Diese Phase begann, nachdem der letzte Bärenmarkt 2001 endgültig seinen Boden gefunden hatte, und der Goldpreis langsam anfing wieder zu steigen, jedoch nahmen von dieser Bewegung nur wenige in der Öffentlichkeit überhaupt Notiz. Das Interesse der Mainstream-Investoren galt eindeutig den Aktienmärkten und Gold wurde allgemein als antiquiert angesehen, seitens der Banken riet man den Anlegern sogar von einem Investment in Gold ab. Einzig und allein Investoren, die aus Überzeugung auf Gold setzten, sahen die Zeichen für den Anfang eines Bullenmarktes und nutzten die Gunst der Stunde, um erste Käufe zu tätigen. Diese Phase war vor allem von einer deutlichen Abwertung des Dollars gekennzeichnet, weswegen Gold zwar in US-Dollar um gut 72 % vom Tief bei 256 $ auf 440 $ steigen konnte, in Euro allerdings die Marke von 350 € nicht nachhaltig überwinden konnte und stattdessen eine mehrjährige Seitwärtsbewegung vollzog (siehe auch Grafik 4.1).
- **2. Phase (2005–2009):** Erstmals wird auch die Öffentlichkeit auf die Goldhausse aufmerksam. Während weitsichtige und erfahrene Profianleger realisieren, dass es sich um einen wichtigen und langfristigen Trend, einen sogenannten Megatrend handelt, und sich entsprechend positionieren, verbleibt die Mehrheit der Anleger skeptisch. In der Presse wird zwar erstmals wieder mehr über Gold berichtet, allerdings immer mit einem sehr kritischen Unterton. Der Goldpreis koppelt sich phasenweise und vermehrt von Korrelationen mit den Ak-

tienmärkten und dem USD/EUR-Verhältnis ab. Ganz gelingt dies allerdings noch nicht. Dennoch steigt der Goldpreis erstmals auch in anderen Währungen als dem US-Dollar signifikant an. Während dieser Phase hat sich der Goldpreis von unter 500 $ auf über 1000 $ mehr als verdoppelt.

→ **3. Phase (2010–):** Die meisten Marktbeobachter sind der Ansicht, dass wir 2010, mit Überschreiten der Marke von 1000 USD je Unze, in die dritte Phase eingetreten sind. In dieser Phase nimmt das Publikum deutlich wahr, dass sich der Goldpreis in einem langfristigen Aufwärtstrend befindet, und immer mehr Anleger wollen auf den fahrenden Zug aufspringen. Spekulationen spielen eine immer größere Rolle und der Kurs verläuft zunehmend parabelförmig steil nach oben. Die Medien berichten unkritisch und schon fast euphorisch vom Geschehen am Goldmarkt und auch wirtschaftsferne Blätter fangen plötzlich an über Gold zu schreiben. Der ›kleine Mann‹ will unbedingt auch dabei sein und die Banken nutzen dies aus, indem zahlreiche neue Anlagevehikel für diesen Sektor kreiert werden. Eine weitere Beschleunigung der Hausse kann letztendlich zu einer spekulativen Blase führen, welche aber nur von wenigen kritischen Stimmen als solche bezeichnet wird, bevor sie schlussendlich platzt. Stattdessen kennt die Euphorie bei den meisten Anlegern keine Grenzen mehr und in der Schlussphase wird in alles investiert, was auch nur den Namen Gold trägt. Ähnlich wie das um 2000 am Neuen Markt war oder wenige Jahre später in den USA mit Immobilien, »weiß« man, dass am Goldmarkt das große Geld zu verdienen ist.

Eine Frage, die sich an dieser Stelle die meisten Anleger stellen werden, ist wahrscheinlich: »Wie hoch wird der Goldpreis denn steigen?« Auch ganz allgemein betrachtet erfreut sich diese Frage größter Beliebtheit.

Antworten darauf gibt es viele, vom einem Extrem bis zum anderen. Während einige Analysten, durchaus auch noch von Seiten großer Finanzinstitute, vehement behaupten, die »Goldblase« sei geplatzt, prognostizieren manche Goldbugs, dass sie sich in nicht allzu ferner Zukunft für eine Unze Gold einmal ein Haus kaufen werden können. In manchen Börsenbriefen hält man sich bedeckt und übertrieben konservativ, weil man keine falschen Vorhersagen treffen will, anderswo versucht man,

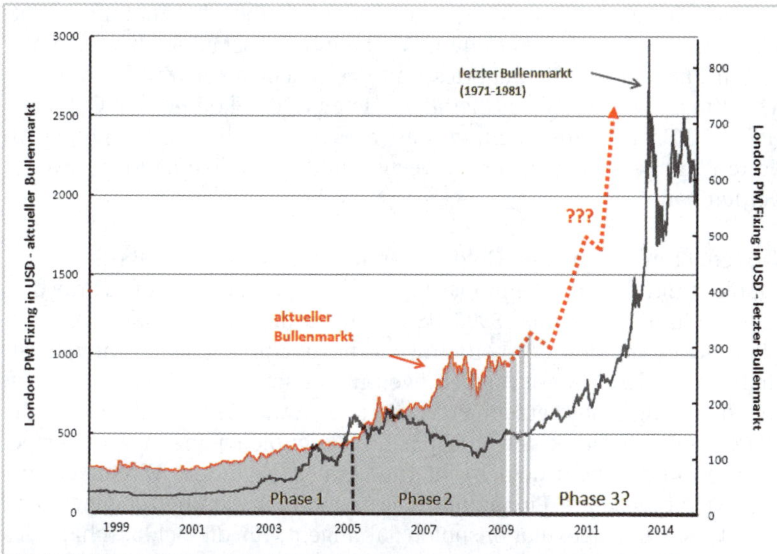

Grafik 4.3: möglicher Kursverlauf des aktuellen Bullenmarktes im Vergleich zum letzten Bullenmarkt

mit unrealistischen Preisangaben die Aufmerksamkeit der Leser oder Zuhörer zu erschleichen. In den meisten Fällen muss man eine exakte Preisprognose für die nächsten fünf oder gar zehn Jahre als vollkommen unseriös einstufen, gerade in Hinblick auf die vielen unsicheren Faktoren an den internationalen Finanzmärkten. Seit ungefähr Anfang 2009 tauchen scheinbar in jedem zweiten Artikel einer Wirtschaftszeitung, fast austauschbar, die Worte Deflation oder Inflation auf. Die einen berufen sich auf eine übertriebene Subventionierung der Wirtschaft, die anderen sehen gerade diese milliarden- und billionenschweren Rettungspakete als Grund zur Annahme, dass wir einer Phase mit einer gesteigerten Inflation entgegensteuern. Wenn also ein Goldpreis von beispielsweise 10.000 US-Dollar die Unze in zehn Jahren vorhergesagt wird, dann ist diese Angabe praktisch vollkommen nutzlos, weil dadurch die eigentliche Kaufkraft dieser Unze Gold nicht einmal in Ansätzen bewertet werden kann. Ja vielleicht gibt es den US-Dollar dann gar nicht mehr oder Gold wird bis dahin in einer ganz anderen Währung gehandelt.

Nichtsdestotrotz lassen sich gewiss Aussagen über die zukünftige Entwicklung des Goldpreises treffen. Wir befinden uns aktuell bereits in der dritten Phase des Bullenmarktes und das macht noch weitere, dramatische Kurszuwächse wahrscheinlich. Bereits 2010 konnte der Goldpreis um 26,30 Prozent ansteigen, was als allererstes Indiz für den prognostizierten parabelförmigen Anstieg gegen Ende des Bullenmarktes gewertet werden kann.

Verwendet man den alten Gold-Bullenmarkt der 1970er als Basis und extrapoliert mit diesen Erkenntnissen den heutigen Kursverlauf, würde dies einen Goldpreis von über 5000 US-Dollar für die Schlussphase des aktuellen Bullenmarktes ergeben. Inwiefern so ein Vergleich sinnvoll ist, bleibt in gewisser Weise fraglich, weil man damals noch von einem von der Regierung festgesetzten Preis startete. Andererseits haben sich die Märkte seitdem stark gewandelt, sind wesentlich näher zusammengewachsen und dabei trotzdem internationaler geworden. Vereinfacht gesagt ist die gesamte Finanzindustrie wesentlich komplexer geworden, womit, was das Spekulationspotenzial angeht, für die Schlussphase des Bullenmarktes vielleicht sogar noch höhere Preise denkbar wären.

Abschließend sollten Sie nun, auch wenn sicherlich nie alle Einflussfaktoren zur Genüge besprochen werden können, ein gutes Rüstzeug für eine eigene Einschätzung der Lage haben. Der langfristige Preistrend bei Gold zeigt nach oben, aber irgendwann wird der Zeitpunkt kommen, an dem Sie sich vielleicht besser von Ihren Goldpositionen trennen sollten. Sicherlich nicht heute, morgen oder übermorgen, aber irgendwann in der Zukunft bestimmt, denn auch der Goldmarkt ist keine Einbahnstraße, und gerade dann wird es wichtig sein, dass Sie die Situation richtig erkennen können, und nicht auf Schönwetterpropheten angewiesen sind, die Ihnen nur das erzählen, was Sie hören wollen.

simplified

5 Minenaktien

»Gold liegt tief im Berge, aber der Kot am Wege«

Deutsches Sprichwort

Neben der klassischen Anlage in physisches Gold, sei es nun in Form von Münzen oder Barren, bietet sich auch die Möglichkeit, in Aktien von Gesellschaften zu investieren, welche nach Gold explorieren oder das gelbe Metall fördern. Der Vorteil einer solchen Anlage ist, dass hierbei potenziell höhere Gewinne warten, der Kauf bzw. Verkauf oftmals schneller und einfacher abgewickelt werden kann und auch mit kleineren Summen bereits effektiv investiert werden kann, während gleichzeitig auch Dividendenzahlungen im Bereich des Möglichen liegen. Auf der anderen Seite geht man, wie bei jeder Anlage in Wertpapiere, jedoch auch ein hohes Risiko ein, dem man mit Goldbarren nicht in diesem Ausmaß ausgesetzt ist. Um dieses zu minimieren, ist es daher wichtig, sich mit den unterschiedlichen Unternehmen und den einzelnen Stadien, in welchen sich diese befinden, auseinanderzusetzen, vor allem in Hinsicht auf die Faktoren, die die Entwicklung des jeweiligen Projektes positiv oder negativ beeinflussen können.

Reserven und Ressourcen

Die Menge an Rohstoffen, welche sich in einem Projekt des Unternehmens im Boden befinden, ist ein überaus wichtiges Kriterium zur Beurteilung des theoretischen Werts einer Gesellschaft, jedoch unterscheidet man hier zwischen Ressourcen und Reserven.

Von Ressourcen spricht man, wenn man bei Bohrungen im Boden auf Mineralien gestoßen ist, ohne dass dabei eine Aussage darüber getroffen wird, ob diese überhaupt wirtschaftlich gefördert werden können. Diese Bohrungen liegen meist so weit voneinander entfernt, dass man nur grob schätzen kann, welche Menge eines Rohstoffes im Boden befindlich ist. Verringert man nun den Abstand der Bohrungen zueinander, ist es aufgrund der zusätzlichen Daten viel einfacher, eine exakte Ressourcenschätzung anzufertigen, und man unterscheidet deswegen je nach Abstand der Bohrungen drei Kategorien (*inferred, indicated, measured*[16]), wobei die Kategorie »inferred« die schlechteste und die Kategorie »measured« die beste darstellt.

Als Reserven bezeichnet man die Menge an Erz, welche sich wirtschaftlich profitabel fördern lässt. Reserven werden durch umfangreiche Bohrungen und Grabungen definiert und reflektieren faktisch den aktuellen Wert eines Unternehmens. Reserven unterscheidet man in zwei Kategorien (*proven* und *probable*[17]), wobei die Kategorie »proven« die beste ist.

Die Explorationsgesellschaften

Am Anfang eines jeden Bergbauprojektes steht ein einfacher, unpatentierter Claim, das ist ein Stück Land, auf dem Geologen Gold vermuten, aber noch nicht detailliert nachgewiesen haben und für das noch keine staatliche Abbaulizenz erteilt wurde. Unternehmen, die es sich zur Aufgabe gemacht haben, diese Claims nach ausreichend konzentrierten und somit profitablen Vorkommen zu untersuchen, meist mit dem Ziel, diese dann in Produktion zu bringen, nennt man Explorationsgesellschaften oder auch kurz Explorer.

Seit dem Beginn des Bullenmarktes im Jahr 2001 hat sich die Zahl solcher Gesellschaften auch im Goldbergbausektor deutlich erhöht. Einige von diesen Unternehmen wurden von größeren Konkurrenten übernommen, andere sind mittlerweile wieder vom Markt verschwunden und wieder andere führen für ihre Projekte Machbarkeitsstudien durch. Vor allem liegt das daran, dass diese Gesellschaften laufend auf Kapitalerhöhungen angewiesen sind und in Zeiten, in denen Anleger wenig Risikobereitschaft zeigen, nicht die notwendigen Mittel an der Börse aufgenommen werden können, um das Projekt weiterzuführen. Genauso spielt eine Rolle, dass

[16] Zu Deutsch etwa: geschätzte, bezeugbare und erfasste [Ressourcen]
[17] Zu Deutsch etwa: nachgewiesene und wahrscheinliche [Reserven]

diese Gesellschaften noch nicht über ausgewiesene Ressourcen und Reserven verfügen und es keineswegs von Anfang an sicher ist, ob ein entsprechender Nachweis überhaupt gelingen kann, oder auch genügend Gold gefunden wird, um die Lagerstätte als abbauwürdig einstufen zu können. Es drängt sich also die Frage auf, wie unter den zahlreichen Explorationsgesellschaften die »richtigen« herausfiltert werden können.

In jedem Fall ist es unerlässlich, sich die Projekte des Unternehmens genauer anzusehen. Befinden sich auf der Liegenschaft etwa alte Gruben und Stollen, in welchen man früher bereits Gold gefördert hat, kann dies als großer Vorteil gewertet werden, denn eine goldene Regel im Explorationssektor besagt, »die nächste Mine findet man in Sichtweite des alten Förderturms«. Des Weiteren ist auch die geopolitische Lage des Projekts von elementarer Bedeutung. So wurden beispielsweise in Venezuela einige Goldprojekte verstaatlicht, unter anderem die riesige Las Cristinas Lagerstätte. Zwei weitere Länder mit einem hohen Risikofaktor sind die Demokratische Republik Kongo und Bolivien.

Es müssen nicht unbedingt immer gleich drohende Verstaatlichungen sein, auch die gesamten weiteren relevanten politischen Rahmenbedingungen, wie etwa Abgaben- und Steuerpolitik, Arbeitsmarktpolitik und Energiepolitik, können über die Frage nach Erfolg oder Misserfolg eines Explorationsprojektes entscheiden. Insofern muss ganz generell abgewogen werden, ob die Wahl auf Projekte in politisch instabilen Ländern fallen sollte, die ausländischen Gesellschaften bei ihrer Arbeit nicht angemessen unterstützen, behindern oder gar völlig einschränken.

Sicherlich gewinnt auch das Thema Umweltschutz immer mehr an Bedeutung, man denke nur an den Fall Rosia Montana in Rumänien, wo Umweltbedenken bezüglich der Zyanidlaugerei 2007 schließlich zur Annullierung der Bergbaulizenzen führten und ein ansonsten vielversprechendes Projekt mit gigantischen Ressourcen im Keim erstickte. Auch in vielen anderen Ländern weltweit regt sich immer aktiverer Widerstand gegen neue Goldminen, was sich in schärferen Umweltauflagen äußert und sich letztlich negativ auf die Kosten der Minen auswirkt.

Das Management der Gesellschaften darf bei einer Betrachtung potenzieller Investitionen genauso nicht unbeachtet bleiben. Vielen im Bergbausektor dürfte der Fall Bre-X noch im Gedächtnis sein. Damals behauptete die Firmenleitung, in Indonesien auf eine riesige Goldlagerstätte gestoßen zu sein – eine Aussage, welche sich im Nachhinein als größter Betrug der Geschichte im Explorationssektor herausstellte. Wird ein Unternehmen hingegen von einem soliden und erfahrenen Management mit dem notwendigen technischem Know-how geleitet, kann das allein bereits den Erfolg des Projektes garantieren, womit Anleger wiederum mit massiven Kurssteigerungen belohnt werden können.

Ein wichtiger Bestandteil des Managements sind aber auch Vorstandsmitglieder mit guten Kontakten zu den Akteuren am Kapitalmarkt, denn gerade in der Anfangsphase sind Bergbauunternehmen ständig auf neue Finanzierungen angewiesen. Für diese Unternehmen ist es oftmals die größte Schwierigkeit, am Aktienmarkt genügend Interesse für ihr Projekt generieren zu können.

Was man selbstverständlich nicht außer Acht lassen darf, sind die Ergebnisse von Bohrungen und Probeentnahmen. Bei potenziell im Tagebau ausbeutbaren Lagerstätten kann sich eine Förderung bereits bei einem Goldgehalt von 0,5 g/t Gestein lohnen, sofern man eine ausreichende Tonnage definieren kann. Dazu ist es jedoch wichtig, dass man Goldgehalte möglichst oberflächennah beginnend und in einem ausreichend großen Radius nachweisen kann. Prüft ein Unternehmen hingegen die Förderung im Untertagebau, dann müssen die Goldgehalte entsprechend höher sein. Als groben Anhaltspunkt kann man mit einem Goldgehalt von mindestens 4 g/t kalkulieren[18], wobei hier gilt, je höher, desto besser, auch wenn dieser Goldgehalt schließlich immer relativ zu den gesamten Kosten des Unternehmens gesehen werden muss. In diesem Zusammenhang ist für Explorationsunternehmen vor allem die Höhe der gesamten Bohrkosten wichtig, denn dabei kommt es zwischen den einzelnen Ländern durchaus zu erheblichen Schwankungen und das kann sich schlussendlich deutlich auf die gesamten Kosten auswirken. Das hängt auch maßgeblich von der Frage ab, inwiefern eigene Bohrgeräte vorhanden sind oder ob auf externe Dienstleister zurückgegriffen werden muss.

[18] Angaben unter Berücksichtigung der Förderkosten und des Goldpreises zum Zeitpunkt der Drucklegung des Buches.

Als Letztes spielt noch die infrastrukturelle Lage des Projektes eine große Rolle. Wie weit ist das Unternehmen von der nächstgrößten Stadt entfernt oder muss ein eigenes Arbeitercamp aufgebaut werden? Stehen in der Region Fachkräfte und Arbeiter zur Verfügung? Wie einfach kann die Liegenschaft an das Verkehrs-, Strom- und Wassernetz angebunden werden? Bieten externe Bohrunternehmen im jeweiligen Land ihre Dienste an? Befindet sich das Projekt in schwer zugänglichem Gebiet mit wenig oder gar keiner Infrastruktur, wird sich die Exploration der Liegenschaft stark verzögern und überdurchschnittlich hohe Kosten aufwerfen. An dieser Stelle muss auch geprüft werden, inwiefern der Staat beim Ausbau der Infrastruktur den Unternehmen mit etwaigen Subventionen unter die Arme greift.

Grundsätzlich gilt, ein Investment in Explorationsgesellschaften bietet die höchsten Risiken, allerdings auch die größten Chancen. Explorer werden in der Regel mit deutlichen Abschlägen gegenüber etablierten Produzenten gehandelt, was ein erhebliches Gewinnpotenzial in Aussicht stellt. Im gleichen Atemzug muss allerdings unbedingt wiederholt werden, dass nur ein Bruchteil der Explorationsgesellschaften tatsächlich den Schritt zum Produzenten schließlich schaffen, und gerade Neulingen auf dem Goldmarkt sei deswegen, trotz der verlockenden und hohen Gewinnaussichten, dringend von einer übermäßigen Engagement in Explorer abgeraten.

Die angehenden Produzenten

Hierbei handelt es sich um Gesellschaften, welche sich in der Übergangsphase vom Explorer zum Produzenten befinden. Diese Unternehmen verfügen bereits über nachgewiesene Ressourcen und Reserven und führen in der Regel bereits detaillierte, ingenieurstechnische und metallurgische Studien durch beziehungsweise holen die für den Betrieb der späteren Mine notwendigen Genehmigungen ein. Naturgemäß ist hier das Risiko, verglichen mit Explorationsgesellschaften, deutlich geringer. Ein Punkt, auf welchen man bei solchen Unternehmen jedoch achten sollte, ist die Zahl der ausgegebenen Aktien. Eine zu große Verwässerung des Aktienkapitals kann die potenzielle Kursentwicklung bereits im vorhinein maßgeblich beeinträchtigen. Wichtig ist auch zu prüfen, ob und in welchem Umfang das Unternehmen Vorwärtsverkäufe eingegangen ist, also das

Versprechen, in Zukunft eine bestimmte Menge Gold zu einem vereinbarten Festpreis zu liefern. Manche Banken verlangen solche Vorwärtsverkäufe als Sicherheit für die Vergabe der notwendigen Kredite, ohne die eine Errichtung der Mine und der Aufbau der Infrastruktur oft nicht möglich ist.

In Zeiten von fallenden Goldpreisen kann sich das durchaus als sinnvoll und erträglich erweisen, da man, zumindest für einen Teil seiner Förderung, einen festen Preis erhält, mit welchem man kalkulieren kann. Steigt der Goldpreis aber, verbaut sich eine Gesellschaft mit Vorwärtsverkäufen jegliche Möglichkeit, von steigenden Goldnotierungen profitieren zu können. Zudem steigen in der Regel nicht nur der Goldpreis, sondern auch die Kosten für Energie, Stahl, Chemikalien oder Sprengstoff und häufig auch die Lohnzahlungen. Ist ein Unternehmen Vorwärtsverkäufe auf zu niedrigem Niveau eingegangen, kann die Produktion schnell unrentabel werden. Um dieses Problem zu lösen, müsste man für teures Geld die Hedge-Positionen glattstellen. Aus diesem Grund ist es wichtig, vor einem Investment in ein Goldunternehmen vor allem auf den Umfang der Vorwärtsverkäufe zu achten, und zu schauen, zu welchem Preis das Gold auf Termin verkauft wurde.

Die Juniorproduzenten

Wie der Name bereits impliziert, handelt es sich dabei um Unternehmen, welche vor kurzem mit ihrem Projekt in Produktion gegangen sind. Interessiert man sich für ein Investment in solche Gesellschaften, so sollte man vor allem beobachten, wie sich die Produktion und der daraus resultierende Cash-Flow[19] entwickelt. Es kommt immer wieder vor, dass es den Unternehmen nicht gelingt, die in der Machbarkeitsstudie getroffenen Prognosen hinsichtlich der Produktionsmenge, der Cash-Kosten[20] sowie der Gewinnungsraten einzuhalten. Die Gründe hierfür können unterschiedlichster Natur sein: Probleme mit der Energieversorgung, Erz, das über einen längeren Zeitraum gelaugt werden muss als ursprünglich angenommen, oder Streiks der Belegschaft. Ein Projekt, welches auf dem

[19] Der Cashflow definiert sich als positiver, periodisierter Zahlungsmittelüberschuss der wirtschaftlichen Tätigkeit.

[20] Mit dem Begriff Cash-Kosten werden sämtliche Ausgaben für die Förderung und Verarbeitung des Erzes sowie die administrativen Kosten zusammengefasst.

Papier zunächst als profitabel erschien, kann sich dann schnell zu einem Fass ohne Boden entwickeln. Ein positiver Indikator für ein aussichtsreiches Unternehmen ist insbesondere auch, wenn der Anteil an institutionellen Investoren relativ hoch ist und womöglich sogar andere, große Bergbaugesellschaften am Aktienkapital beteiligt sind, die an den Erfolg des Projektes glauben.

Die Seniorproduzenten

Dies sind Unternehmen, welche schon seit vielen Jahren in Produktion sind und meist über mehrere Minen, oft auch auf verschiedenen Kontinenten, verfügen. Diese Gesellschaften werden von einem erfahrenen Management geleitet, welches seine Kompetenzen bereits unter Beweis stellen konnte und somit in der Regel auch für zukünftigen Erfolg steht. Üblicherweise verfügen solche Bergbaukonzerne über hohe Reserven und viele produzieren weit über 500 000 Unzen Gold pro Jahr. Einige der ganz großen und erfolgreichen Unternehmen aus diesem Bereich sind zum Beispiel die kanadische Goldcorp, AngloGold Ashanti, Newcrest Mining, Agnico Eagle Mines und Polyus Gold. Die größte Herausforderung für diese Unternehmen besteht darin, die geförderten Reserven permanent zu ersetzen. Zu diesem Zweck führen sie neben ständigen Explorationsarbeiten immer wieder auch Übernahmen von anderen Gesellschaften durch, gerade in Zeiten, in welchen die Börse schlecht läuft und die Aktienkurse vieler Unternehmen im Keller sind. Während die potenziellen Kurserwartungen für Seniorproduzenten in der Regel weit gedämpfter ausfallen als etwa bei Explorern, können Anleger auf der anderen Seite bei den etablierten Produzenten mit der Ausschüttung von Dividenden rechnen und sind mit ihrer Anlage einem wesentlich geringeren operativen Risiko ausgesetzt.

Basismetallproduzenten

Häufig fällt bei der Produktion von Basismetallen, meist der Förderung von Kupfer, eine mehr oder weniger große Menge an Gold an. Wenngleich die Goldproduktion für diese Unternehmen nicht zum Kerngeschäft zählt, liefert sie häufig einen nicht unbedeutenden Anteil am Cash-Flow bzw. den Gewinnen. Aufgrund der extrem starken Abhängigkeit solcher Gesellschaften von der konjunkturellen Entwicklung und den dadurch vorherrschenden Preisen für Basismetalle sollte man diese Aktien in Hinblick auf eine Investition in den Goldmarkt nicht zu hoch im Depot gewichten.

Wie Mehrwert für die Investoren geschaffen werden kann

Die allermeisten Goldvorkommen sind in ihrem Umfang recht begrenzt und damit ist auch das Minenleben meist auf ein paar wenige Jahre oder Jahrzehnte beschränkt, in jedem Fall ist die Zeit aber endlich, in der profitabler Bergbau betrieben werden kann. Die großen Goldproduzenten sind deswegen stets darauf bedacht, die geförderten Reserven permanent durch neue zu ersetzen, weil diese die Grundlage für potenzielle Gewinne bilden und weder Unternehmen noch Anleger daran interessiert sind, dass das Ende der Förderaktivitäten mit jeder geförderten Unze Gold absehbar näher rückt. Zu diesem Zweck bieten sich für kapitalkräftige Unternehmen, unter anderem, regelmäßige Übernahmen von kleineren Konkurrenten an. Damit fallen keine Explorationsrisiken und -kosten an und genauso kann man auf diese Weise den zeit- und kostenintensiven Aufbau der Mine umgehen. Außerdem sind in den meisten Fällen bereits Ressourcen und Reserven in Übereinstimmung mit den gängigen Richtlinien nach NI 43-101 oder JORC[21] definiert, was ein zusätzlicher Pluspunkt sein kann.

Egal wie günstig der Kaufzeitpunkt oder das Angebot auch ist, so kommen Übernahmen nur für Unternehmen mit dem nötigen Kapital oder Zugang zu einer adäquaten Finanzierung in Frage, deswegen ist für manche Gesellschaften nur die Ausweitung der Produktion in den eigenen Minen möglich. In vielen Fällen ist nicht die komplette Liegenschaft exploriert, da man sich in der Regel zuallererst auf die am leichtesten zugänglichen Vorkommen konzentriert, oftmals bietet sich auch der Ankauf von benachbarten Grundstücken an, auf denen man eine Fortsetzung der Erzgänge vermutet. Der Vorteil dieser Strategie ist sicherlich, dass man

[21] NI 43-101 (National Instrument) ist eine kanadische Richtlinie, die klare Vorgaben für die Veröffentlichungen von Explorationsergebnissen bzw. Ressourcenschätzungen macht, damit die Weitergabe von fehlerhaften, irreführenden oder betrügerischen Informationen an Marktteilnehmer unterbunden werden kann.
Der JORC Code (Joint Ore Reserves Committee) wurde 1989 eingeführt und ist das australische Pendant zu NI 43-101. Die Regeln wurden zuletzt im Jahr 2004 angepasst.

vor Ort tätig bleibt und damit bestehende Einrichtungen, Maschinen und Infrastruktur nutzen oder ausbauen kann. Gerade aber, wenn es darum geht, mit neuen Stollen in tiefere Regionen des Erzkörpers vorzustoßen, ist das für die Unternehmen häufig mit einem großen Zeit- und Kostenaufwand verbunden.

Neben der Übernahme und der Expansion kommt auch die Wiederinbetriebnahme alter Minen in Betracht. Gerade in den 1990ern wurden aufgrund der extrem tiefen Goldpreise viele Minen geschlossen, aber auch in noch älteren, historische Minen und Abraumhalden können noch große Goldvorkommen schlummern. Zum einen können sich seit den letzten Förderaktivitäten die Fördermethoden verbessert und weiterentwickelt haben, andererseits können mit höheren Goldpreisen Vorkommen, die zuvor als unrentabel galten, wieder Profite abwerfen, und in manchen Fällen wurde die Liegenschaft aus diversen Gründen nicht vollständig exploriert oder ausgebeutet, etwa weil man sich damals nur auf den Tagebau konzentriert hatte. Viele Unternehmen haben es sich deshalb zum Ziel gesetzt, diese alten Minen systematisch zu explorieren und bei entsprechenden Resultaten wieder in Produktion zu bringen. Solche Projekte zeichnen sich dadurch aus, dass man in einem Bereich tätig ist, in dem bereits Gold nachgewiesen wurde. Wenn die ursprüngliche Stilllegung der Mine nur wenige Jahre zurückliegt, ist in Einzelfällen auch die Übernahme von bestehenden Einrichtungen möglich. Andererseits kann sich die Sicherung alter Stollen als sehr zeitaufwändig und teuer erweisen und zudem ist nicht immer sicher, ob die Unternehmen die für die Wiederinbetriebnahme nötigen Papiere auch wirklich erhalten.

Sonderfall Royalty-Unternehmen

Eine Sonderstellung unter den Goldproduzenten nehmen die so genannten *Royalty*[22] Gesellschaften ein. Deren Geschäftsmodell basiert darauf, dass sie angehenden Produzenten oder Junior Produzenten oder einzelne neue Projekte von etablierten Produzenten finanziell unterstützen, und dafür später festgelegte Zahlungen erhalten. Häufig ist das ein gewisser Prozentsatz am Bruttoumsatz, am Nettogewinn oder in manchen Fällen

[22] Engl. für Lizenzgebühr, Förderzins

auch an den Metallpreis gebunden, was man *Sliding-Scale-Royalty*[23] nennt.

Bei diesem Geschäftsmodell hat man den Vorteil, dass diese Unternehmen selbst kein operatives Risiko tragen, keine teuren Maschinen kaufen oder viele Arbeitskräfte bezahlen müssen, man mit einer kleinen Vorstandschaft auskommt und trotzdem im ganzen Umfang von einem steigenden Goldpreis profitieren kann. Es spielt auch keine Rolle, wem die Mine schließlich gehört, denn auch im Falle eines Eigentümerwechsels muss die *Royalty* weiter an den Lizenzinhaber bezahlt werden. Das geopolitische Risiko sowie ein schlechtes Management kann aber ebenfalls nicht ausgeschlossen werden, genauso wie diese Lizenzrechte natürlich über- und unterperformen können. Je nach Art der *Royalty* werden steigende oder fallende Metallpreise, höhere oder niedrigere Produktionskosten oder eine größere oder kleinere Produktion als ursprünglich erwartet die Lizenzgebühren positiv oder negativ beeinträchtigen. Ähnlich wie bei den Seniorproduzenten werden auch bei *Royalty*-Unternehmen häufig Dividenden ausbezahlt.

Vor- und Nachteile von Minenaktien im Überblick

Für viele Goldinvestoren sind Aktien von Goldminen ein essenzieller Bestandteil ihres Portfolios und das liegt nicht zuletzt daran, dass hier wesentlich höhere Gewinne möglich sind, als mit einer rein physischen Anlage, gleichzeitig muss auch darauf hingewiesen werden, dass damit auch ein erhebliches Risiko eingegangen wird.

Grundsätzlich lässt sich beobachten, dass mit Minenaktien ein Hebel auf den Goldpreis angesetzt werden kann. Steigt etwa der Goldpreis von 800 $ auf 900 $, könnte das für einen Goldproduzent mit Gesamtkosten von 700 $ pro geförderter Unze eine Steigerung des Gewinnes um 100 % bedeuten. Dieser Hebel kann selbstverständlich genauso auch nach unten wirken.

Bei einem Goldminenunternehmen besteht auch das Potenzial auf den Fund weiterer Goldreserven, was für Investoren einen erheblichen Mehr-

[23] Zu Deutsch etwa: Lizenzrechte mit gleitendem Prozentsatz

wert schaffen kann, genauso sind aber bei einem schlechten Management, oder in Hinblick auf das operative Risiko, durchaus auch Kursverluste denkbar, sogar bis hin zum Totalverlust. In dieser Reihe der Nachteile sind auch politische Risiken, wie etwa Verstaatlichungen, und die gesamte Umweltproblematik zu nennen, während mit Übernahmen von neuen Projekten und Expansion Wachstums-, und damit Kurssteigerungspotenzial erreicht werden kann. Gerade für junge Unternehmen, wie Explorationsgesellschaften, ist im Zuge der Finanzierung des Projektes auch eine deutliche Verwässerung des Aktienkapitals möglich, so die Finanzierung überhaupt gesichert werden kann. Andererseits besteht bei großen Produzenten die Chance auf Dividendenzahlungen, während es bei jungen Projekten, nach den entsprechenden Goldfunden, häufig zu Übernahmen kommt, was sich für Aktionäre ebenfalls positiv auswirken kann, da in der Regel ein deutlicher Aufschlag auf den Aktienpreis angeboten wird.

Ganz generell sollte auch nicht vergessen werden, dass, auch wenn eine physische Anlage in Gold als sicherer Hafen gilt, Goldminen schließlich und endlich eben nur Aktiengesellschaften sind, und damit auch allen ihnen anhaftenden wirtschaftlichen Risiken ausgesetzt sind. Während zum Beispiel der Goldpreis in Folge der internationalen Finanzkrise 2008-2009 generell recht stabil blieb, brachen die meisten Goldminen-Indizes deutlich ein.

Wie findet sich einen guter Wert?

Eine der größten Schwierigkeiten für Neulinge am Goldmarkt ist es, aus den unzähligen Aktiengesellschaften solide Unternehmen herauszufiltern, die auch das Potenzial haben, Mehrwert für ihre Investoren zu schaffen, und somit eine lohnenswerte Investition darstellen. Die folgende Liste soll als eine Art Hilfestellung bei der Suche dienen, wenngleich sie keineswegs den Anspruch auf Vollständigkeit erhebt, und mögliche Risiken nur einschränken, jedoch nicht komplett aus dem Weg räumen kann.

Explorer:

→ Solides, in der Vergangenheit erfolgreiches Management, mit technischem Know-how
→ Projekte in politisch stabilen und bergbaufreundlichen Regionen
→ Wie steht es um die Infrastruktur im Projektgebiet? Ist die Liegenschaft nur schwer zugänglich und nicht mit Straßen erschlossen?
→ Auf die Bohrergebnisse achten, diese sollten immer in Relation zu einer späteren Tage- oder Untertagebaumine stehen
→ Gute Verbindungen zu den Kapitalmärkten, um die nötigen Finanzierungen sicherzustellen
→ Wie viele Aktien sind bereits ausgegeben?
→ Wie hoch sind die Barmittel des Unternehmens?
→ Wie viel Geld wird jeden Monat ausgegeben, fließt dies vor allem in die Exploration?
→ Sind bereits institutionelle Anleger oder andere Bergbaukonzerne am Unternehmen beteiligt?

Angehende Produzenten:

→ Solides, in der Vergangenheit erfolgreiches Management, mit technischem Know-how
→ Wie sehen die Ergebnisse der Machbarkeitsstudie, insbesondere des zukünftigen Cash-Flow aus?
→ Wie viele Aktien hat das Unternehmen bereits ausgegeben?
→ Projekte in politisch stabilen und bergbaufreundlichen Regionen
→ Steht die Finanzierung des Projekts bereits?
→ Sind bereits institutionelle Anleger oder andere Bergbaukonzerne am Unternehmen beteiligt?
→ In welchem Umfang ist die zukünftige Produktion vorwärts verkauft?

Junior-Produzenten:

→ Kann das Unternehmen die in der Machbarkeitsstudie getroffenen Prognosen erfüllen?
→ Treten bei der Produktion Probleme auf, welche sich nicht lösen lassen?
→ Sind institutionelle Anleger oder andere Bergbaukonzerne am Unternehmen beteiligt?
→ Solides, in der Vergangenheit erfolgreiches Management
→ Projekte in politisch stabilen und bergbaufreundlichen Regionen

- → Wie hoch ist die Zahl der ausgegebenen Aktien?
- → Wie groß sind die bereits ausgewiesenen Ressourcen und Reserven?
- → Besteht auf der Liegenschaft weiteres Explorationspotenzial?
- → Wie hoch ist der Umfang der Vorwärtsverkäufe?
- → Wie hoch sind Cash-Kosten und Cash-Flow?

Senior Produzenten
- → Wie hoch sind die Ressourcen und Reserven der Gesellschaft?
- → Sind bereits mehrere Minen in Betrieb?
- → Wie lange ist das Minenleben?
- → Sitzt das Unternehmen auf hohen Schulden?
- → Wie hoch ist der Umfang der Vorwärtsverkäufe?
- → Ist genügend Cash bzw. der Zugang zu frischem Kapital vorhanden, um Übernahmen durchführen zu können?
- → Wie sieht es mit der Expansionsstrategie aus?
- → Projekte in politisch stabilen und bergbaufreundlichen Regionen
- → Werden Dividenden bezahlt?
- → Wie hoch sind Cash-Kosten und Cash-Flow?

Umso mehr man sich mit dem Goldminenaktienmarkt beschäftigt, umso mehr eigene Fragen werden über die Zeit hinzukommen. Das perfekte Unternehmen wird allerdings in den seltensten Fällen gefunden werden können und es müssen in der Regel gewisse sinnvolle Abstriche gemacht werden. Viele Bergbaugesellschaften, vor allem Juniors und Explorer, die auf ständige Finanzierungen angewiesen sind, sind durchaus häufig auf diversen Rohstoffmessen mit einem eigenen Stand vertreten. Diese Gelegenheit kann genutzt werden, um Fragen ganz persönlich zu stellen, um im Gespräch vielleicht Details herauszufinden, die so nur in Ansätzen oder gar nicht in den offiziellen Unternehmensmitteilungen zu erfahren sind.

Kauf- und Verkaufsstrategien

Wenn erst einmal ein guter Wert gefunden ist und man sich vom Potenzial eines Unternehmens überzeugen konnte, bieten sich dennoch eine Vielzahl von Möglichkeiten, wie man an dieses Investment herantreten sollte. Allem voran stehen die üblichen Fragen: Wann ist ein günstiger Einstiegspunkt? In welchem Umfang sollte man einsteigen? Welche Erwartungen werden mit der Anlage verbunden? Und schließlich bleibt noch die Frage nach der Dauer des Engagements.

Eine pauschale Aussage zum Kaufzeitpunkt lässt sich nicht treffen, davon hängt die Kursentwicklung von zu vielen Faktoren ab und zudem auch maßgeblich von der jeweiligen Erwartungshaltung. Ist man davon überzeugt, dass sich ein Explorationsprojekt zu einem erfolgreichen Produzenten mausern kann, dann mag es keine Rolle spielen, ob der jeweilige Titel für 10 oder 20 Cent gekauft wurde, wenn er Jahre später für mehrere Euro verkauft werden kann. Versucht man jedoch kurzfristige Gewinne mitzunehmen, können diese 10 Cent Preisunterschied bereits über Erfolg und Misserfolg einer Anlage entscheiden. Auch die Stimmung am Markt spielt ganz offensichtlich eine entscheidende Rolle und diese Beobachtung geht weit über die traditionelle Sommerflaute hinaus, die tendenziell eher ein günstiger Kaufzeitpunkt ist. Ist die Situation an den internationalen Finanzmärkten aus diversen Gründen sehr angespannt, dann wird sich unter Umständen weder der größte Ressourcenfund noch ein extrem gutes Übernahmeangebot oder der Beginn der Produktion positiv in der Kursentwicklung widerspiegeln können. Mal abge-

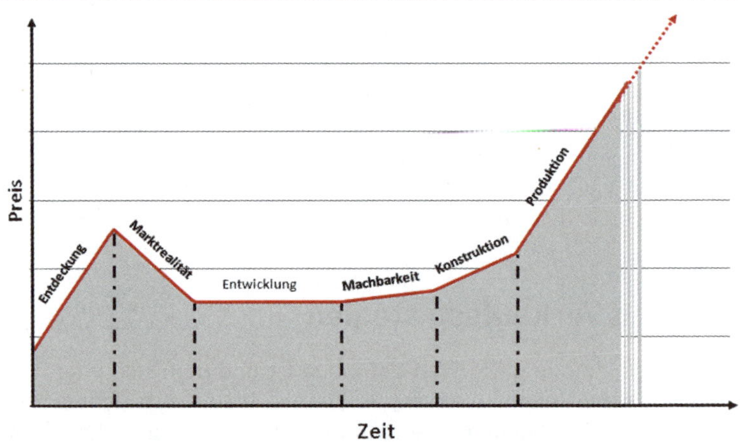

Grafik 5.1: Idealisierter Chartverlauf eines Explorationsunternehmens

sehen von solchen externen Faktoren, lässt sich für Explorer jedoch ein idealisierter Chartverlauf skizzieren.

Nach der Ausgabe der ersten Anteile kommt es in der Regel auf Grund der Medienpräsenz und dem sukzessiven Einstieg von neuen Investoren zu einem Kursanstieg, bis, von den ersten Bohrergebnissen und immer neuen hoffnungsvollen Investoren beflügelt, schließlich ein Peak erreicht wird. In der nächsten Phase brechen die Kurse meist drastisch ein, was an immer neuen Finanzierungen und der weiteren Ausgabe von neuen Anteilen liegt, die benötigt werden, um den Erzkörper in seinen Ausmaßen zu definieren. In der dritten Phase, während die Entwicklung und der Ausbau der Liegenschaften sowie die genauere Definierung des Erzkörpers durch systematische Bohrungen voranschreitet, bewegen sich die Kurse tendenziell eher seitwärts, weil keine neuen Ressourcen entdeckt werden und wenig Neuigkeiten zu vermelden sind, die das Interesse potenzieller Investoren wecken könnten.

Typischerweise sorgt erst die Veröffentlichung der Machbarkeitsstudie wieder für Aufwind, weil damit die möglichen Ressourcen zu Reserven werden, die Mine zu mehr als nur einer hoffnungsvollen Erwartung wird und ein Großteil des ursprünglichen Risikos wegfällt, was neue Investoren anzieht. Trotzdem wird sich der Aktienkurs in der Regel auf einem eher niedrigen Niveau bewegen, jedenfalls bis sich schließlich der Beginn der Produktion abzeichnet. In der Folge werden dann die mit dem Beginn der Produktion einhergehenden ersten Einnahmen, neue Ressourcenfunde, Expansionen der verschiedensten Arten, das Einfahren der ersten Reingewinne, das erfolgreiche Abbezahlen von Krediten und dergleichen meistens mit einem ansteigenden Aktienkurs belohnt. Sicherlich wird sich der Kursverlauf von Fall zu Fall sehr verschieden gestalten, aber ganz allgemein betrachtet wird jedes erfolgreiche Explorationsunternehmen diese Entwicklungsstadien in irgendeiner Form durchlaufen müssen (außer es kommt zu einer Übernahme) und so lassen sich jeweils einige günstigere und einige weniger günstige Einstiegszeitpunkte entlang dieser Beobachtungen finden. Einerseits sicherlich ganz zu Beginn des Projektes, nur sind zu diesem Zeitpunkt die Risiken maximal. Viel sicherer scheint eine Investition in der dritten Phase, wenn sich das Bild einer realisierbaren und profitablen Mine langsam abzeichnet, der Aktienkurs aber immer noch im Keller ist. Oftmals fallen mögliche Übernahmen auch genau in diesen Zeitraum.

Der Kursverlauf hängt aber ebenso von der Medienpräsenz des Unternehmens ab. Durch gute Werbung an der richtigen Stelle können eventuell institutionelle Investoren für das Projekt gewonnen werden, unter anderem kann auch das Handelsvolumen dadurch positiv beeinflusst werden. Andererseits ist durchaus auch eine gewisse Vorsicht angebracht, denn wie jeder Markt ist auch der Goldmarkt voll von falschen Versprechungen, fehlgeleiteter Hoffnungen und Empfehlungen, die sich vor allem mit dem persönlichen finanziellen Interesse des Analysten oder Firmengründers begründen lassen. Waren die Erwartungen der Anleger völlig unbegründet oder konnten nicht in dem versprochenen Ausmaß erfüllt werden, kann es schnell zu einem dramatischen Abverkauf kommen.

Um also den richtigen Kaufzeitpunkt zu finden, aber auch um den weiteren Kursverlauf Ihrer Goldminenaktien abschätzen zu können, ist es unerlässlich, ständig nach unabhängigen Informationen Ausschau zu halten und die Entwicklung des Unternehmens laufend mitzuverfolgen. Wer diese Zeit nicht hat, sollte entweder von einer Investition in riskante Minenaktien absehen oder alternativ diese Recherchearbeit professionellen Analysten, etwa über das Abonnement eines unabhängigen Börsenbriefes, überlassen.

Neben der Frage des richtigen Kaufzeitpunkts stellt sich, wie eingangs kurz skizziert, auch die Frage nach der generellen Anlagestrategie. Diese hängt maßgeblich von der Erfahrung sowie von der Risikotoleranz des einzelnen Investors ab. Nicht jeder kann und will einen Totalverlust einkalkulieren, selbst wenn zukünftige Gewinne von mehreren hundert Prozent locken.

Andere Strategien brauchen viel Erfahrung und Insiderwissen, so dass sich viele Anleger deswegen für das so genannte »buy and hold« entscheiden. In diesem Fall investiert man in ein vielversprechendes Unternehmen und lässt die Aktien über mehrere Jahre im Depot liegen, spekuliert damit auf langfristige Gewinne und lässt etwaige kurzfristige Kursschwankungen vollkommen außer Acht.

Eine andere Möglichkeit besteht darin, in Gesellschaften zu investieren, welche als potenzielle Übernahmekandidaten in Frage kommen, mit der Hoffnung auf ein günstiges Angebot von einem Kontrahenten. Viele Unternehmen machen eine Übernahme zum explizit erklärten Ziel ihrer Bestrebungen, auch wenn die Frage, ob es schließlich zu einer solchen Übernahme kommt, nur über eine zufriedenstellende Ressourcenschätzung sowie einen bereitwilligen und finanzkräftigen Interessenten geklärt werden kann.

Wieder andere Investoren entscheiden sich für Momentum-Trading und versuchen von kurz- und mittelfristigen Aufwärtstrends zu profitieren, orientieren sich dabei zum Beispiel an den gleitenden Durchschnittswerten und anderen Preissignalen und verkaufen in der Regel recht schnell wieder. Manche Anleger begründen ihre gesamte Anlagestrategie mit detaillierten Chart-Analysen, andere kaufen nur, wenn bestehende Widerstände überwunden werden konnten und ein klares Ausbruchssignal zu sehen ist, und manch einer vertraut vielleicht sogar auf astrologische Vorhersagen. Mit dieser Aufzählung soll gezeigt werden, dass es eine ganze Reihe verschiedener Anlagestrategien gibt, so viele, dass man über dieses Thema wahrscheinlich ein eigenes Buch schreiben könnte, und im Grunde hat sich mit den unzähligen Rohstoff-Analysten weltweit eine ganze Branche diesem Thema gewidmet. Für unerfahrene Anleger, denen es aus diversen Gründen nicht möglich ist, den Großteil ihres Tages den Markt mitzuverfolgen und ggf. auf Preissignale zu reagieren, ist deswegen ein langfristiger Anlagehorizont empfehlenswert, während man von kurzfristigen Investitionen und Risikoanlagen weitestgehend fern bleiben sollte.

Egal für welche Methode sich ein Anleger schließlich entscheidet, sollte folgendes immer beachtet werden: Goldminenaktien sind keine typischen Rohstoffaktien und gängige Analysemethoden können unter Umständen versagen. An den Fundamentaldaten kommt man nicht vorbei, aber andererseits muss jedem Anleger bewusst sein, dass Gold im Finanzsystem eine klare Sonderrolle einnimmt, und sich deswegen auch bei den Kursentwicklung von Goldminenaktien einige Eigentümlichkeiten ergeben. Während ein Basismetall-Produzent in der Regel von einer wirtschaftlichen Hochphase profitieren kann, muss das für einen Goldproduzenten nicht zwangsläufig positiv sein. Zum Beispiel wäre vorstellbar, dass eben aufgrund dieser Hochphase Krisenängste der Investoren in Vergessenheit geraten und kein oder kaum ein Bedarf für den sicheren Hafen Gold mehr besteht, was sich in der Folge negativ auf den Goldpreis auswirken würde und damit auch auf die Kursentwicklung ihrer Goldunternehmen.

Vorsicht gilt auch bei der Auswahl der Unternehmen. Jede Gesellschaft wird auf die eine oder andere Weise eine atemberaubende Geschichte erzählen und versuchen, Gründe aufzuzählen, warum gerade ihr Unternehmen das beste, größte oder vielversprechendste ist, und welches sagenhafte Gewinnpotenzial nur darauf wartet, entdeckt zu werden. Jeder will sich eben so gut wie möglich verkaufen. Ohne die nötige langjährige Erfahrung wird es nicht möglich sein, durchgängig richtig zu entscheiden, welches Projekt nun tatsächlich in die engere Wahl kommen sollte und welches nicht. Selbst ausgewiesene Experten irren sich hinsichtlich dieser Frage mit regelmäßiger Häufigkeit. Deswegen ist es wichtig, sich hauptsächlich für Unternehmen zu entscheiden, die mehr als nur eine gute Geschichte und hoffnungsvolle Erwartungen anbieten können. Ihr Minendepot sollte so strukturiert sein, dass mindestens 70 % in diverse Seniorproduzenten investiert werden; auch Royalty-Unternehmen kommen dabei in Frage, so Ihnen dieses Geschäftsmodel zusagt, da auch hiermit ein vergleichsweise geringes Risiko eingegangen wird. Die restlichen 30 % des in Goldminenaktien angelegten Kapitals kann man dann auf angehende bzw. Juniorproduzenten verteilen, wobei es nicht sinnvoll ist, mehr als 10 % in reine Explorationsgesellschaften zu investieren.

Auch wenn dieser Ratschlag wohl immer an so einer Stelle kommt und den meisten Lesern inzwischen vertraut sein wird, soll trotzdem darauf hingewiesen werden, dass in Goldminen wirklich nur verfügbares und entbehrbares Kapital investieren werden sollte. Diese Gesellschaften sind allesamt Risikoanlagen, bei denen hohe Verluste im Bereich des Möglichen sind, das gilt insbesondere für Explorationsgesellschaften. Grundsätzlich ist ein Investment in Unternehmen aus dem Goldsektor aber durchaus sinnvoll und kann ansehnliche Renditen bringen. Gerade in Zeiten eines steigenden Goldpreises wachsen auch die Unternehmensgewinne, was an der Börse häufig mit Kursaufschlägen belohnt wird. In diesem Umfeld haben die Goldproduzenten leichter Zugang zu frischem Kapital, können sich refinanzieren und Übernahmen vornehmen, was wiederum zu Wachstum führt.

Die Goldminen-Indizes

Ähnlich wie man die Entwicklung von Rohstoffkörben mittels der dazugehörigen Indizes abbildet, so gibt es auch im Goldsektor eine Reihe von Indizes, welche nach unterschiedlichen Kriterien funktionieren. Als Anleger kann man direkt über Zertifikate in die Entwicklung der einzelnen Indizes investieren und so von deren Entwicklung profitieren. Genauso wichtig, vielleicht noch wichtiger, dienen die verschiedenen Indizes als Barometer, welches bei Kauf- und Verkaufsentscheidungen eine große Hilfestellung sein kann. Nachstehend findet sich eine Übersicht über momentan wichtige Indizes und wie sie funktionieren.

HUI – NYSE Arca Gold BUGS Index

Der NYSE Arca Gold BUGS (Basket of Unhedged Gold Stocks = Korb von Goldaktien, die sich nicht mit Vorwärtsverkäufen abgesichert haben) Index (HUI) ist ein modifizierter in Dollar gewichteter Index von Gesellschaften, die im Goldbergbau involviert sind. Der HUI Index wurde aufgelegt, um eine signifikante Exposition gegenüber kurzfristigen Goldpreisbewegungen zu liefern, indem Gesellschaften eingeschlossen werden, die ihre Gold-Produktion nicht auf mehr als 1,5 Jahre vorwärtsverkaufen. Der HUI Index wurde am 15. März 1996 bei einem Basiswert von 200.00 aufgelegt. Anpassungen werden quartalsweise nach dem Handelsschluss des dritten Freitags im März, Juni, September und Dezember vorgenommen, so dass jede Aktienkomponente ihre zugewiesene Gewichtung im Index repräsentiert.

XAU Index

Der XAU Index (Philadelphia Gold and Silver Sector Index) umfasst 16 gehedgte und ungehedgte Gold- und Silberproduzenten und wurde erstmals 1979 bei einem Stand von 100 Punkten aufgelegt.

Anpassungen erfolgen jeweils am Samstag nach dem dritten Freitag im März, Juni, September und Dezember. Gehandelt wird der XAU von Montag bis Freitag, 9:30 bis 16:00 Uhr (Philadelphia Zeit).

JSE Gold Index

Der FTSE/JSE Gold Index umfasst sechs in Südafrika gelistete und zum großen Teil dort tätige Goldproduzenten und bietet dem Anleger die Möglichkeit, an der Kursentwicklung dieser Unternehmen zu partizipieren.

Bedingt durch die Abhängigkeit von der Entwicklung des Randkurses, welche sich direkt auf die Gewinne der Unternehmen und somit auf deren Kursentwicklung auswirkt, ist ein Investment in diesen Index mit vergleichsweise höheren Risiken, aber auch Chancen verbunden, als beispielsweise ein Investment in den XAU.

CBOE Gold Index

Der CBOE Gold Index ist ein Dollar gewichteter Index, welcher die Kursentwicklung von zwölf Unternehmen, hauptsächlich aus dem Goldsektor, abbildet. Sein Handelssymbol lautet: GOX. Der Index wird jeweils zum Handelsschluss am letzten Freitag des jeweiligen Quartals neu angepasst.

Der Handel auf diesen Index ist für jede Seite auf jeweils 31 500 Kontrakte beschränkt. Gehandelt werden kann der GOX von Montag bis Freitag, 8:30 bis 15:00 Uhr (Chicago Zeit).

simplified

6 Gold ETFs und ähnliche Produkte

»Der Besitz von Geld und Gold schafft kein sorgenfreies Leben. Die Art der Sorgen ändert sich.«

WALTRAUD PUZICHA (*1925), deutsche Aphoristikerin

In diesem Kapitel soll es vornehmlich um eine recht neue Entwicklung auf dem Goldmarkt gehen – um alternative Investmentprodukte in Aktienform, die dennoch über eine physische Deckung die Bewegungen des Goldpreises direkt wiedergeben. Die meisten Leser werden in diesem Kontext den Ausdruck »ETF« schon irgendwo einmal gehört haben, wenn wurde wohl zumindest bemerkt, dass dieses Kapitel unter diesem Oberbegriff steht. Ein ETF, oder ausgeschrieben **E**xchange-**T**raded-**F**und, zu Deutsch in etwa börsengehandelter Fonds, wird definiert als »Indexfond in Form eines Sondervermögens, der an der Börse gehandelt, in der Regel passiv verwaltet wird und meist einen zugrundeliegenden Index abbildet«. Es liegt also ein Aktienindex oder ein Aktienkorb zugrunde.

Im Falle des physischen Gold ETFs[24] handelt es sich beim Sondervermögen um physisches Gold und der abgebildete »Index« ist damit der Goldpreis an sich. Der Entwurf eines ersten Gold ETFs geht auf die *Benchmark Asset Management Company* in Indien zurück, wo der Vorschlag allerdings von den Aufsichtsbehörden im Mai 2002 vorerst abgelehnt wurde. Der erste richtige physische Gold ETF wurde im März 2003 an der *Australien Stock Exchange* lanciert und trägt den Namen *Gold Bullion Securities* (GBS, Börsenkürzel: GOLD).

Die Idee dahinter war, vor allem Institutionellen und Großanlegern die Möglichkeit zu geben, am physischen Goldmarkt zu partizipieren, indem

[24] Im Verlauf dieses Kapitels wird der Begriff physischer Gold ETF und Gold ETF, entlang der gängigen Praxis in der Goldszene, synonym verwendet.

man das komplette von den Anlegern gesammelte Kapital direkt in physisches Gold investiert. Somit entspricht das Fondsvermögen immer den physischen Goldpositionen und richtet sich damit direkt nach dem Goldpreis. Der große Vorteil dieser Anlageform kommt erst bei großen Positionen zum Tragen und das ist genau der Grund, warum auch einige Investoren diese Anlageform präferieren. Mit Gold hat man sehr viel Wert auf sehr wenig Raum und das führt zwangsläufig zu Sicherheitsproblemen und damit zu Lagerproblemen und bei besonders großen Positionen eventuell auch zu einem Beschaffungs- bzw. Verkaufsproblem. Im Falle von Anteilen an solchen ETFs entfallen diese Probleme, weil die ETFs (die zumeist von Banken und großen Finanzinstituten aufgelegt werden) direkt in das *Good Delivery*-Netzwerk des internationalen Gold-Großhandels eingebunden sind und über große Tresorräume mit entsprechenden Sicherheitsvorkehrungen verfügen. Genau wegen dieser Einbindung in das Großhandelsnetzwerk ist es mit ETFs bereits schon bei sehr kleinen Investitionssummen möglich, sehr nahe an den Spotpreis zu kommen, was mit kleinen Münzen oder Barren meist unmöglich bleibt.

Mit einem Gold ETF kann man also einen Großteil der Investmentvorteile von Gold nutzen, während man sich um die Nachteile nicht kümmern muss. Noch dazu steht institutionellen Anlegern eine direkte physische Anlage in keinem Fall offen, da sie allein an börsengehandelte Anlageprodukte gebunden sind.

Ein weiterer Vorteil solcher ETFs, etwa gegenüber Zertifikaten, die als Inhaberschuldverschreibungen dem sogenannten Emittenten-Risiko unterliegen, liegt im Sondervermögen. Im Falle einer etwaigen Insolvenz des Anbieters ist der physische Goldbestand gesetzlich geschützt und nicht Teil der Insolvenzmasse und damit haben Anleger für diesen Fall der Fälle einen direkten Anspruch auf ihr physisches Gold, welches nicht für die Begleichung von Verbindlichkeiten anderer Gläubiger herangezogen werden kann.

Da diese ETFs von Banken und großen Finanzinstituten aufgelegt werden, liegt nichts ferner, als von altruistischen Absichten auszugehen. Natürlich wollen die Banken damit Geld verdienen und dafür wird eine jährliche Gebühr erhoben; üblich sind 0,4 %, für die laufenden Fondskosten. Darin enthalten sind Kosten für das Management, Lagergebühren und Versicherungskosten. Gängigerweise wird dieser Betrag vom Goldbestand abgezogen, wodurch die Menge, die durch einen Anteil am Fonds repräsentiert wird, graduell abnimmt. Hinzu kommt eine Ausgabekommission, die im Durchschnitt bei maximal 3% liegt, aber auch von der gesamten Anlagesumme abhängt.

Ein weiterer Nachteil bei den Gold ETFs ergibt sich bei einer potenziellen Auslieferung von Goldpositionen. Auch wenn bei den meisten Gold ETFs ein Anteil eine vergleichsweise geringe Menge verbrieft, zwischen 1/10 einer Unze bis ca. 100 Gramm[25], so ist die physische Auslieferung der Positionen in den meisten Fällen mit größeren Problemen verbunden. Zum einen ist dies gar nicht bei allen Gold ETFs Teil des Emissionsprospekts, und wenn doch, dann existieren beträchtliche Mindestmengen, die durchaus im Bereich eines Standardbarrens von 12,4 kg oder noch mehr liegen können. Zum anderen wird dafür häufig auch eine Auslieferungskommission im Bereich von 0,2-1% erhoben. Außerdem erfolgt bei keinem der Gold ETFs eine Auslieferung ins Ausland, sondern sie wird ausschließlich direkt am Hauptsitz der Depotbank vorgenommen; Kosten für einen gewünschten weiteren Transport im Inland werden dem Anleger zusätzlich in Rechnung gestellt.

Auch wenn es im Grunde offensichtlich ist, so soll es trotzdem kurz erwähnt werden. Anleger können mit einer Investition in ETFs, anders als etwa bei den klassischen Anlagefonds, nicht auf Ausschüttungen hoffen, da das gesamte Fondsvermögen in physisches Gold investiert ist, und dieses naturgemäß selber keinerlei ausschüttbare Kapitalerträge abwirft und der Gewinn damit erst beim Anteilsverkauf realisiert werden kann.

Leider, muss man wohl sagen, sind das noch nicht alle Probleme, die sich mit den physischen Gold ETFs ergeben. Insbesondere in Deutschland werden allgemein keine Investmentfonds zugelassen, die zu 100% in physisches Gold investieren, weswegen potenzielle Anleger erstens auf das Ausland ausweichen müssen, und zweitens mit erheblichen Steuernachteilen rechnen müssen, denn die meisten ETFs werden als ge-

[25] Aufgrund der laufenden Fondskosten nimmt der Anteil jedoch stetig ab und so können an dieser Stelle keine exakten Zahlen angeben werden. Zahlen beziehen sich hier und in der Folge des Kapitels auf den Emissionszeitpunkt ggf. auf den letzten Split.

schlossene Fondsbeteiligungen eingestuft, womit auch thesaurierte Gewinne vom Investor jährlich zu versteuern sind, und nicht nur allein beim Anteilsverkauf. In der Schweiz hingegen genießen ETF-Privatinvestoren, praktisch gesehen, völlige Steuerfreiheit. Zudem ist man mit einer Investition in Anteile von Gold ETFs, sofern diese nicht in USD gehandelt werden (z.B. in Euro oder Schweizer Franken), auch einem Währungsrisiko ausgesetzt – nämlich bei der Konvertierung des in USD gehandelten Golds in die Depotwährung. Die meisten Emittenten bieten aber mittlerweile alternative ETFs mit einer integrierten Währungsabsicherung an. Auch wenn dadurch sogar zusätzliches Gewinnpotenzial entstehen kann, bleibt trotzdem ein Restrisiko bestehen, und außerdem muss diese Absicherung auf die eine oder andere Weise bezahlt werden.

Auf einer ganz anderen Ebene haben viele kritische Beobachter ein weiteres Problem mit den physischen ETFs. So stellten, vor allem in der Vergangenheit, viele Anleger und Analysten die berechtigte Frage, ob die Gold ETFs überhaupt zu 100% physisch gedeckt sind, so wie das im Emissionsprospekt vorgesehen ist. Einige Anleger hatten Bedenken, dass derart große Mengen Gold (im Bereich von Hunderten von Tonnen) nicht in so kurzer Zeit und so zeitnah am Markt akquiriert werden hätten können, und von daher nicht zu jedem Zeitpunkt die angegebenen Bestände mit den tatsächlichen übereinstimmten. Mittlerweile veröffentlichen aber so gut wie alle ETFs detaillierte Barrenlisten. Jeder 12,4 kg *Good Delivery Barren* verfügt über eine Seriennummer, über einen Prägestempel des Herstellers und auch über ein ganz spezifisches Eigengewicht, da aufgrund des industriellen Fertigungsprozesses auf ein konstantes Barrengewicht von exakt 400 Unzen kein Wert gelegt wird. Somit lässt sich jeder dieser Barren von jedem anderen unterscheiden und eindeutig identifizieren, was es sogar möglich macht, den jeweiligen ETF-Anteilen ganz spezifische Goldbarren zuzuweisen, womit unter anderem ausgeschlossen werden kann, dass die eingelagerten Barren gleichzeitig auch für andere Zwecke verwendet werden. Tatsächlich sollte für jeden Investor, so die Wahl aus diversen Gründen auf eine Investition in ETFs fällt, ein wichtiges Kriterium für die Auswahl eines geeigneten Produktes sein, ob solche detaillierten Barrenlisten veröffentlicht werden oder nicht.

Ein Argument, welches im Grunde in die gleiche Kerbe einschlägt, ist auch, ob ETF-Anteile leerverkauft werden oder nicht. Gerade in den USA lief darüber in der Vergangenheit eine heiße Debatte, unter anderem auch weil sich die Rechtsform der ETFs von den europäischen Pendants unterscheidet. Vereinfacht gesagt sind die amerikanischen Gold ETFs *Trusts*, also so etwas wie Treuhandfonds, die ihrerseits an lizensierte Marktteilnehmer Körbe von Anteilen (im Bereich von 100.000 Anteilen) ausgeben, die diese Marktteilnehmer wiederum innerhalb einer sehr kurzen Frist durch physisches Gold bei der jeweiligen Depotbank vollständig decken müssen. Somit bietet sich theoretisch den Brokern die Möglichkeit, Anteile leer zu verkaufen, ohne dass dabei innerhalb der vorgeschriebenen Zeitspanne überhaupt Gold bei der Depotbank eingegangen ist oder ohne dass man mit den Anteilen einen direkten Anspruch auf physische Goldpositionen hat, für den Fall, dass ETF-Anteile verliehen wurden. Mit Blick auf den gesamten (nicht-Gold) ETF-Markt ist das durchaus eine gängige Praxis, was solchen Bedenken in der Tat eine gewisse Berechtigung verleiht. Für den jeweiligen Anteilseigner heißt das ganz praktisch gesehen aber, dass die relative Sicherheit der physischen Goldanlage überhaupt nicht gewährleistet ist und das Kontrahentenrisiko, welches eigentlich umgangen werden sollte, noch im vollen Umfang bestehen bleibt.

Genauso wäre vorstellbar, dass die ETFs selber mit dem ihnen anvertrauten Gold weitere Geschäfte machen, um ihre Gewinne damit weiter aufzustocken, etwa durch Goldleihgeschäfte.

Allerdings muss festgestellt werden, dass bei den allermeisten ETFs ein derartiger Missbrauch auf dem Papier eindeutig ausgeschlossen ist. So heißt es zum Beispiel im Emissionsprospekt des physischen Gold ETFs der Züricher Kantonalbank:

> *Der Anlagefonds tätigt keine Leerverkäufe (Short Sales) und investiert nicht in Derivate. Das Vermögen des Anlagefonds wird nicht durch Kreditaufnahme zu Anlagezwecken mit einer Hebelwirkung (Leverage) versehen.*

Trotz all dieser Kritik ist das Model »physischer Gold ETF« ganz ohne Zweifel in kürzester Zeit zu einem der Stars am Goldmarkt avanciert, wenn nicht gar auf dem gesamten Aktienmarkt. Innerhalb von weniger als sechs Jahren wurden in den weltweiten ETFs zusammengenommen

Goldbestände in Höhe von rund 2.150 t akkumuliert, was eindeutig für das Interesse und das Vertrauen der Investoren in diese Anlageklasse spricht. Die Bestände sind mittlerweile so groß, dass man den Vergleich mit den bekannten Goldreserven der Regierungen dieser Welt nicht mehr scheuen muss. Zum Stand vom 4. Quartal 2010 befanden sich die ETF Bestände auf Rang 6 im internationalen Vergleich.

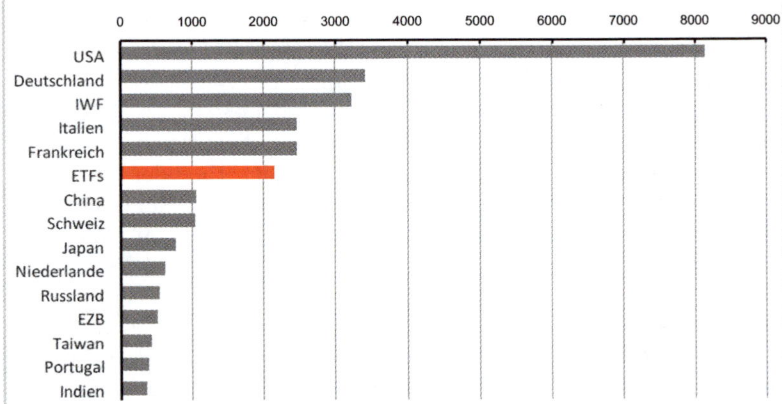

(Quelle: World Gold Council/silberinfo)

Grafik 6.1: Weltweite Goldreserven führender Nationen und Institutionen im Überblick, Angaben in Tonnen

Mit Einlagen von weit mehr als 1000 t (seit Februar 2009) trägt der amerikanische StreetTRACKS Gold Trust, der aber mittlerweile zur Standard & Poors Familie gehört und unter dem Namen SPDR Gold Trust (Börsenkürzel GLD) gehandelt wird, den allergrößten Anteil an diesen Beständen. Vielleicht ein Grund für den Erfolg ist die extrem geringe Mindestzeichnung – ein Anteil am SPDR Gold Trust verbrieft gerade einmal ein Zehntel einer Unze Gold. Sicherlich spricht auch die Tatsache, dass der Trust nicht nur in den USA an der NYSE gelistet ist, sondern auch in Singapur, Hong Kong und in Japan, und deswegen im weltweiten Vergleich mit am besten und einfachsten gehandelt werden kann, für den Erfolg. Eventuell spielt auch die enge Zusammenarbeit mit dem *World Gold Council* eine Rolle, die als Sponsor des SPDR Gold Trusts fungieren.

Für den europäischen Markt sind vor allem die beiden Schweizer ETFs zu nennen. Einmal der Gold ETF der Züricher Kantonalbank (ZGLD) und der weit jüngere Julius Bär Physical Gold Fund (JBGOCA), der erst seit Oktober 2008 auf dem Markt ist, aber seitdem die Bestände auf immerhin 50 t Gold hat anwachsen sehen. Interessanterweise hat der Gold ETF der ZKB eine Verkaufsrestriktion für den US-amerikanischen Markt bzw. Staatsangehörige der USA, trotzdem befanden sich 2009 in den Tresorräumen der ZKB rund 150 t Gold. Auch die beiden Schweizer Großbanken Credit Suisse und UBS bieten mittlerweile eigene Gold ETFs an.

Mit dieser Liste ist die gesamte weltweite Produktvielfalt aber noch längst nicht abgedeckt. iShares, die weltweit größte Plattform für börsen-

Bild 6.1: Ein Blick auf Goldeinlagen der ZKB (Quelle: silberinfo)

gehandelte Fonds, bietet unter anderem auch einen physischen Gold ETF (iShares COMEX Gold Trust) an, der aber weit weniger erfolgreich ist als ihr Silber ETF (SLV), der Branchenführer ist.

Auch in Indien wurden einige ETFs aufgelegt, allerdings mangelt es dort derzeit noch am Interesse der institutionellen Anleger oder vielmehr am Interesse der Bevölkerung, die lieber in traditionelle Formen des Goldes investieren. Ein ähnliches Bild ergibt sich für die Türkei, wo der Gold ETF von Finans Portföy, GOLDIST, bis Ende 2010 kaum die Marke von einer Tonne Gold überschreiten konnte, was wohl ebenfalls darauf hindeutet, dass die traditionellen Goldmärkte dieser Welt noch nicht für diese Anlageklasse bereit sind.

Neben den ETFs gibt es allerdings noch eine ganze Reihe von ähnlichen Produkten, allen voran die sogenannten ETC – Exchange-Traded-Commodities. Bei diesen, zu Deutsch, »börsengehandelten Rohstoffen« handelt es sich um eine Sonderform der Zertifikate, genauer um befristete, besicherte Schuldverschreibungen des jeweiligen Emittenten, und nicht um Sondervermögen in Form einer Fondsstruktur wie bei den ETFs. Was zusätzliche Risiken mit sich bringt, vor allem in Hinsicht auf eine etwaige Insolvenz des Emittenten, die entlang der gängigen Praxis nicht im vollen Umfang versichert sind.

Davon abgesehen sind ETCs recht parallel zu den ETFs aufgebaut und versuchen ebenfalls, die Entwicklungen des Goldpreises direkt abzubilden. Auch bei diesen Produkten wird mit dem durch die Anteilsemission eingefahrenen Geld physisches Gold erworben und hinterlegt, weswegen sie auch als besicherte Schuldverschreibungen gelten, nur eben nicht ausschließlich. Je nach Emissionsprospekt ist auch ein gewisser Anteil in Buchgoldansprüchen zugelassen, der von Produkt zu Produkt durchaus erheblich schwanken kann. De facto heißt das also, dass Anteile an einem ETC nur zu einem gewissen Prozentsatz durch physisches Gold in einem Tresor der jeweiligen Verwahrstelle gedeckt ist, während der Rest nur durch Lieferansprüche auf Gold (bzw. vergleichbare Ansprüche, die den Goldpreis direkt abbilden) abgesichert ist. Den maximalen Prozentsatz an den gesamten Goldanlagen, der in Form von Buchgoldansprüchen gehalten werden darf, nennt man Buchgold-Obergrenze.

Auch dieser Aspekt bringt sein eigenes Risiko mit sich, vor allem weil viele Anleger eine Investition in Gold mit Blick auf eine eventuelle Krisensituation tätigen. Während im Fall der ETFs ihre Anteile zu 100% durch das Sondervermögen gedeckt sind, wäre es zum Beispiel vorstellbar, dass während einer massiven, krisenbedingten Goldverknappung Buchgoldansprüche nicht mehr geltend gemacht werden könnten. Aus wirtschaftlicher und rechtlicher Sicht tragen aber allein die Anleger das Ausfallsrisiko des Buchgoldschuldners bis zur jeweiligen Höhe der Buchgold-Obergrenze der einzelnen ETCs.

Ein Vorteil von ETCs wiederum sind die meist wesentlich flexibleren Auslieferungsbedingungen, die, anders als bei ETFs, in der Regel nicht an Mindestbeträge in Höhe eines Standardbarrens von 12,4 kg gebunden sind. Allerdings kann erst bei Volumina im Bereich von 5 kg und mehr von den im Großhandel üblichen Handelsspannen profitiert werden kann, während bei kleineren Einheiten ggfs. kein Unterschied zum Direkterwerb über den Einzelhandel festzustellen ist.
Auch bei den ETCs fallen Kosten an, die zumeist aber geringfügig niedriger sind als bei den ETFs. Die Abrechnung dieser Gebühren erfolgt gängigerweise über ein Depotentgelt oder über das Fondsvermögen, womit im letzteren Fall, genauso wie bei den ETFs, die Menge Gold, die durch einen Anteil repräsentiert wird, mit der Zeit stetig abnimmt. In vielen Fällen wird auch auf einen Ausgabeaufschlag sowie Managementgebühren verzichtet.

Aus steuerlicher Sicht fallen ETCs seit Ende Dezember 2009 unter die Abgeltungsteuer – zuvor hatten viele Emittenten noch mit der Steuerfreiheit dieser Anlageklasse geworben. Für den deutschen Gesetzgeber handelt es sich dabei um eine Kapitalforderung und nicht mehr um einen reinen Lieferanspruch auf Gold. Damit war einer der großen Vorteile von ETCs gegenüber ETFs weggefallen. Die Deutsche Börse Commodities GmbH wollte laut eigenen Angaben Einspruch gegen diesen Beschluss erheben und argumentiere: »Es bestehe fundamental kein Unterschied zwischen dem Erwerb von abgeltungsteuerbefreiten Münzen und Anteilen an einem Gold ETC«. Deswegen sollten aus steuerlicher Sicht beide gleich behandelt werden. Anlegern sei deswegen geraten, sich vor einer möglichen Investition mit Ihrem Steuerberater in Kontakt zu setzen und sich über mögliche Neuregelungen zu informieren.

Im Zusammenhang mit den ETCs sollen hier nur zwei Produkte genannt werden, die auch in Deutschland über die Xetra-Plattform der Deutschen Börse verfügbar sind. Einerseits der Physical Gold ETC von ETF Securities, einem englischen Anbieter, und der Xetra-Gold ETC der Deutsche Börse Commodities GmbH. Beim Xetra-Gold besteht ab einer Emission von 10 Millionen Anteilen eine Buchgold-Obergrenze von maximal 5%, der Physicial Gold ETC ist nach eigenen Angaben jedoch vollinvestiert.

Nun ist es keine große Neuigkeit, dass die Banken und Finanzinstitute dieser Welt äußert erfinderisch sind, wenn es darum geht, neue Finanzprodukte auf den Markt zu bringen, und somit wurde mit den bisher erwähnten Produkten die Vielfalt noch nicht vollständig erfasst. Wie eingangs bereits angeklungen, auch wenn das im Marktalltag oftmals untergeht, muss man richtigerweise von *physischen* Gold ETFs sprechen. Neben diesen physisch gedeckten Fonds gibt es allerdings noch andere Anlagemodelle, die ebenfalls in die Kategorie »Gold ETF« fallen. So haben zum Beispiel diverse Anbieter ETFs aufgelegt, die nicht versuchen, den Goldpreis, sondern die Wertentwicklung eines der vielen Goldminen-Indizes abzubilden. Bei solchen Produkten fallen allerdings in der Regel wesentlich höhere Gebühren an, die durchaus bei 0,7% p.a. liegen können. Auch sollte klar sein, dass ETFs eigentlich immer passiv verwaltet werden und damit die Kursentwicklung nur 1:1 wiedergegeben werden kann. Somit bleibt es zu erwägen, ob nicht aktiv gemanagte Fonds, trotz des Kostenvorteils mit ETCs, nicht die bessere Wahl sind, gerade weil bei einem guten Management mehr Potenzial nach oben und weniger Risiko nach unten besteht. Andererseits gibt es genügend wissenschaftliche Studien, die beweisen, dass die meisten aktiv gemanagten Fonds langfristig gesehen schlechter abschneiden als die ihnen zugrundeliegenden Benchmarks, was wiederum für die ETCs spricht.

Genauso ist bei den ETCs die Auswahl längst nicht auf die Korrelation zum Goldpreis über eine physische Deckung beschränkt. Auch hier gibt es eine ganze Bandbreite von extra konstruierten Indizies, auf die dann ein ETC aufgelegt wird, etwa mit einer Hebelwirkung oder einer umgekehrten Korrelation über einen Short-Index. Für solche differenzierten Produkte wäre ebenfalls ETF Securities als Anbieter zu nennen.

Aber selbst mit dieser Erweiterung ist die Produktliste noch nicht komplett, denn neben ETFs und ETCs gibt es auch noch sogenannte Goldfonds. In der Regel sind das ganz normale geschlossene Investmentfonds, die ihre Anlagestrategie ganz auf den Goldmarkt konzentrieren, um dort gewisse, näher spezifizierte Kursentwicklungen nachzubilden, mit einem Hebel versehen sind oder ggfs. auch versuchen, eine negative Korrelation zu erreichen, um damit wiederum, je nach Marktsituation, Mehrwert für ihre Investoren zu schaffen. Meistens richtet man sich dabei grob nach den diversen Minenindizes, allerdings können sich solche Goldfonds auch an Vorwärtsverkäufen, Goldleihgeschäften und dergleichen beteiligen. Für den konservativen Goldinvestor und im Rahmen dieses Kapitels am interessantesten sind wohl die Goldfonds, die sich allein auf eine physische Investition konzentrieren, was wiederum stark an die ETFs erinnert. So ist als Beispiel beim *Central Fund of Canada* (CEF) über 50% des Fondsvermögens in physisches Gold und der große Rest in physisches Silber investiert, während nur ein kleiner Anteil, im Bereich von 1-3%, in bar als Umlaufvermögen zurückbehalten wird. Zusätzlich ist im Prospekt festgehalten, dass die Edelmetallbestände weder ver- noch entliehen werden und zu mindestens 90% allein in physischer Barrenform in den Tresorräumen der Depotbank verwahrt werden müssen. Alternativ wurde vom gleichen Unternehmen auch der *Central Gold Trust* aufgelegt, der zu 90% allein in physisches Gold investiert, im Grunde aber genauso strukturiert ist wie der CEF. Das Barvermögen wird in beiden Fällen zur Einkommensgenerierung verwendet, um damit einen Teil der entstehenden Kosten decken zu können, ohne dass der Anteilwert fällt.

Inwiefern eine Investition in solche ausländischen, geschlossenen Goldfonds für deutsche Investoren überhaupt sinnvoll ist, muss schließlich im Einzelfall abgeklärt werden. Auch wenn man häufig mit einem recht hohen Aufpreis auf den Anteilwert (durchaus im Bereich von 10-15%) rechnen muss, ist das Premium manchmal dennoch geringer als beim physischen Kauf von kleinen Barren oder Münzen, wobei ebenfalls ein höheres Risiko in Kauf genommen werden muss. Ganz explizit gibt es auch Bedenken darüber, inwiefern die Ausgabe neuer Anteile verwässernde Wirkung hat, obwohl das, zumindest auf dem Papier, geleugnet wird und nicht vorgesehen ist. Auch aus steuerlicher Sicht ist ein closed-end Fonds nicht die attraktivste Lösung für die meisten deutschen Anleger, weswegen eine Investition wohl nur unter großen Einschränkungen empfohlen werden kann.

Viele Leser werden sich wohl auch die Frage stellen, wie es denn mit den anderen, in diesem Kapitel vorgestellten Finanzprodukten aussieht, sprich ist eine Investition in ETFs respektive ETCs sinnvoll? Ganz grundlegend bringen diese Produkte durchaus einige Vorteile mit sich, jedoch dürfen auch die Nachteile nicht vergessen werden.

In Hinblick auf eine 1:1 Abbildung der Goldpreisentwicklung ist festzustellen, dass sowohl mit ETFs als auch mit ETCs eine größere Effizienz erreicht wird als mit dem physischen Erwerb von kleinen Barren und Münzen im Einzelhandel. Zudem haben diese Produkte den Vorteil, dass durch den fortlaufenden Börsenhandel Kauf und Verkauf schneller, einfacher und näher am Spotpreis abgewickelt werden kann. In Anbetracht der Tatsache, dass selbst die meisten Emittenten in ihren Prospekten einen langfristigen Anlagehorizont empfehlen, scheint dieser Vorteil wiederum weniger relevant. Die hohe Liquidität, vor allem bei ETFs, ist sicherlich auch ein Pluspunkt, wodurch der Spread zwischen Geld- und Briefkurs zumeist recht klein ausfällt, was sich für den Anleger im Kauf- bzw. Verkaufsfall positiv auf die Kosten auswirkt. Ein großer Vorteil ist auch die hohe Transparenz solcher Produkte, die über Live-Kurse, Barrenlisten und einer aktiven PR-Arbeit gegeben ist, und ganz gewiss auch, weil die Frage nach der Zusammensetzung des Sondervermögens, gerade bei physischen Gold ETFs, rein rhetorisch bleibt und somit auch von dieser Seite aus maximale Transparenz gewährleistet ist. Für physische ETFs und die meisten ETCs spricht auch die leicht verständliche Struktur, was gerade im Zeitalter der quasi endlosen Anzahl an strukturierten Finanzprodukten, die teilweise für den kleinen Anleger nur schwer oder gar nicht mehr komplett nachvollziehbar sind, durchaus Relevanz hat. Wenn in ein Produkt investiert wird, das nicht gänzlich verstanden wird, wird die Investition zum reinen Glücksspiel, bei der man auf Gedeih und Verderben den Prognosen von Banken und Analysten ausgesetzt scheint. Auch auf Seiten der laufenden Fondskosten sind die ETFs, aber auch die ETCs, klar im Vorteil gegenüber klassischen Investmentfonds, während bei einer physischen Anlage zu Hause hingegen gar keine oder nicht notwendigerweise Kosten anfallen würden.

Insgesamt muss darauf hingewiesen werden, dass, jedenfalls wenn man von einem langfristigen Anstieg des Goldpreises ausgeht, solche ETFs gewiss eine der möglichen Investitionsalternativen darstellen, allerdings sollte man sich nichtsdestotrotz zu jedem Zeitpunkt darüber im Klaren sein, dass man am Ende doch nur Papier in den Händen hält.

Das gilt insbesondere natürlich für die ETCs, die zwar durch einen mehr oder weniger großen Anteil physisches Gold besichert, sprich gedeckt sind, allerdings am Ende doch nur Schuldverschreibungen sind. Muss der Emittent Konkurs anmelden, ist auch das Gold Teil der Insolvenzmasse und wird nicht als Sondervermögen behandelt, und inwiefern dann noch Ansprüche geltend gemacht werden können, bleibt fraglich. Vor ein paar Jahren mag man mit solchen Risikohinweisen noch belächelt worden sein, mittlerweile sind Bankenpleiten (leider) Teil der Realität geworden. Bei den ETFs ist das Risiko, wie ganz am Anfang des Kapitels beschrieben, naturgemäß kleiner, allerdings bleibt trotzdem noch ein gewisses Restrisiko. In Deutschland selber sind noch gar keine Gold ETFs zugelassen worden, somit bleibt aktuell nur eine Investition im Ausland übrig. Was im Fall einer ernsthaften globalen Krise passiert, eventuell verknüpft mit kriegerischen Handlungen, darüber lässt sich nur spekulieren, aber es ist zumindest durchaus vorstellbar, dass der Anspruch auf ETF-Gold, trotz der Deklarierung als Sondervermögen, aus politischen und/oder logistischen Gründen verfallen müsste.

Sicherlich tätigt nicht jeder Anleger seine Goldinvestition mit Blick auf einen solchen möglichen Ernstfall, in jedem Fall sind aber die steuerlichen Nachteile mit ETFs für deutsche Staatsbürger zu berücksichtigen, für die oftmals keine praktikable und wirtschaftlich sinnvolle Lösung gefunden werden kann.

Im Grunde hängt eine Empfehlung ganz klar auch von der allgemeinen Anlagestrategie und dem zur Verfügung stehenden Kapital ab. Hat sich ein Anleger, aus diversen Gründen, für Trading entschieden, dann erscheinen die ETFs und ETCs wiederum in einem anderen Licht, da im Vergleich zum Kauf der physischer Ware kein Premium zu zahlen ist. Vielleicht befindet sich unter den Lesern auch ein kapitalkräftiger Anleger, der physische Goldkäufe in Höhe von mehreren Millionen tätigen will. Sicherlich gibt es auch andere Lagerprogramme und Möglichkeiten, falls einem die Lagerung zu Hause aufgrund der Größe der Position zu riskant wird, allerdings ist in so einem Fall eine Investition in ETF-Anteile durchaus eine Überlegung wert. Bleibt die Investitionssumme allerdings in einem eher überschaubaren Rahmen, so sollte man sich durchaus die Frage stellen, ob es wirklich nötig ist, auf steuerlich ungünstige und risikobehaftete Produkte umzusteigen, wenn der Erwerb von physischem Gold beim Edelmetallhändler Ihres Vertrauens genauso offensteht. Das ist zwar etwas teurer, aber der Anblick von Gold fasziniert die Menschen schon seit Jahrtausenden, während man über den Anblick von ein paar Zahlen in einem digitalisierten Depot eher selten jemanden schwärmen hört. Zumal beim Kauf und Verkauf von Aktien ebenfalls Kosten auf Sie zu kommen, genauso wie die laufenden Fondskosten, weswegen bei längerfristigen Anlagen und größeren Summen – auf die Dauer und im Ganzen – der Unterschied meist doch eher marginal ausfallen dürfte.

simplified

7 Goldmünzen und Barren

Papiergeld kehrt früher oder später zu seinem inneren Wert zurück – Null

VOLTAIRE (1694-1778),
französischer Schriftsteller, Gelehrter und Philosoph

In den vorangegangenen zwei Kapiteln wurden bereits zwei Möglichkeiten vorgestellt, in Gold zu investieren, eine wichtige, in den Augen vieler Goldfreunde vielleicht die wichtigste, auf alle Fälle aber die elementarste und fundamentalste wurde bisher noch außen vor gelassen – die physische. Während Anleger mit Aktien, Optionen, Zertifikaten oder anderen Derivaten zwar am Goldmarkt partizipieren können, besitzt man im Grunde dennoch nichts Greifbares. Aktien sind zwar Beteiligungen an einem Unternehmen, sind aber in einem Depot hinterlegt. Derivate und Zertifikate bestehen selber nur aus Papier und im Falle etwa einer Bankenpleite hält man auch genau nur noch das in der Hand – wertloses Papier[26]. Ja selbst auf die physischen Einlagen der ETFs hat man nicht zu jeder Zeit einen uneingeschränkten und direkten Zugriff.

Viele Anleger setzen deswegen auf eine physische Anlage, die sie bequem selber zu Hause lagern können, und bei der sie sicher gehen können, dass sie damit keine Verbindlichkeiten gegenüber Dritten eingehen. Das ist sicherlich kein Phänomen der Neuzeit, sondern eigentlich die traditionellste Art, überhaupt eine Anlage in Gold zu tätigen. Wenngleich sich auch dieser Markt im Detail über die Jahrhunderte und Jahrtausende gewandelt hat, so waren es meist doch immer Goldmünzen, Goldbarren und in vielen Fällen auch Schmuckgegenstände, die den Reichen und Mächtigen der Geschichte als Wertespeicher dienten. Über eine sehr

[26] Im heutigen Computerzeitalter nicht mal mehr das.

lange Zeitspanne in unserer Geschichte war Gold, neben Silber und Kupfer, sogar mit Geld gleichzusetzen.

Mit einer physischen Anlage beteiligt man sich auf eine sehr direkte Weise an den Bewegungen des Goldpreises, und, wie manch einer vielleicht meinen könnte, gibt man damit großes Gewinnpotenzial, etwa in Form von Hebelwirkung, auf. Aber wie das bei allen gehebelten Anlageprodukten ist, schwingt dieser Hebel in beide Richtungen, und bei einem relativ volatilen Markt wie dem Goldmarkt bedeutet das für unerfahrene Anleger oftmals das Aus. Jeder langfristige Gold-Chart kann jedoch bestätigen, dass eine so risikobehaftete Hebelwirkung keineswegs notwendig ist, um finanziell erfolgreich zu sein.

Natürlich hegen die meisten Menschen insgeheim den Wunsch, möglichst schnell möglichst reich zu werden, und sicherlich gibt es da draußen viele Anlageprodukte, die diesen Wunsch scheinbar greifbar machen.

An dieser Stelle soll keine Wertung über andere Anlageprodukte abgegeben werden, da gibt es ganz gewiss gute und schlechte, vielmehr soll die Aufmerksamkeit darauf gelenkt werden, dass eine langfristige physische Anlage in Gold ein essenzieller Bestandteil eines jeden Portfolios sein

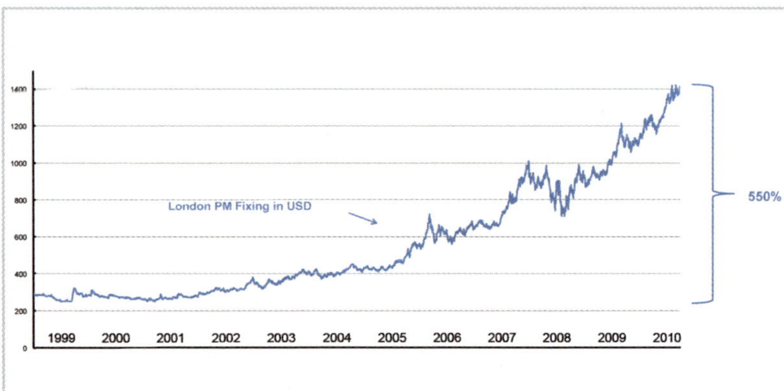

Grafik 7.1: Entwicklung des Goldpreises zwischen 1999 und 2010 je Unze

sollte. Die Geschichte zeigt, dass Gold, auch wenn alles andere zusammenbrach, seinen Wert halten oder sogar steigern konnte. Gold bringt schon seit mehr als 6000 Jahren Männer- und Frauenaugen gleichermaßen zum Funkeln und es gibt keinen Grund zur Annahme, dass das nicht auch in Zukunft so bleiben wird. Zudem gehört zu jedem professionellen Portfolio eine gewisse Diversifizierung und physisches Gold kann dabei helfen, einen krisensicheren Grundstock aufzubauen, um das Risiko mit anderen Investmentprodukten auszubalancieren.

Anlagegold

Mit einer so langen Geschichte, wie Gold sie hat, gibt es unzählige Arten und Weisen, wie das gelbe Metall auf den Markt kommt, aber nicht alle Formen eignen sich unbedingt für eine Anlage, oder genauer gesagt bieten nur bestimmte Produkte die Möglichkeit, die Aufwärtsbewegung des Goldpreises im vollen Umfang mitzunehmen – die sogenannten Anlageformen des Goldes.

Während in der Schmuckbranche häufig der Begriff des Karats verwendet wird und die meisten Menschen traditionsbedingt diese Einheit zumindest grob einordnen können, erfolgt die Angabe des Feingehaltes im internationalen Edelmetallhandel in Tausendstel.

999,9 Tausendstel bedeutet, dass auf 9999 Anteile Gold nur ein einziger Anteil Verunreinigung oder Beimischung kommt und im Allgemeinen

Gewicht	Umrechnung	Gewicht	Umrechnung
8 Karat	333,00 Tausendstel	**20 Karat**	833,00 Tausendstel
9 Karat	375,00 Tausendstel	**21 Karat**	875,00 Tausendstel
10 Karat	416,00 Tausendstel	**21,6 Karat**	900,00 Tausendstel
14 Karat	583,33 Tausendstel	**22 Karat**	916,67 Tausendstel
14,04 Karat	585,00 Tausendstel	**24 Karat / Feingold**	999,90 Tausendstel
18 Karat	750,00 Tausendstel		

Tabelle 7.1: Die gebräuchlichsten Feingehalte im Überblick

wird dieser Reinheitsgrad als Feingold oder reines Gold bezeichnet.[27] Alle Gehalte, die darunter liegen, sind in der Regel Legierungen und enthalten eine Beimischung anderer Metalle. Oftmals sind das andere Edelmetalle, etwa um dem Gold eine andere Farbe oder andere Verarbeitungseigenschaften zu geben, manchmal wird das teure Gold damit auch gestreckt. Für die Schmuckindustrie ist das natürlich ein wichtiger Aspekt, für eine Anlage jedoch eher unerwünscht, weil logischerweise nur mit dem jeweiligen Goldgehalt von einem Anstieg des Goldpreises profitiert werden kann.

Im Folgenden sollen trotzdem die verschiedenen physischen Goldprodukte vorstellt werden, zum einen, um ein grundlegendes Verständnis des gesamten physischen Markt zu vermitteln, vor allem aber auch, um aufzuzeigen, welche Produkte generell in Frage kommen und welche nicht.

Schmuck

Beim Anblick von Goldschmuck leuchten vor allem Frauenaugen, doch stellt sich die berechtigte Frage, ob Schmuck auch als Anlage geeignet ist. Meistens ist bei der Verarbeitung von Gold zu Schmuckstücken ein deutlicher Aufpreis zu zahlen, der zusätzlich zum Materialpreis zu entrichten ist, denn auch der Goldschmied will seinen Arbeitsaufwand entlohnt bekommen. Je nach Land, wo der Schmuck gefertigt wird, sind unterschiedliche Legierungen mit verschiedenen Feingehalten gebräuchlich, die sich auch optisch in unterschiedlichen Farbtönen bemerkbar machen. Entsprechende Verordnungen der jeweiligen Länder regeln die Kennzeichnungspflichten von Goldwaren im Herstellungsland.

In einigen Ländern, wie z.B. in den Golfstaaten, allen voran in Dubai, wird mit dem Investment in Goldschmuck geworben. Tatsächlich erfolgt dort die Preisfeststellung in der Regel auf Grundlage des Gewichtes des begehrten Stückes. Rein praktisch gesehen fallen die Kosten für die Verarbeitung aber keinesfalls weg, sondern werden direkt über den Goldpreis umgelegt. Allerdings ist unabhängig davon festzustellen, dass in Europa ein Aufpreis für qualitativ hochwertigen Goldschmuck zwi-

[27] Aus chemischer Sicht ist es praktisch nahezu unmöglich, größere Mengen vollkommen reines Gold, also theoretische 1000,00 Tausendstel, zu isolieren.

schen 200-400% über dem eigentlichen Materialwert üblich ist, während die Differenz im Mittleren Osten oftmals kaum bei mehr als 10% oder 20% liegt.

Schmuckgold ist deswegen nur mit großen Einschränkungen als Anlage zu empfehlen. Natürlich kann man dem entgegnen, dass mit steigenden Goldpreisen auch der Wert eines Schmuckstückes ansteigt, aber im Allgemeinen gibt es bessere Möglichkeiten, an der Aufwärtsbewegung des Goldpreises physisch zu partizipieren. Das Problem entsteht hauptsächlich beim Verkauf, denn es ist schon als äußerster Glücksfall zu beschreiben, dass ein Liebhaber gefunden werden kann, der bereit ist, einen Preis zu zahlen, der die geleistete Handwerksarbeit honoriert; viel häufiger wird das gute Stück ganz respektlos in den Schmelztiegel wandern und damit auch der bezahlte Aufpreis.

Zahngold – Dentalgold

In der Regel sind die Goldlegierungen für die Zahnmedizin deutlich teurer als Feingold. Deshalb ist eine Anlage in Zahngold nicht sinnvoll, vielleicht mit kleinen Einschränkungen, etwa bei einem praktizierender Zahnmediziner, der die steigenden Industriepreise für dieses Produkt an einen festen Kundenstamm weitergeben kann. Für die allermeisten Anleger wird es für den Fall, dass von steigenden Goldpreisen ausgegangen wird, jedoch wesentlich effektivere Investitionsalternativen geben. Im Verkaufsfall erhält man für gebrauchtes Zahngold nur den Schmelzpreis entsprechend des Goldgehaltes der Legierung.

Kunstgegenstände, Antiquitäten, Goldwaren

Meist sind es Einzelstücke, die auf Grund ihres Alters, ihrer Einzigartigkeit, auf Grund einer außerordentlichen handwerklichen Fertigung oder besonderen künstlerischen Gestaltung das Objekt der Begierde sind. Der Materialpreis ist bei diesen Produkten vollkommen zweitrangig, denn der ideelle Wert übersteigt in der Regel den Goldpreis deutlich. Um in diesem Segment erfolgreich zu sein, ist ein fundierter Kunstsachverstand unerlässlich, oft ist auch ein nicht unerheblicher Kapitalbedarf notwendig und von daher sind solche Kunstgegenstände als klassische Goldanlage ungeeignet.

Anlagemünzen (Bullionmünzen)

Vorweg eine Definition von Anlagemünzen, um das Themengebiet einzugrenzen und um einen Überblick zu geben, welche Münzen als physische Goldanlage in Frage kommen sollten: Als klassische Anlagemünzen gelten im Allgemeinen Bullionmünzen (auch Barrenmünzen genannt), die allein wegen ihres Goldgehaltes gehandelt werden und deren Preisgestaltung zuallererst von der Entwicklung des Goldpreises abhängig ist.

Diese Bullionmünzen sind unbedingt von Sammler- oder Gedenkmünzen zu unterscheiden, bei denen der Materialwert zweitrangig ist und ein Sammlerwert, der bei Bullionmünzen nicht vorhanden ist, in den Vordergrund tritt. Auch wenn die Numismatik ohne Frage ein spannendes Thema ist, hat sie eher wenig mit einer professionellen Anlagestrategie zu tun, von daher ist zu empfehlen, solche Produkte aus Anlagegesichtspunkten eher zu meiden, im Fall von ausgewiesenen Fachleuten und Liebhabern mag es jedoch vielleicht eine kleine Grauzone geben. In den Bereich der Sammlermünzen fallen auch die häufig angebotenen DM oder Euro Gold-Gedenkmünzen, die meist mit einem kräftigen Aufschlag gehandelt werden. Vor allem unerfahrene Marktteilnehmer fallen gerne auf die marktschreierischen Lockangebote in TV- und Internetshops sowie in den Printmedien herein, wo solche Medaillen häufig angeboten werden. Medaillen sind edelmetallhaltige Münzen oder Gedenkprägungen ohne Nennwert, die kein offizielles Zahlungsmittel sind oder waren. Diese sind in der Regel überteuert und es gibt praktisch keinen Zweitmarkt, der einen problemlosen Wiederverkauf ermöglicht. Im Verkaufsfall erhält man nicht selten nur einen Bruchteil dessen, was ursprünglich dafür bezahlt wurde, von daher muss auch von diesen Produkten im Sinne einer effizienten Anlage abgeraten werden.

Die meisten Anleger erwerben Goldmünzen mit dem Blick auf mögliche Gewinne, ganz sicher auch zur Werterhaltung, und genauso um für Notzeiten gewappnet zu sein. Daher ist es unbedingt ratsam, bereits beim Kauf an einen möglichen Wiederverkauf zu denken. Je nachdem in welchem Teil der Welt man sich bewegt, hat sich durchaus eine unterschiedliche Akzeptanz von Goldmünzen entwickelt. Um lästige Prüfungen im Verkaufsfall zu vermeiden, ist es ratsam, nur Münzen und Barren zu erwerben, die zu jeder Zeit und an jedem Ort problemlos verkauft werden können. Der richtige Prägestempel dient gleichzeitig als Garantie für Echtheit und Goldgehalt der Münze, die jeder professionelle Händler ansonsten einfordern würde.

Auch wenn der Fokus bei den folgenden Münzprodukten auf dem europäischen Anlegerverhalten liegt, so erfolgte die Auswahl auch in Hinblick auf eine weltweit uneingeschränkte Akzeptanz.

Ausgewählte Münzen:

Der **Krügerrand** wird von der Republik Südafrika in Münzform mit der Feinheit von 22 Karat (916,66/1000) geprägt. Ein weiterer Bestandteil der Münze ist Kupfer, was die Ursache für den leicht rötlich-goldenen Farbton ist. Die Namensgebung erfolgte nach dem burischen General und späteren Politiker, Paul Kruger, und dem gesetzlichen Zahlungsmittel in Südafrika, dem Rand. Mit dem Krügerrand wurde 1967 die Prägung der modernen Bullionmünzen eingeleitet. Die Münze hat keinen Nennwert, sie wird zum Tagespreis von Gold gehandelt.

Bild 7.1: Krügerrand (Foto: South African Mint)

Der **American Gold Eagle** ist eine Goldmünze aus den USA, die seit über 200 Jahren in verschiedenen Ausführungen geprägt wird. In der heutigen Form wird die Münze seit dem Jahr 1986 in der Feinheit 916,66/1000 geprägt, die restlichen Bestandteile sind Kupfer und Silber. Der Name Eagle (deutsch: Adler) leitet sich von der Münzrückseite ab, die das amerikanische Wappentier, den Adler, abbildet.

Bild 7.2: American Eagle (Foto: US Mint)

Seit 1979 wird der **Gold Maple Leaf** von der Royal Canadian Mint ausgegeben. Die große Besonderheit des Maple Leaf liegt im Feingehalt der Münze, die seit dem Jahre 1982 in der Feinheit 999,9/1000 geprägt wird. Hierdurch erlangte der Gold Maple Leaf eine sofortige Berühmtheit und bleibt bis heute einer der begehrtesten Anlagemünze auf dem Markt. Der Maple Leaf ist die mit Abstand berühmteste Münze Kanadas, dessen Name sich von dem charakteristischen Ahornblatt (engl. Maple Leaf) auf der Vorderseite ableitet.

Die mexikanische Siegesgöttin – oder auch **Libertad** genannt – wird als Goldmünze seit dem Jahr 1981 von der mexikanischen Münze, Casa de Moneda de Mexico, geprägt. Der Name leitet sich vom Motiv auf der Vorderseite der Münze ab, auf der die mexikanische Siegesgöttin vor zwei Vulkanen abgebildet ist. Der Libertad wird mit einem Feingehalt von 999,9/1000 hergestellt. Die Münze hat keinen Nennwert, sie wird zum Tagespreis von Gold gehandelt.

Seit dem Jahr 1987 ist die **Britannia in Gold** auf dem Markt und war die erste europäische Anlagemünze der Neuzeit. Geprägt wird die Münze von der British Royal Mint mit einem Gold-Feingehalt von 916,66/1000, die restlichen Bestandteile sind Kupfer und Silber.

Von der australischen Pert Mint wird seit 1986 der **Kangaroo** (deutsch: Känguru) mit dem Feingehalt 999,9/1000 ausgemünzt. In den ersten Prä-

gejahren zierten Goldnuggets die Münze, deshalb werden diese auch »**Nuggets**« genannt.
Der **Wiener Philharmoniker** in Gold wird seit 1989 von der Münze Österreich geprägt und ist die erste Anlagemünze, die ab dem Jahr 2002 mit einem Nennwert in Euro und der Feinheit 999,9/1000 geprägt worden ist. Auf der Motivseite der Münze finden sich ausgewählte Musikinstrumente.

Bild 7.3: Wiener Philharmoniker (Foto: Münze Österreich)

Darüber hinaus gibt es noch einige weitere Goldanlagemünzen, die sich großer Beliebtheit erfreuen, für die jedoch in der Regel ein zusätzlicher Aufschlag wegen der geringen Auflage oder wegen einer besonders hochwertigen Prägung zu entrichten ist. Hier wäre der chinesische Gold Panda und die Australische Lunar Serie zu nennen. Beide Münzen werden mit einem Feingehalt von 999,9/1000 geprägt, die Motive hingegen wechseln jährlich. Die Investition in solche Produkte ist jedoch immer eine Frage der persönlichen Anlagephilosophie, denn während in Notzeiten nur der Materialpreis zählt und es gesetzt dem Fall schwierig werden könnte, einen Liebhaber zu finden, können solche Produkte unter normalen Marktbedingungen die Grenze hin zu den Sammlerprodukten überschreiten, was sich oftmals in den deutlich höheren Aufschlägen für vergangene Prägejahrgänge ausdrückt und somit unter Umständen zusätzlicher Mehrwert generiert wird.

Goldmünze	Nennwert in LW	Feingehalt	Goldgehalt in Gramm	Gesamt-gewicht in Gramm	Maße in mm
Krügerrand	keiner	916,66/1000	31,103	33,930	32,60x2,75
Gold Eagle	50 USD	916,66/1000	31,103	33,930	32,70x2,75
Maple Leaf	50 CAD	999,9/1000	31,103	31,103	30,00x2,87
Libertad	keiner	999,9/1000	31,103	31,103	34,50x2,10
Britannia	100 GBP	916,66/1000	31,103	34,050	32,69x2,79
Kangaroo / Nugget	100 AUD	999,9/1000	31,103	31,107	32,10x2,80
Philharmoniker	100 EUR	999,9/1000	31,103	31,103	37,00x2,00

Tabelle 7.2: Moderne Bullionmünzen auf einen Blick

Von einem gewissen Interesse sind auch einige »historische Münzen«, sofern sie gesetzliches Zahlungsmittel waren und einen Feingehalt von über 900/1000 vorweisen können. In diesem Zusammenhang soll nur auf die gängigsten und weitverbreitesten eingegangen werden und darauf hingewiesen werden, dass ein Kauf nur dann wirklich sinnvoll ist, wenn der Preis je Gramm Feingold mit den Anlagemünzen der Neuzeit konkurrieren kann.

Bild 7.4: Australischer Lunar Kalender (Foto: silberling.de)

Die **20 Mark Goldmünzen aus dem deutschen Kaiserreich,** vor allem mit dem Motiv Wilhelm von Preußen, können häufig mit moderatem Aufpreis am Bankschalter oder bei Händlern erworben werden. Diese wurden mit dem Feingehalt 900/1000 und 100/1000 Kupfer, in der Zeit des Goldstandards bis zum ersten Weltkrieg, in großer Menge geprägt. Außerdem wurden im deutschen Kaiserreich noch Goldmünzen zu 1 Mark und 5 Mark ausgemünzt, allerdings sind diese wegen der geringeren Verfügbarkeit und den damit verbundenen höheren Preisaufschlägen nicht als Anlagemünze verbreitet.

In der Schweiz ist ein 20 Franken Goldstück, das sogenannte **Vreneli**, noch relativ häufig anzutreffen. Dies wurde in einer gesamten Auflage von 58,6 Millionen Stück in der Zeit von 1897 bis 1949 geprägt. Von 1911 bis 1922 wurden außerdem noch 2,6 Millionen 10 Franken Stücke ausgemünzt. Im Jahr 1925 gab es noch ein 100 Frankenstück, hier befindet man sich jedoch aufgrund der geringen Stückzahlen wieder eindeutig im numismatischen Bereich. Der Begriff Vreneli stammt aus dem Schweizerdeutsch und ist eine Verkleinerungsform von Verena, allerdings kann nicht mehr festgestellt werden, wie es zu der Namensfindung gekommen ist.

Bild 7.5: 20 Franken Vreneli (Foto: Swissmint)

Goldmünze	Nennwert in LW	Feingehalt	Goldgehalt in Gramm	Gesamtgewicht in Gramm	Maße in mm
Wilhelm von Preußen	20 Mark	900/1000	7,169	7,965	22,50x1,40
Vreneli	10 Franken	900/1000	2,903	3,226	19,00x0,90
Vreneli	20 Franken	900/1000	5,806	6,452	21,00x1,25

Tabelle 7.3: Historische Bullionmünzen auf einen Blick

Die Preise aller aufgeführten und näher vorgestellten Münzen sind unmittelbar vom Goldpreis abhängig und schwanken deswegen täglich, von daher macht es wenig Sinn, konkrete Zahlen abzudrucken. Je nach Marktsituation können auch die Aufschläge auf den Spotpreis variieren. Die meisten Prägeanstalten versuchen, durch eine große Produktpalette auf die Bedürfnisse der unterschiedlichsten Anleger einzugehen und bieten ihre Bullionmünzen in verschiedenen Stückelungen an.

Der jeweils aufgeprägte Nennwert hat generell eher nur symbolischen Charakter, dem keine allzu große Bedeutung beigemessen werden muss. In einem gewissen Sinne stellt dieser Nennwert zwar eine unterste Preisgarantie dar, im Falle von Gold ist der Unterschied meist nur so groß, dass dies nur wenig Relevanz für eine Anlage hat. Stattdessen sollte man auf den Goldgehalt der Münze achten, der zwar nicht immer identisch mit dem Gesamtgewicht, aber der eindeutige Indikator für die Preisfindung ist.

Stückelung	Feingehalt	Stückelung	Feingehalt
1/25 Unze	1,224 Gramm	**2 Unzen**	62,207 Gramm
1/20 Unze	1,555 Gramm	**5 Unzen**	155,520 Gramm
1/10 Unze	3,110 Gramm	**10 Unzen**	311,030 Gramm
1/4 Unze	7,776 Gramm	**12 Unzen**	373,236 Gramm
1/2 Unze	15,552 Gramm	**1 Kilo Münze**	1000,00 Gramm
1 Unze	31,103 Gramm		

Tabelle 7.4: Stückelungen Moderner Bullionmünzen auf einen Blick

Zum Abschluss soll noch erwähnt werden, dass sich je nach Land, in welchem Bullionmünzen erworben werden, ein unterschiedliches Anlageverhalten entwickelt hat. Sind dem Briten die Britannia heilig, erfreut sich diese Münze z.B. in Deutschland oder Mexiko eher einer geringeren Aufmerksamkeit. Für den Schweizer ist das Vreneli allgegenwärtig, in welches wiederum ein Mexikaner kaum investieren würde, genauso wie die Münzen aus dem Deutschen Kaiserreich im Ausland ebenfalls nur einer begrenzten Anzahl von Leuten bekannt sein dürften. Eine weltweite Verbreitung kann man dem Maple Leaf, dem Amerikanischen Eagle, dem Nugget, dem Philharmoniker und dem Krügerrand bescheinigen.

Barren

Nun sind aber Bullionmünzen nicht die einzige Möglichkeit, wie eine physische Anlage sinnvoll gestaltet werden kann. Wer seine Anlagestrategie rein nach Rendite-Gesichtspunkten ausrichtet, ist sicher mit dem Erwerb von Goldbarren am besten beraten. Der Vorteil liegt darin, dass bei der Herstellung keine aufwändige und damit kostenintensive Fertigung nötig ist; kleine Barren werden in der Regel einfach ausgestanzt, größere Stückelungen werden meist gegossen.

Nach Möglichkeit sollte nur Ware von namhaften Herstellern gekauft werden, die die Anforderungen nach dem *Good Delivery Standard* erfüllen. Nur solche Barren garantieren einen reibungslosen Handel im Goldmarkt. Der ideale Standard Goldbarren, so wie er im internationalen Edelmetallhandel mit umgerechnet rund 12,4 kg gebräuchlich ist, kommt aufgrund seines hohen Wertes nur für die allerwenigsten Anleger in Frage, und deswegen werden von den gängigen und weitläufig anerkannten Herstellern wie Argor-Heraeus, Heraeus, Umicore (früher Degussa), Pamp Suisse oder der Australischen Perth Mint eine ganze Reihe von unterschiedlichen Barrengrößen angeboten. Die Stückelungen variieren dabei zwischen einem Kilo, 500 Gramm, 250 Gramm, 100 Gramm und einer Unze – bis hin zu einem Gramm. Darüber hinaus gibt es noch zahlreiche Sonderformen, wie z.B. Motivbarren, Gedenk-Goldbarren, Anhänge-Goldbarren, Quadrat-, Oval-, Rund- oder in Herzform mit abweichenden Gewichten und Größen, die meistens in Verbindung mit dem traditionellen Goldhandel des Ausgabelandes zu bringen sind. So sind im Mittleren Osten, Indien, Pakistan und Singapur die *tola* Barren

(1 *tola* = 11,664 Gramm = 0,375 Unzen) weitverbreitet. In China, Taiwan und Hongkong werden häufig sogenannte *tael* Goldbarren gehandelt (1 *tael* = 37,429 Gramm = 1,203 Unzen). Diese werden im Bereich von ½ Tael und 10 Tael hergestellt. Der am weitesten verbreitete Barren in Thailand ist der gegossene 10 Baht Barren (1 Baht = 15,244 Gramm oder 0,4901 Unzen). Der Feingehalt bei Baht Barren ist unüblich und entspricht 965/1000. In Vietnam trifft man häufig auf die Gewichtseinheit Chi (1 Chi = 3,75 Gramm = 0,121 Unzen). Die meisten dieser Barren stammen, trotz der ungewöhnlichen Namen, aus europäischer Produktion und verfügen über einen Prägestempel der bereits genannten Hersteller. Erwähnenswert sind auch noch die Barren mit einseitig aufgeprägtem Hologramm als Sicherheitsmerkmal, die als Kinebar® bezeichnet werden und seit 1993 exklusiv vom Schweizer Hersteller Argor-Heraeus in verschiedenen Stückelungen hergestellt werden.

Einen völlig neuen Weg beschreitet auch die Perth Mint mit Ihren »Tamper-Proof«[1]-Barren. Seit 2009 werden von der australischen Prägeanstalt Kangaroo-Barren angeboten, die von einer speziellen Schutzfolie ummantelt sind. Wird diese Sicherheits-Verpackung beschädigt oder gar geöffnet, kann der autorisierte Fachmann den Eingriff sofort erkennen.

Bild 7.6: Kangaroo Barren *(Foto: silberling.de)*

[1] Zu Deutsch in etwa: betrugssicher

Egal welche Form oder Hersteller diese Barren auch haben, so wird man immer Angaben über das Gewicht und den Feingehalt sowie den Namen und/oder das Logo des Herstellers auf den Barren aufgeprägt finden. Bei Standardbarren sind dieser Liste noch die Seriennummer und das Jahr der Herstellung hinzuzufügen.

Preisbildung

Viele Leser werden sich auch für die Frage interessieren, wie viel denn so ein Barren oder eine Münze kostet bzw. kosten darf. Pauschal lässt sich darüber allerdings keine Aussage treffen und im Rahmen eines solchen Buches, welches länger als nur ein paar Tage aktuell bleiben soll, scheint dies gänzlich unmöglich, aber zumindest die Grundelemente der Preisbildung lassen sich schematisch darstellen.

Die Preisangabe von Goldmünzen und Barren kann mehr oder weniger in drei einzelne Schritte aufgeschlüsselt werden. Von Natur aus ist der Preis von Anlagemünzen und Barren vom Tagespreis von Gold abhängig. Das leuchtet schnell ein, denn genau darauf wurden diese Anlageprodukte ja ausgelegt. Es empfiehlt sich also als ersten Schritt, aufmerksam den Spotpreis in der Tageszeitung, in den Nachrichten, im Videotext oder bequem im Internet zu verfolgen. Überall dort finden sich Angaben zum Goldpreis, meistens in US-Dollar je Feinunze (sprich Feingold oder 24 Karat), wobei es sich üblicherweise um den New York Spotpreis oder das *London Gold Fixing* handelt. Diese Angaben stellen jedoch kaum mehr als ein Richtwert dar, denn zu diesen Konditionen können nur ganz wenige Akteure am Markt Gold erwerben, nämlich die Händler und Broker an den bekannten Terminbörsen und Handelsplätzen. Das begründet sich unter anderem dadurch, dass im Goldgroßhandel mit riesigen Volumina und äußerst geringen Handelsspannen gehandelt wird, und die Überprüfung der Kreditwürdigkeit/Identität einzelner Privatpersonen bzw. die Anlage eines Metallkontos zu viel Zeit und Geld kosten würde, womit dieser Aufwand in der Regel in keiner Relation zu der angestrebten Anlagesumme steht. Zudem verfügen viele großen Bullionbanken und Großhändler nicht unbedingt über eigene Tresoranlagen. Bei den gängigen Goldgeschäften an der LBMA findet zwar ein Eigentümerwechsel statt, das Gold als solches wird aber nicht bewegt. Das meiste Gold befindet sich noch dazu in Sammelverwahrung (*unallocated account*) bei

JP Morgan oder der HSBC in London, das heißt die jeweilige Bank oder der Händler hat zwar einen Anspruch auf eine bestimmte Menge an Gold, allerdings kein Anrecht auf bestimmte, identifizierbare Barren. Für eine Auslieferung müsste das Gold aber erst in die Einzelverwahrung (*allocated account*) überführt werden, was einen zusätzlichen Kostenaufwand mit sich bringen würde. Und schließlich bezieht sich der Spotpreis allein auf *Good Delivery* Standard-Barren. Die meisten Kleinanleger haben jedoch gar nicht die finanziellen Möglichkeiten, 400 Unzen Barren zu kaufen. Und selbst wenn doch, wäre die Investition in solche Barren nur bedingt empfehlenswert, denn mit dem Kauf und der Lagerung zu Hause werden diese Barren aus dem *Good Delivery*-Netzwerk entnommen, was eine erneute (kostenintensive) Überprüfung des Goldgehaltes bei einem Verkauf wahrscheinlich machen würde.

Für die meisten Anleger ergibt sich folglich eine etwas kompliziertere Rechnung. Als zweiten Schritt muss zum Spotpreis von Gold das sogenannte Premium addiert werden, womit der Aufschlag der Prägeanstalt für die Fertigung von Münzen und Barren bezeichnet wird, die in der Regel wesentlich aufwändiger produziert werden als Standard-Industriebarren. Allerdings will nicht nur der Hersteller, sondern auch der Händler mit seinen Geschäften Gewinn machen, weswegen in einem dritten Schritt noch eine kleine Handelsspanne hinzugerechnet werden muss. Mal abgesehen von Ausnahmesituationen wie Engpässen und Lieferverzögerungen, bei denen es zu zusätzlichen Aufschlägen kommen kann, liegen damit alle Komponenten der Preisbildung vor – nahezu unabhängig von der Währung, in der eine Goldanlage getätigt wird.

Ein großer Vorteil, den eine physische Anlage in Gold gegenüber den meisten anderen Anlagen hat, ist die Steuerfreiheit, jedenfalls nach Ablauf der Spekulationsfrist von einem Jahr. Anlagemünzen und Barren aus Gold sind zudem zum Zeitpunkt des Erscheinens dieses Buches in Deutschland und in der EU von der Mehrwertsteuer befreit, für Münzen gilt dies allerdings nur, sofern diese nach 1800 geprägt sind, gesetzliches Zahlungsmittel waren oder sind und mindestens einen Feingehalt von 900 Tausendstel aufweisen. Einzige Ausnahme bilden Anlagemünzen, deren Bewertung den Materialwert um mehr als 80 % übersteigt, weswegen in diesem Fall die gesetzliche Mehrwertsteuer wieder fällig wird (z.B. bei seltenen oder geringen Auflagen). Dazu wird von der Europäischen

Union jährlich ein Amtsblatt veröffentlicht. Das ist insbesondere in Hinblick auf eine etwaige Verkaufssituation interessant, da die Mehrwertsteuer, die beim Kauf von beispielsweise Medaillen und dergleichen zu entrichten ist, von keinem ankaufenden Händler wieder zurückerstattet werden wird.

Hinsichtlich eines Verkaufs von Goldmünzen ist es unerlässlich, sich zusätzlich mit einigen anderen Besonderheiten zu beschäftigen. Ähnlich wie zum Spotpreis im Einzelhandel keine Ware gekauft werden kann, ist es im Verkaufsfall wichtig, sich vorher über den Ankaufspreis zu informieren, denn allein der gibt Auskunft darüber, wie viel Geld eine Bank oder ein Händler bereit ist, für Barren oder Münzen zu zahlen. Die Differenz zwischen An- und Verkauf wird auch *Spread* genannt. Es kann sich durchaus lohnen, solche Ankaufspreise zu vergleichen, denn der kleine Gold An- und Verkauf-Laden »um die Ecke« muss nicht unbedingt die günstigsten Konditionen anbieten. Auch Ebay und ähnliche solche Internetauktionshäuser scheinen auf den ersten Blick einen gewissen Reiz auszuüben. Häufig können dort höhere Preise erzielt werden, vor allem weil die Produkte ja praktisch direkt an den Endkunden verkauft werden können. Hier muss aber der wichtige Hinweis erfolgen, dass an Ebay ebenfalls Gebühren entrichtet werden müssen, die bei einem Verkaufspreis zwischen 50 und 500 Euro immerhin bei mind. 4% liegen, und deswegen oftmals nicht unbedingt ein Gewinn gegenüber dem Verkauf beim professionellen Goldankäufer erwirtschaftet werden kann, gerade auch in Hinblick auf das ungewisse Abschlussgebot der Auktion und möglichen rechtlichen Komplikationen. Von daher ist ein solcher Verkauf über Internetportale nur wirklichen Experten uneingeschränkt zu empfehlen, denen günstigere Konditionen zugänglich sind.

Aber bevor an einen Verkauf einer Goldposition überhaupt gedacht werden kann, muss folgerichtig erst einmal Ware erworben werden, und deswegen stellt sich vielen Anlegern die entscheidende Frage, auf welche Produkte die Wahl fallen sollte.

Es sollte unbedingt berücksichtigt werden, dass das erwähnte Premium in der Regel umso geringer ausfällt, je größer die erworbene Stückelung ist. Das gilt im Umkehrschluss natürlich auch, wenn Ware verkauft wird. Trotzdem ist es am Anfang eher zu empfehlen, eine gewisse Anzahl kleinerer Stückelungen bis zu 1 Unze zu kaufen. Das ist in vielerlei Hinsicht das Sinnvollste: Für viele, die etwa mit Geschichten aus dem 2. Weltkrieg vertraut sind, oder andere, die vielleicht einen Zusammenbruch unseres Finanzsystems vorhersehen, stellt Gold eine Rücklage für Notsituationen dar. In einem solchen Bedarfsfall haben sich in der Vergangenheit kleinere Einheiten bewährt, gerade hinsichtlich der Frage des Wechselgeldes, etwa wenn damit dann Nahrungsmittel oder Gegenstände des täglichen Bedarfs erworben werden sollen. Auch wenn man damit ein höheres Premium in Kauf nehmen muss, ist der Erwerb kleinerer Stückelungen und Mengen auch aus einem anderen Gesichtspunkt empfehlenswert, denn es hilft Neueinsteigern, mit dem Markt, mit den Händlern und den Produkten vertraut zu werden. Hat man dann erst einmal einen Händler des Vertrauens gefunden, das ideale Produkt für die jeweiligen Anlagezwecke ermittelt und nicht zuletzt ein Gespür für den richtigen Kaufzeitpunkt entwickelt, kann man sich dem Kauf größerer Einheiten widmen.

Mit dem größeren Teil der zur Verfügung stehenden Mittel empfiehlt es sich, Stückelungen zwischen 1 Unze und 250 Gramm zu erwerben. Das ist selbstverständlich alles auch eine Frage der Anlagesumme, denn sicherlich kann man, aufgrund des geringeren Premiums, mit 500 Gramm oder 1 kg Stückelungen noch wesentlich effektiver an einer möglichen Aufwärtsbewegung des Goldpreises partizipieren. Es ist allerdings weniger ratsam, alle Käufe (oder auch Verkäufe) auf einmal zu tätigen, stattdessen empfiehlt sich vielmehr eine Staffelung – sogenanntes *Cost Averaging*. Der Goldmarkt ist ein sehr volatiler Markt und es erweist sich selbst für Experten oftmals als äußerst schwierig, wenn nicht gar unmöglich, ein Preistief exakt vorherzusehen. Mit einer gestaffelten Kaufstrategie können Kursschwankungen weitestgehend ausgeglichen und ein marktnaher Durchschnittspreis erzielt werden, auch wenn diese Methode ein gewisses Maß an Disziplin erfordert. Zudem sollte eine physische Anlage ganz generell als eine langfristige Investition betrachtet werden. Wer zum Beispiel bereits im Jahr 1997 Gold gekauft hat, wird sich bei den heutigen Preisen zwischen 1300 $ und 1400 $ nicht mehr wirklich darüber ärgern können, ob er damals im Januar für 351 $ oder dann im Dezember für 288 $ gekauft hat, auch wenn er es damals vielleicht gemacht hat.

Im Kontext der Kaufentscheidung muss selbstverständlich an einem gewissen Punkt auch zwischen Münzen und Barren gewählt werden. Anders als etwa bei Silber gibt es bei Gold jedoch keinen steuerlichen Unterschied, von daher wird sich der kühle Rechner und der rationale Typ für die Barren entscheiden müssen. Es gibt keine effektivere physische Anlageform, die so unmittelbar an den Goldpreis gekoppelt ist, als größere Barren. Gerade weil man Gold zu Hause lagern kann, somit also direkten Zugriff und Einblick auf seine Anlage hat, spielen für viele Anleger aber auch ästhetische Gründe eine wichtige Rolle, so dass die Wahl oft auf Münzen fällt. Der Preisunterschied zu Barren ist zumeist recht moderat und lässt sich für viele Goldfreunde mit dem schöneren Anblick rechtfertigen.

Eine erfolgreiche physische Anlage in Gold darf und kann nicht bei der Auswahl eines geeigneten Produktes aufhören, es fehlt ganz offensichtlich noch ein letzter Schritt: der Erwerb der Ware.

Glücklicherweise haben sich in den letzten Jahren die Möglichkeiten zum Kauf von Gold deutlich vereinfacht. Zwar haben sich Banken und Sparkassen weitgehend aus diesem Geschäft verabschiedet, vor allem wegen der nicht sehr lukrativen Gewinnspannen, doch werden in der Regel von größeren Filialen Bestellungen von gängigen Münzen und Barren entgegengenommen. Es sollte dabei aber im Hinterkopf behalten werden, dass bei diesem Bestellvorgang eine Hinterlegung von persönlichen Daten unerlässlich ist.

Die meisten Geschäfte laufen mittlerweile jedoch über das Internet ab. Es gibt inzwischen unzählige Internethops, über die dem Anleger online ein breitgefächertes Angebot zugänglich ist und sich zudem die Möglichkeit bietet, auf eine einfache und ganz direkte Weise Preise zu vergleichen. Es sollte gleichzeitig allerdings nicht vergessen werden, dass das günstigste Angebot nicht immer auch das beste ist. Im Internet, insbesondere bei Internetauktionen, besteht ein hohes Betrugspotenzial. Fälschungen und Plagiate lauern überall, die Edelmetallbranche ist davon keineswegs auszuschließen. Deshalb ist es umso wichtiger, dass nach einem vertrauensvollen und professionellen Händler und Partner gesucht wird, der auch eine kompetente Beratung anbieten kann. Viele Kunden sind auch an einer persönlichen und anonymen Übergabe interessiert und auch in dieser Hinsicht zahlt sich oftmals Treue zu einem Händler aus.

Beim Erwerb oder Verkauf von Gold sollte unbedingt auch auf das Merkblatt zur Anzeigepflicht von Bargeld und gleichgestellten Zahlungsmitteln im innergemeinschaftlichen Reiseverkehr geachtet werden. Darin heißt es wörtlich:

> *Auf Verlangen haben Reisende, die aus der Bundesrepublik Deutschland in einen Mitgliedsstaat der Europäischen Union (EU) ausreisen oder aus einem Mitgliedsstaat der EU in die Bundesrepublik eingereist sind, mitgeführtes Bargeld und gleichgestellte Zahlungsmittel (Edelmetalle, Münzen) im Gesamtwert von 10.000 Euro oder mehr mündlich anzuzeigen (§ 12a Abs. 2 Zollverwaltungsgesetz). Die Anzeigepflicht auf Verlangen gilt auch bei der Durchreise. Bedienstete des Zolls, der Bundespolizei und der Länderpolizeien Bayerns, Bremens und Hamburgs sind befugt, die Anzeige mitgeführter Zahlungsmittel zu fordern (§ 1 Abs. 3b Zollverwaltungsgesetz) und die Richtigkeit der Anzeigen zu kontrollieren. Kontrollen sind an jedem Ort in der Bundesrepublik Deutschland möglich. Bei Nicht- oder Falschanzeige des mitgeführten Bargeldes und der gleichgestellten Zahlungsmittel droht eine empfindliche Geldbuße.*
>
> (Quelle: Deutscher Zoll)

Für die Ein- und Ausreise in Drittländer, wie z.B. in die Schweiz, gilt ebenfalls die Grenze von 10.000 Euro. Genauso ist es wichtig zu wissen, dass in Deutschland und in der EU eine europäische Richtlinie besteht, die Finanzdienstleister, Kreditinstitute, Münzhändler etc. nach dem Geldwäschegesetz verpflichtet, bei der Annahme von Bargeld, Edelmetallen und Wertpapieren im Wert von 15.000 Euro die Identität des Kunden festzustellen und bei einem begründeten Verdacht auf Geldwäsche die entsprechenden Behörden zu informieren.

Neben dem Problem mit dem Erwerb der Waren stellen sich viele Anleger auch die Frage, wo sie denn ihr Gold überhaupt lagern sollen. Darauf gibt es eine ganze Reihe von Antworten, die in gewisser Hinsicht auch von den Erwartungen und Befürchtungen eines jeden einzelnen Anlegers abhängen. Wenn die Angst vor Einbrechern die größte Sorge ist, dann empfiehlt sich die Lagerung in einem eigenen Tresor, am besten wohl in einem Schließfach in der Bank. Ob dieser zusätzliche Kostenaufwand wirklich sinnvoll ist, lässt sich pauschal nicht entscheiden, in den meisten Fällen, solange die Positionen noch eine überschaubare Größe haben, sollte dies aber nicht notwendig sein.

Für andere Investoren ist Gold eine Rücklage für eine eventuelle Krisensituation und in diesem Sinne könnte die Lagerung bei der Bank genau die falsche Entscheidung sein. Banken können Pleite gehen, ja sogar das ganze Finanzsystem könnte zusammenbrechen, und ob der Privatanleger in so einem Fall dann noch sein Gold ausgehändigt bekommt, bleibt zumindest anzuzweifeln. Genauso wäre es denkbar, dass für sie wieder ein Goldverbot verhängt werden könnte, so wie selbst noch in der jüngsten Vergangenheit, beispielsweise in China bis 1982 oder in den USA bis 1974, in einigen großen Ländern dieser Erde der Besitz von Gold zu Anlagezwecken gesetzlich verboten war oder sogar noch ist.

Ob man sich schlussendlich für ein professionelles Lagerprogramm entscheidet oder sein Gold lieber zu Hause in den eigenen vier Wänden verwahrt, muss wohl jeder Anleger für sich und entsprechend seiner persönlichen Einstellung entscheiden. Es soll sogar Menschen geben, die ihr Gold, so wie sie es aus Geschichten von Großvater gehört haben, im Garten vergraben.

Die große Mehrzahl der Anleger lagert ihr Gold jedoch zu Hause (vielleicht nicht unbedingt in der großen Glasvitrine im Wohnzimmer) und solange nicht mit der jeweiligen Investition herumgeprahlt wird, sollte dies im Allgemeinen auch kein Problem darstellen. Es muss allerdings in der Tat darauf aufmerksam gemacht werden, dass man mit Gold etwas besitzt, das die Begehrlichkeiten anderer wecken kann.

Es bleibt also nur noch die abschließende, schwere Frage, wie viel Gold zu Anlagezwecken gekauft werden sollte. Diese wichtige Entscheidung sollte abhängig von den weiteren Anlageklassen, entsprechend der jeweiligen Vermögenssituation und dem Vertrauen oder Misstrauen in das Papiergeldsystem getroffen werden. Ist für Sie Gold die erste Wahl, dann sollte Ihr Portfolio-Anteil 25-30% nicht unterschreiten. Alle Neueinsteiger und unerfahrenen Marktteilnehmer sollten zudem mindestens die Hälfte ihres Goldportfolios physisch in Form von Münzen oder Barren hinterlegen, da hier das langfristige Verlustrisiko am geringsten ist, während gleichzeitig in eine der sichersten Anlagen überhaupt investiert werden kann.

simplified

8 Der Papiermarkt

»Oh Gold! Ich lieb dich so viel mehr als das Papier,
der Bankkredit ein Gespinst aus heißer Luft nur neben dir.«

LORD BYRON (1788-1824),
Englischer Dichter und Romantiker; aus Don Juan

Seit einigen Jahren boomt der Goldmarkt wie noch kaum zuvor und ein Grund dafür ist ganz ohne Frage die Tatsache, dass den Anlegern heutzutage eine so viel größere Auswahl an wesentlich differenzierteren und komplexeren Investmentprodukten zur Verfügung steht als noch vor ein paar wenigen Jahrzehnten. So werden die meisten modernen Anlagemünzen erst seit wenigen Jahrzehnten geprägt und standen den Anlegern im großen Bullenmarkt der 70 Jahre noch nicht zur Verfügung[28] und Gold ETFs und ETCs sind gar erst seit kaum mehr als fünf Jahren auf dem Markt. Wenngleich klassische Minenaktien schon seit hunderten Jahren gehandelt werden, in der Tat sogar zu den ältesten Aktien überhaupt zählen, gibt es mittlerweile eine schier unendlich große Anzahl an weiteren Möglichkeiten, in börsengehandelter Form am Goldmarkt zu partizipieren. Die Rede ist von Goldzertifikaten und -derivaten. Goldbugs nennen das manchmal auch, vielleicht etwas abfällig, den Papiermarkt, einfach weil mit diesen Produkten kein echtes Gold, sondern eben nur Papier erworben wird und damit ein Teil der goldenen Sicherheit aufgegeben wird. Dabei sind Goldzertifikate im Grunde eine der älteren Erfindungen der Goldbranche. Ursprünglich wurden bereits im 17. Jahrhundert von Londoner Goldschmieden Zertifikate an Kunden ausgegeben, die bei ihnen Gold hinterlegt hatten, und die das Eigentum und den Anspruch auf diese Menge Gold verbrieften. Später in der Geschichte, ab 1882, wurden vom US-Finanzministerium offizielle Goldzertifikate ausgegeben, die übertragbar waren und jederzeit, entsprechend dem Nennwert, gegen Goldmün-

[28] Mit Ausnahme des Krügerrandes.

zen eingetauscht werden konnten und als gesetzliches Zahlungsmittel galten. Ab 1933, mit der Abkehr der USA vom Goldstandard, verloren diese Goldzertifikate jedoch ihre Gültigkeit. Heutzutage werden Zertifikate in ähnlicher Form nur noch von einigen wenigen Deutschen und Schweizer Banken, sowie über diverse *Gold-Pool*-Programme in den USA und Australien ausgeben. Die allermeisten Zertifikate, die aktuell auf dem Markt sind, verbriefen jedoch kein Eigentum von spezifischen Goldbarren mehr, die im Namen der Kunden eingelagert wurden.

Goldzertifikate werden mittlerweile als derivative Finanzprodukte definiert, die dem Inhaber die Partizipation an der Kursentwicklung des Goldpreises oder anderer zugrundeliegender Finanzinstrumente, wie Aktien oder Indizes, verbriefen. Goldzertifikate gelten als Inhaberschuldverschreibungen, die von Banken und anderen Emittenten begeben werden und zum Teil mit begrenzter, zum Teil mit unbegrenzter Laufzeit ausgestattet sind. Sie werfen in der Regel keine laufenden Erträge wie Zinsen oder Dividenden ab und ihr Rückkaufwert am Laufzeitende hängt von der Kursentwicklung des Basiswertes (engl. *underlying)* ab. In Einzelfällen können Zertifikate besichert sein, sprich die Bank investiert zur Absicherung in Teilen in das jeweilige Underlying und hinterlegt diese Investition dann bei einem Treuhändler, im Allgemeinen passiert dies allerdings nicht.

Grundsätzlich kann man Zertifikate in mehrere Kategorien unterteilen, wobei untereinander die verschiedensten Kombinationen möglich sind. Man unterscheidet: besicherte von unbesicherten Zertifikaten (so wie das bereits im Kapitel über die ETFs vorgestellt wurde), Zertifikate mit einer beschränkten Laufzeit und solche mit einer unbeschränkten Laufzeit sowie Zertifikate mit und ohne einer Hebelwirkung und schließlich Zertifikate mit (sog. Quanto-Zertifikate) und ohne Währungsabsicherung. Bei Goldzertifikaten kann dabei der Basiswert jeweils der Gold-Spotpreis, ein Future-Preis, irgendein Index oder aber auch ein Korb von Minenaktien sein.

Zertifikate mit einer unbeschränkten Laufzeit sind in der Regel Papiere, die irgendeinen Index abbilden, auch Endloszertifikate genannt, während ein Großteil der Zertifikate, denen der Spotpreis zugrunde liegt, ein festgesetztes Fälligkeitsdatum haben; wobei es Anlegern unabhängig davon zu jedem Zeitpunkt während der Laufzeit frei steht, das Zertifikat zu kaufen beziehungsweise zu verkaufen.

Die Bandbreite der Zertifikate scheint, gerade nach dem Boom in diesem Sektor, in den letzten Jahren schier unbegrenzt, und, so möchte man leicht witzelnd anmerken, ebenso der Einfallsreichtum bei der Namensgebung, wo es aktuell noch keine einheitliche Nomenklatur gibt. Aktuell werden von den verschiedenen Emittenten angeboten: Tracker-Zertifikate, Discount-Zertifikate, Bonus-Zertifikate, Express-Zertifikate, Sprint-Zertifikate, Outperformance-Zertifikate, Airbag-Zertifikate, Schmetterlings-Zertifikate, Bonus-Express-Zertifikate, Turbo-Zertifikate, Garantie-Zertifikate, Basket-Zertifikate, Index-Zertifikate, etc. um nur einige zu nennen. Ohne diese Liste im Detail durchzusprechen oder gar noch zu erweitern, sollen zumindest ein paar dieser Produkte exemplarisch vorgestellt werden.

Das einfachste aller Zertifikate ist das Tracker-Zertifikat. Hier wird die Entwicklung eines Basiswertes, zum Beispiel des Gold-Spotpreises, möglichst 1:1 wiedergegeben, wobei anfallende Managementgebühren, Rollkosten im Fall von Futures als Underlying (dazu später mehr), ein Ausgabeaufschlag oder etwa eine Währungsabsicherung bei einem Quanto-Tracker-Zertifikat mit einberechnet werden müssen. Auch wenn aufgrund dieser Kosten die Rechnung nicht exakt aufgeht, wird ein Tracker-Zertifikat tendenziell die gleichen Kurszuwächse und -verluste durchleben wie der jeweilige Basiswert auch. Steigt also der Basiswert um 5 %, wird auch der Tracker um rund 5 % ansteigen, womit der Anleger von der Bewegung profitieren kann, ohne in den Basiswert investieren zu müssen. Diese Zertifikate sind häufig auf Basiswerte aufgelegt, die dem normalen Anleger entweder gar nicht, oder nur mit einer relativ großen Mindestzeichnung, zugänglich sind.

Basierend auf dieser einfachsten Form des modernen Zertifikats, gibt es jetzt die Möglichkeit, einige Modifizierungen vorzunehmen, beispielsweise über das Festlegen eines erreichbaren Höchstkurses (*Cap*) oder eines Absicherungslevels. So bietet sich dem Anleger zum Beispiel bei Discount-Zertifikaten die Möglichkeit einen Basiswert gegenüber seinem aktuell am Markt gehandelten Kurs mit einem Preisabschlag zu erwerben. Im Gegenzug verfügt das Zertifikat allerdings über ein *Cap*, über dem man keine zusätzlichen Kursgewinne mehr mitnehmen kann. Garantie-

Zertifikate sind praktisch genau spiegelverkehrt dazu angelegt. Mit diesen Produkten bietet sich dem Anleger die Möglichkeit, von einem potenziellen Kursanstieg unbeschränkt zu profitieren, während durch ein festgelegtes Absicherungslevel eventuelle Kursverluste nach unten begrenzt werden. Das machen die Banken natürlich nicht, weil sie gerade ihre Spendierhosen anhaben, sondern weil sie auch damit Geld verdienen können. Meistens liegt dieses Absicherungslevel unter dem Einstiegskurs, womit Teilverluste trotzdem möglich sind. Bildet das Zertifikat Aktien oder ähnliche Dividenden ausschüttende Produkte wieder, werden diese in der Regel nicht an den Zertifikateinhaber weitergeleitet. Bei einer weiteren Alternative liegt die Partizipationsquote an positiven Kursentwicklungen nicht bei 100%, sondern niedriger, wobei auch Mischformen möglich sind.

Über sogenannte Turbo-Zertifikate (auch Knock-Out-Zertifikate) können Anleger auch auf Hebelprodukte zugreifen. Prinzipiell vereinen solche »Turbos« die Vorteile von klassischen Optionsscheinen und Future-Kontrakten und meist wird versucht, genau diese nachzubilden. Wie bei Optionsscheinen ist der maximale Verlust auf den Einsatz beschränkt, und ähnlich wie bei den Future-Kontrakten spielt die Volatilität eher eine geringe Rolle und der zugrundeliegende Basiswert wird nahezu 1:1 wiedergegeben. Anders als bei Futures und Optionsscheinen gibt es allerdings eine Knock-Out-Schwelle – kreuzt der Kurs des Underlyings diesen Wert, steht der Totalverlust ins Haus, nur in wenigen Fällen erhält der Anleger dann noch einen geringen Restbetrag.

Im Grunde funktioniert das Ganze wie der kreditfinanzierte Kauf des Underlyings, womit sowohl der sich ergebende Hebel wie auch die Knock-Out-Schwelle erklärt werden kann. Notiert der Basiswert aktuell bei 1000 Euro, könnte der Emittent beispielsweise einen Turbo-Zertifikat begeben, bei dem ein »Kredit« von 800 Euro gewährt wird (der gleichzeitig auch die Knock-Out-Schwelle ist), während der Anleger selber nur 200 Euro investieren muss. Zusätzlich sind für den Kredit Zinsen, entsprechend dem Marktzins, zu zahlen, was bei Zertifikaten mit begrenzter Laufzeit üblicherweise in den Ausgabepreis eingepreist wird. Bei einer Laufzeit von einem Jahr und einem realistischen Zinssatz von 5% p.a würde das Zertifikat bei der Ausgabe also nicht mehr rund 1000 Euro, wie etwa bei einem Tracker-Zertifikat, sondern um die 240 Euro kosten, und trotzdem könnte im vollen Umfang von Gewinnen profitiert werden. Zieht der Basiswert in diesem einfachen Beispiel etwa um 10% an, würde das einfache Tracker-Zertifikat auf 1100 € ansteigen, während ein Turbo dann bei 340 € notiert und somit viermal so stark ansteigen konnte.

Wie sich die Knock-Out-Schwelle beziehungsweise der Hebel im Einzelnen gestaltet, ist jedoch von Produkt zu Produkt verschieden – hier lohnt der Blick in das Verkaufsprospekt, denn die K.O.-Schwelle kann auch über der Basis liegen. In jedem Fall sollten die zusätzlichen Risiken mit einer Investition in solche gehebelten Produkte nicht vergessen werden. Bei einem Hebel von 10 reicht eine Bewegung des Underlyings von 5% in die falsche Richtung, um die Hälfte des Einsatzes zu verlieren und je nach Volatilität des Underlyings ist die K.O.-Schwelle ebenfalls schnell erreicht, was bei einem 24h-Handel mit dem Basiswert durchaus auch über Nacht passieren kann!

Auch wenn die Liste der Vorteile von Zertifikaten lang erscheint, so ergeben die Nachteile wohl eine ebenso lange, wenn nicht gar längere Liste; beide Seiten sollen im Folgenden beleuchtet werden.

Für viele Anleger ist ein großer Vorteil von Zertifikaten das geringe Bezugsverhältnis, also die Menge oder Anteile des Basiswertes, die ein Zertifikat jeweils verbrieft. Bei einem einfachen Tracker-Zertifikat auf den Goldpreis, mit einem Bezugsverhältnis von 100:1, würde ein einzelnes Zertifikat bei einem Goldpreis von 650 € nur rund 6,50 € kosten. In dieser Rechnung ist kein Hebel versteckt, es handelt sich im Grunde nur um eine kleinere Stückelung des Basiswertes, womit potenzielle Kursbewegungen ebenfalls nur im Verhältnis 100:1 mitgenommen werden. Somit ist also möglich, trotz geringer Summen, direkt vom Spotpreis zu profitieren. Ist das Underlying nicht der Spotpreis, sondern ein Future, ermöglicht das Zertifikat nicht selten überhaupt die Partizipation, weil die gängigen Gold-Future-Kontrakte an den Terminbörsen über 100 oz. Gold laufen, was für Kleinanleger meistens außerhalb ihrer finanziellen Möglichkeiten liegt.

Ein weiterer großer Vorteil von Zertifikaten ist die breite Produktpalette, die Anlegern die Möglichkeit eröffnet, praktisch von jedem Preisszenario zu profitieren. Neben den oben erwähnten Produkten gibt es zum Beispiel auch Bear-Zertifikate[29], mit denen man auf fallende Preise setzen kann. Sieht man langfristig steigende Preise, empfiehlt sich hingegen ein Bull-Zertifikat[30], und geht man von einer Seitwärtsbewegung aus, muss die Wahl vielleicht auf Bonus-Zertifikate fallen. Wenngleich die Chancen mit solchen diversifizierten Produkten groß sind, gewinnt damit auch die richtige Einschätzung der Marktsituation eine weit größere Bedeutung als bei vielen Standardprodukten. Wird mit der Hoffnung auf steil steigende Preise auf ein gehebeltes Zertifikat gesetzt, winkt bei einer kurzen Korrektur der Totalverlust, werden andererseits fallende Preise prognostiziert und die Absicherung nach unten über ein Garantie-Zertifikat empfohlen, wird damit jede Möglichkeit, von steigenden Kursen zu profitieren, aufgeben, falls sich die Prognose als falsch erweisen sollte – und so weiter. Umso mehr Kursschwellen und Bedingungen im jeweiligen Produkt eingebaut sind, umso größer wird damit auch das Risiko, dass auf das falsche Pferd gesetzt wird.

Sicherlich ein Plus von Zertifikaten sind auch die leichten Kauf- und Verkaufsmöglichkeiten. Anders als etwa ETFs werden in Deutschland über die diversen Handelsplattformen mittlerweile eine unüberschaubare Menge an verschiedenen Zertifikaten auf Gold von den unterschiedlichsten Emittenten angeboten und können jederzeit ganz einfach, wie jede andere Aktie auch, gekauft werden. Es sollte allerdings unbedingt auf die Spreads geachtet werden! Einen Großteil der Gewinne fahren die Emittenten genau über diese Spreads ein, die teilweise im Bereich von 1-3 % liegen können, während den Emittenten am Aktienmarkt wesentlich günstigere Konditionen zur Verfügung stehen. Im Verkaufsfall kann sich das durchaus negativ auf die Gewinne auswirken, etwa im Vergleich zu einer direkten Investition.

Viele Emittenten werben auch mit den geringeren Kosten im Vergleich zur direkten Investition in das Underlying. So muss der Käufer von physischem Gold, wie im Kapitel über Münzen und Barren besprochen, in der Regel mit einem hohen Premium auf den Spotpreis rechnen, was bei Zertifikaten wegfällt. Frei nach einem bekannten deutschen Sprichwort, muss die Devise aber lauten: »Augen auf beim Zertifikatekauf!« Bei den meisten

[29] Von Englisch bear = Bär
[30] Von Englisch bull = Bulle

Zertifikaten werden Managementgebühren fällig, nicht selten im Bereich von 0,15%-0,4% p.a., zusätzlich kommt oftmals auch ein Ausgabeaufschlag hinzu, der durchaus bei 2% oder mehr liegen kann. Außerdem sind Emittenten von Zertifikaten, anders als bei Investmentfonds, gesetzlich nicht dazu verpflichtet, die voraussichtlichen oder tatsächlich anfallenden Kosten auszuweisen. Es empfiehlt sich deswegen, potenziell interessante Produkte genauer unter die Lupe zu nehmen, das Kleingedruckte zu studieren sowie zwischen den Zeilen zu lesen und auch Ausschau nach all dem zu halten, was nicht abgedruckt wurde. Erfahrungsberichte von anderen Anlegern können in diesem Kontext vielleicht wesentlich informativer sein als das Beratungsgespräch bei der Bank, die allein ihre Produkte verkaufen will.

Ein wichtiges Kapitel bei der Risikobewertung ist auch die Rechtsform dieser Produkte. Zertifikate sind nichts anderes als Inhaberschuldverschreibungen, also eine Schuldverschreibung, bei der nicht namentlich erwähnt ist, wer der Gläubiger ist, was es überhaupt möglich macht, mit Zertifikaten zu handeln. Für den Anleger hat das aber gravierende Folgen. Zum einen ist man mit Inhaberschuldverschreibungen, also mit Zertifikaten, dem vollen Emittentenausfallrisiko ausgesetzt. Wie brisant diese Thematik ist, lässt sich leicht am vielzitierten Fall der Investmentbank Lehman Brothers illustrieren, die im September 2008 (im Zuge der internationalen Finanzkrise) Insolvenz anmelden musste, und in der Folge alle von Lehman aufgelegten Zertifikate über Nacht praktisch wertlos geworden waren. Zwar konnten einige Anleger ihren Teilanspruch auf die Insolvenzmasse geltend machen, allerdings war das in vielen Fällen mit aufwändigen Gerichtsverfahren verbunden und keineswegs die Regel. An dieser Stelle ist außerdem wichtig zu erwähnen, dass dieses Risiko zu allen anderen Risiken mit dem Goldpreis beziehungsweise dem jeweiligen Underlying hinzukommt. Oftmals werden diese Risiken in den jeweiligen Verkaufsprospekten über mehrere Seiten, gerne im zweistelligen Bereich, abgehandelt, während bei einer etwaigen Verkaufsberatung nicht selten nur von den großartigen Chancen die Rede ist. Fällt die Investitionsentscheidung, aus diversen Gründen, auf eine Form des Zertifikates, sollte deswegen vorher intensiv das vollständige Verkaufsprospekt gelesen werden. Das sind ganz gewiss keine einfachen Texte, die man eben schnell mal in der Mittagspause zwischen Tür und Angel lesen kann, aber andererseits macht es keinerlei Sinn, in ein Produkt zu investieren, das nicht in vollen Zügen verstanden wurde und dessen Risiko nicht einmal ansatzweise abgeschätzt werden kann.

In den Hochglanzprospekten der Banken sieht vieles vielversprechend und risikofrei aus, aber Zertifikate sind es im Allgemeinen nicht. Die wenigsten Banken legen Zertifikate auf, um den Anlegern eine kostengünstige Möglichkeit zu geben, schnell und einfach Geld zu verdienen. Genauso sollte man bedenken, dass die Banken selber vielleicht gar nicht in das Underlying investieren oder dies auf eine andere Art und Weise tun. In den allermeisten Verkaufsprospekten der gängigen Emittenten findet sich daher ein Passus mit diesem oder ähnlichem Wortlaut:

> *Verwendung des Nettoemissionserlöses* – Der Nettoerlös der Emission dient der Finanzierung der Geschäftsentwicklung des Konzerns.

Mit anderen Worten heißt das aber, dass die Bank nicht notwendigerweise auch in das jeweilige Underlying investieren muss. Auch kamen diverse Emittenten immer wieder in die Kritik, weil die Kursstellung nahe der Knock-Out-Schwelle oftmals sehr abenteuerlich ist. Anleger die verkaufen wollten, mussten stattdessen zusehen, wie ihre Zertifikate wertlos verfielen.

Nicht zuletzt hegen einige Marktbeobachter auch den Verdacht, dass es sich manche Emittenten nicht nehmen lassen, zu opportunen Zeitpunkten die Kurse in eine bestimmte Richtung zu lenken, um so ihre Gewinne mit strukturierten Produkten zu maximieren. Sicherlich, unter normalen Marktbedingungen ist es selbst Großbanken nur schwer möglich durch ihre Transaktionen den Kurs wirklich zu beeinflussen, gerade wenn es sich dabei um sehr liquide Underlyings handelt. Aber ein paar wenige Cent vor der Knock-Out-Schwelle, oder am Verfallstag einer Option(-sschein), wäre es zumindest denkbar, dass ein Emittent den Kursen zu seinem Vorteil auf die Sprünge hilft. In jedem Fall sollte sich ein potentieller Anleger darüber im Klaren sein, dass die Gewinnvorstellungen der Zertifikate-Industrie nicht unbedingt mit dem persönlichen Anlageziel übereinstimmen. Die meisten Emittenten engagieren Heerscharen von Mathematikern und Analysten, um zu gewährleisten, dass sie (und nicht in erster Linie der Kunde) mit ihren Produkten Geld verdienen können.

Goldzertifikate haben gegenüber den meisten anderen Rohstoffzertifikaten aber einen eindeutigen Vorteil – man kann Gold zum Spotpreis kaufen und man kann es platzsparend einlagern, vor allem auch ohne dass es verdirbt. Mit Ausnahme der Edelmetalle gibt es für alle anderen wichtigen Rohstoffe keinen Kassamarkt. Das heißt, man kann diese Rohstoffe an der Börse nicht zum Spotpreis zur sofortigen Auslieferung kaufen, sondern muss den Weg über eine Terminbörse gehen und dort einen Future-Kontrakt abschließen. Damit ergibt sich aber ein eindeutiges Problem. Der Emittent von Rohstoffzertifikaten ist an einer physischen Auslieferung der Ware in keinster Weise interessiert, denn was fängt eine Investmentbank mit 5000 Bushel Chicagoer Weizen oder 15000 Pfund Orangensaftkonzentrat an. Deswegen müssen Future-Kontrakte vor Ablauf der Laufzeit verkauft und der Verkaufserlös in einen Future mit der nächstfälligen Laufzeit investiert werden (weil hier die Liquidität, im Gegensatz zu entfernteren Laufzeiten, am größten ist). Diesen Vorgang nennt man auch Rollen. Genau dabei kommen auf die Zertifikateanleger zusätzliche Kosten zu. In den allermeisten Fällen befinden sich die Future-Märkte in einer Contango-Situation und damit sind Futures mit kürzerer Laufzeit billiger als länger laufende Futures. De facto heißt das für solche Zertifikate, dass der Verkaufserlös aus dem Future-Kontrakt in der Regel nicht 1:1 umgesetzt werden kann. Folglich muss sich entweder das Bezugsverhältnis ändern, oder, was der Regelfall ist, die Rollkosten werden addiert und extra ausgewiesen, was sich dann negativ im Kurs des Zertifikates widerspiegelt (im Falle von Backwardation dann positiv). Für Goldzertifikate ergibt sich dieses Problem allerdings nicht zwangsläufig, weil es am Goldmarkt auch einen Spotpreis gibt. Beim Kauf muss deswegen unbedingt auf die exakte Beschreibung des Underlyings geachtet werden, denn das kann auch bei Goldzertifikaten irgendein Future-Wert sein. Während sich zum Beispiel für Rohöl, gerade bei langfristigen Futures, sehr häufig eine Backwardation-Situation ergibt, oder Zucker-Futures über die letzten zehn Jahre munter zwischen Contango und Backwardation hin- und hergesprungen sind, ist bei Gold-Futures mit wenigen Ausnahmen Contango die Regel, womit Zertifikate auf Gold-Futures unter diesem Gesichtspunkt schnell unattraktiv wirken.

Ein weiteres Problem, das bei Goldzertifikaten sowie bei allen anderen börsengehandelten Goldinvestments berücksichtigt werden muss, ist der Devisenmarkt. Die meisten Goldzertifikate werden in Euro gehandelt, während Gold bekanntlich in Dollar notiert. Je nach Wechselkurs entstehen bei der Währungsumrechnung damit positive oder negative Renditechancen. Bei einer ausgeprägten Dollarschwäche müssten folglich erhebliche Kurseinbrüche verbucht werden, obwohl der Basiswert vollkommen unverändert blieb – der umgekehrte Fall, also ein starker Dollar, würde dann zu Kursgewinnen führen. Da in den letzten Jahren vor allem eine Dollarschwäche auffällig war, gibt es mittlerweile auch Zertifikate mit einer integrierten Währungsabsicherung, sogenannte Quanto-Zertifikate. Bei dieser Art von Zertifikaten wird der in Dollar gehandelte Goldpreis 1 : 1 in Euro umgerechnet, ohne dass auf die Devisenkurse geschaut werden müsste. Die bei der Währungsabsicherung entstehenden Kosten reicht der Emittent über eine laufende Managementgebühr an den Anleger weiter. Auch hier gibt es wiederum zwei Modelle, entweder über eine direkte Aufrechnung zu Beginn der Laufzeit oder über eine fortlaufende Reduzierung des Wertes des Zertifikats, wobei der Prozentsatz beim letzteren Modell entlang der entstehenden Absicherungskosten angepasst wird.

Schlussendlich ergeben sich mit Zertifikaten auch gewisse steuerliche Nachteile gegenüber einer physischen Anlage in Goldmünzen oder Barren, die nach Ablauf der Spekulationsfrist von einem Jahr generell steuerfrei bleiben. Seit 2009 sind alle laufenden Kapital- und Veräußerungsgewinne mit Zertifikaten, entsprechend der Abgeltungssteuer, einheitlich mit mind. 25 % zu besteuern, einzige Ausnahme sind Papiere, die vor dem 14. März 2007 erworben wurden. Verluste können ebenfalls einheitlich mit allen anderen Gewinnen aus Kapitalvermögen verrechnet werden.

Abschließend und zusammenfassend muss Ihnen als Anleger bewusst sein, dass Sie mit einer Investition in Gold-Zertifikate einen Großteil der Sicherheiten von physischem Gold aufgeben und, vor allem in Hinblick auf komplexere Produkte oder gar Hebelprodukte, ganz generell auch einem höheren Risiko ausgesetzt sind. Sie sollten sich vor einer Investition in Zertifikate deswegen vier grundsätzliche Fragen stellen.

Erstens: Glauben Sie an eine Finanzkrise und wie hoch ist das Emittentenausfallrisiko? Zweitens: Kommen Sie mit einer Investition in Zertifikate besser weg als mit einer direkten Investition in das Underlying, gerade auch in Bezug auf die Besteuerung? Drittens: Wiegt die Möglichkeit, auch mit geringem Kapitaleinsatz auf eine vergleichsweise einfache Weise auf verschiedene Marktsituationen einzugehen, das größere Risiko und die größere Intransparenz dieser Produkte auf? Und viertens: Ist der Aufbau des Produktes verständlich und können Risiken, Kosten und Gewinnchancen richtig eingeschätzt werden bzw. kann nachvollzogen werden, wie die Bank mit den jeweiligen Produkten Geld macht und lässt diese Strategie auch gute Gewinne für den Anleger zu?

Je nach der Antwort auf diese vier Fragen muss dann von einer Anlage in Zertifikate abgeraten werden oder nicht. Auch bei Goldzertifikaten gibt es sicherlich gute und schlechte Produkte und erfahrene Anleger können damit mittelfristig durchaus gute Renditen erwirtschaften. Aber unabhängig davon müssen Zertifikate in jedem Fall als spekulative Risikoprodukte eingestuft werden, die in Ihrem Goldportfolio nur eine Randposition einnehmen sollten, um langfristigen Erfolg zu gewährleisten.

Optionsscheine

Nun steht das Kapitel aber nicht unter dem Titel »Zertifikate«, sondern es wurden auch Informationen über den ganzen Papiermarkt angedeutet, mit anderen Worten also auch über andere Derivate. Neben Zertifikaten bietet sich am Derivatemarkt für Goldanleger unter anderem auch die Möglichkeit, in Optionen, Futures, Optionsscheine und sogar in Aktienanleihen zu investieren, und genau mit solchen Produkten begibt man sich auf zunehmend unsicheres Terrain.

Klassische Optionen und Futures gehören in die Welt der Terminbörsen und kommen für den Kleinanleger in der Regel nicht in Frage, allerdings werden allein in Deutschland mehrere zehntausend Optionsscheine angeboten, darunter auch viele auf Gold, die genau auf diese Zielgruppe zugeschneidert sind. Während all diese Produkte meist über einen Hebel verfügen und damit deutlich höhere Gewinne versprechen, geht der Anleger gleichzeitig auch ein weit größeres Risiko ein, weswegen viele Profis Neueinsteigern von diesen Produkten abraten. Das liegt nicht zuletzt daran, dass die Kursentwicklung, vor allem von Optionen und Optionsscheinen, eine Wissenschaft für sich ist, bei der die meisten sonst gültigen Börsenfaustregeln oftmals versagen.

Bevor näher auf Optionsscheine eingegangen werden soll, zunächst eine kurze Beschreibung von Futures und Optionen. Ein Future, so wurde es bereits in Kapitel 4 beschrieben, ist nichts anderes als ein verbindlicher Börsenvertrag zwischen zwei Parteien, der die Lieferung respektive Abnahme einer bestimmten Menge eines Produktes zu einem exakten Zeitpunkt in der Zukunft zu einem vorher festgelegten Preis regelt. Für jeden Future-Kontrakt gibt es damit einen Short-Verkäufer und ein Long-Käufer. Geht man von fallenden Preisen aus, verkauft man leer (short), rechnet man mit steigenden Preisen, geht man long. Am besten lässt sich das vielleicht, zur Wiederholung, an einem praktischen Beispiel illustrieren, wobei alle anderen anfallenden Kosten wie z.B. *exchange fee* (Börsengebühren) außen vor gelassen werden sollen.

Angenommen Gold steht aktuell bei 650 Euro und Anleger A meint zu wissen, dass Gold in den nächsten drei Monaten steigen wird. Dann könnte er, beispielsweise an der COMEX in New York, über einen Broker einen Future-Kontrakt (standardmäßig über 100 oz. Gold) mit der kürzesten Laufzeit von drei Monaten kaufen und sich damit den Preis von 650 Euro sichern. Steigt der Goldpreis bis zum Ende der Laufzeit auf 750 Euro, hat er über den Future-Kontrakt das Recht, sein Gold trotzdem für 650 Euro vom jeweiligen Short-Verkäufer seines Kontraktes zu kaufen. Da bei Futures in der Regel nur eine Einschusszahlung (*Margin*, auch Marge) im Bereich von wenigen Prozent fällig ist, können Spekulanten mit diesen Produkten eine Hebelwirkung erzielen. Bei einem Margin von 5% wäre der ursprüngliche Einsatz nur 32,5 Euro gewesen, trotzdem hätte Anleger A einen Gewinn von 100 Euro realisieren können, also von mehr als 300%! Die gleiche Rechnung geht selbstverständlich auch nach unten, womit mit Futures theoretisch Verluste von mehr als 100% möglich werden, jedenfalls in dem Fall, wo auf den *Margin-Call* des Brokers eingegangen und weiteres Geld eingeschossen wird[31]. Die wenigsten Future-Kontrakte werden jedoch mit einem Real-Tausch im Kopf abgeschlossen, weil in diesem Fall der Margin-Hebel nur zu einer günstigen Vorfinanzierungsmöglichkeit wird. (Physische Termingeschäfte laufen auf dem Goldmarkt in der Regel OTC über Forwards.) Stattdessen wird der Kontrakt viel häufiger durch ein Gegengeschäft glattgestellt. Der Inhaber einer Long-Position erwirbt also vor Ablauf der Laufzeit eine

[31] Siehe auch Kapitel 4

Short-Position und umgekehrt, wobei die Differenz zwischen den beiden Kontrakten dann den Gewinn oder Verlust ergibt.

Auch wenn mittlerweile über die sogenannten E-Minis versucht wird, eine breitere Investorenbasis anzusprechen, indem man zum einen die Kontrakte allein auf den Barausgleich (*cash settlement*) ausgelegt hat und die Kontraktgröße auf z.B. 50 oder 33 (beide Alternativen werden an der COMEX angeboten) reduziert hat, bleibt diese Anlageform im Grunde immer noch nur Großinvestoren, Institutionellen und Profis vorbehalten.[32] Theoretisch kann zwar jeder ein Margenkonto bei einem der lizensierten Broker aufmachen, praktisch liegt die Einschusszahlung selbst bei einem E-Mini über 33 oz. bereits weit über dem Kapital dass die meisten Kleinanleger für solche spekulativen (!) Investments übrig haben werden. Es bleibt also, wenn überhaupt, der Weg über Turbo- oder Knock-Out-Zertifikate, so wie weiter oben bereits beschrieben, bei denen eine solche hochspekulative Investition über das geringere Bezugsverhältnis eher vertretbar wird. Über die hohen Risiken mit letzteren Produkten wurde bereits aufgeklärt.

Optionen unterscheiden sich vom Grundprinzip gar nicht so deutlich von Futures, denn während Futures ein *verpflichtendes* Termingeschäft sind, handelt es sich bei Optionen nur um ein *bedingtes* Termingeschäft. Der Optionsinhaber hat also das Recht, nicht aber die Pflicht, die Option auf den Basiswert zu einem festgesetzten Preis (auch Strikepreis) auszuüben oder verfallen zu lassen. Ähnlich wie Futures haben auch Optionen eine feste Laufzeit, wobei an dieser Stelle zwischen amerikanischen und europäischen Optionen unterschieden werden muss. Während bei der amerikanischen Version der Inhaber während der gesamten Laufzeit das Recht hat, die Option auszuüben, ist dies bei der europäischen Variante nur am Ende der Laufzeit möglich. In Bezug auf Optionen (aber auch Optionsscheinen) wird man häufig auf den Begriff *Plain-Vanilla*-Optionen oder auch *Plain-Vanilla-Warrants* stoßen. Damit ist nichts anderes gemeint als ganz normale Standard-Optionen, bei denen es möglich ist, *Put*- oder *Call*-Optionen zu verkaufen. Bei einem Put hat der Inhaber das Recht, eine bestimmte Menge des Underlyings zu einem im Voraus fest-

[32] Diese Produkte dürfen nicht mit den »Mini-Produkten« zahlreicher Banken verwechselt werden, die allesamt Zertifikate darstellen.

gesetzen Preis zu verkaufen, während mit einem Call das Recht auf den Kauf zu diesem Preis erworben wird. Der Verkäufer der Option (auch Stillhalter genannt), ist im Fall der Ausübung der Option verpflichtet, den Basiswert zum vorher festgelegten Preis zu verkaufen, der Stillhalter erhält auch den Kaufpreis der Option.

Wie Forwards das variable OTC-Pendant zu Futures sind, gibt es auch OTC-Optionen, wobei jedoch der größte Teil des weltweiten Optionshandels an den Terminbörsen über standardisierte Produkte abläuft.

Wenn Optionen von Emittenten verbrieft werden, also als Wertpapier gestaltet und gehandelt werden, dann spricht man von Optionsscheinen, was für die meisten Kleinanleger die interessantere Alternative sein dürfte, da auch hier über ein geringes Bezugsverhältnis der Erwerb eines Bruchteils der ursprünglichen Einheit des Basiswertes zum verbrieften Preis möglich wird. Wie bei den Futures wird auch mit Optionen/Optionsscheinen eine Hebelwirkung erzielt. Hierzu, ganz analog, ein weiteres Beispiel zum leichteren Verständnis:

Anleger A geht von einem nachhaltig steigenden Gold-Spotpreis aus und möchte über einen Optionsschein überproportional stark von dieser Entwicklung profitieren. Er investiert deswegen in einen Call-Optionsschein auf den Goldpreis zu 50 €, der ihm einen Kaufpreis zum aktuellen Spotpreis von 650 € verbrieft. Der Kaufpreis, im Fachjargon auch als Prämie bezeichnet, erklärt sich dadurch, dass der Erwerb des Basiswertes über den Umweg des Optionsscheines bei einer theoretischen sofortiger Ausübung teurer sein muss, sonst würde die Option, vor allem bei der amerikanischen Version, ja ein Verlustgeschäft für den Emittent. Im Grunde ist das für den Emittenten schlussendlich der Gewinn beziehungsweise die Summe, die er für Absicherungsgeschäfte heranziehen kann. Steigt jetzt der Goldpreis auf 730 Euro an, erzielt Anleger A mit seinem Optionsschein einen Gewinn von 30 Euro, da der Kaufpreis selbstverständlich vom Gewinn aus der Transaktion subtrahiert werden muss. Während also mit einer direkten Anlage in physisches Gold (der Einfachheit halber wird von einem Kauf zum Spotpreis ausgegangen) nur ein Gewinn von knapp 11 % möglich war, konnte der Optionsscheininhaber einen Gewinn von 60 % realisieren. Fällt der Goldpreis bis zum Ende der Laufzeit allerdings unter die verbriefte Marke, verfällt der Optionsschein wertlos, da das Recht, Gold zu einem wesentlich teureren Kurs zu kaufen als wertlos eingestuft werden muss. Im Grunde ist damit alles und überhaupt nichts über Optionsscheine gesagt.

Bei klassischen Optionsscheinen sind Emittent des Basiswertes und Emittent des Optionsscheines in der Regel identisch und die Investition in solche Produkte erfolgt gängigerweise mit dem Blick auf eine physische Lieferung des verbrieften Basiswertes zu günstigeren Konditionen über einen *Call*. Die meisten Optionsscheine, die mittlerweile gehandelt werden, sind hingegen sogenannte nackte Optionsscheine (*naked warrants*), bei der, anstelle der Lieferung des Basiswertes, ein Barausgleich vorgesehen ist – also Spekulation in Reinstform.

Was nun die Gewinnerwartung und die mögliche Kursentwicklung mit Optionsscheinen angeht, bleibt jegliche Hoffnung auf eine einfache Antwort vergebens, auch wenn sicherlich ganz allgemein gilt: Liegt bei einer Call-Option die Gewinnzunahme des Underlyings zum Ende der Laufzeit über dem Kaufpreis, wurde Gewinn gemacht, liegt der Kursverlust des Underlyings bis zum Ende der Laufzeit unter dem Kaufpreis der Put-Option, konnten ebenfalls Gewinne einfahren werden.

Der Kurs des Optionsscheins orientiert sich zwar ganz generell, so wie gerade beschrieben, an der Kursentwicklung des Underlyings, allerdings sind die Erwartungshaltung der Investoren und eine ganze Reihe von Kennzahlen ebenso wichtig. Im Folgenden deswegen ein kursorischer Ausblick in den Begriffsdschungel der Optionsscheinwelt, der die Gefahren und Risiken mit diesen komplexen Produkten vielleicht besser illustrieren kann als jegliche Warnung.

Ganz wichtig ist der Strikepreis, denn ist der zu hoch oder kristallisiert sich im Marktverlauf als unrealistisch heraus, untergräbt das den Wert des Scheins massiv. Auch die Laufzeit, vor allem aber die Restlaufzeit ist von großer Bedeutung, denn umso länger die Laufzeit, umso größer ist auch die statistische Wahrscheinlichkeit, dass der Optionsschein in die Gewinnzone kommt. Eine weitere wichtige Größe ist auch der sogenannte »Innere Wert« eines Warrants, womit die Differenz aus Basispreis und Kurs des Basiswertes gemeint ist (das Bezugsverhältnis muss selbstverständlich hier, und in der Folge, jeweils mit berücksichtigt werden). Als »Zeitwert« versteht man die Differenz zwischen Optionsscheingeldkurs und dem inneren Wert. Mit dem Begriff »Aufgeld« wird ausgedrückt, um wie viel teurer der Erwerb des Basiswertes über dem Optionsschein ist, was vor allem bei der Kaufentscheidung helfen kann, wenn zwischen zwei ähnlich strukturierten Produkten zweier verschiedener Emittenten gewählt werden muss. »Break-Even-Point« wird der Kurs des Basiswertes genannt, bei dem eine Ausübung des Optionsscheins verlustfrei geschehen kann. Als »einfachen Hebel« bezeichnet man das Verhältnis zwischen Kurs des Basiswertes und Kurs des Optionsscheins und drückt aus, um wie viel Prozent der Kurs des Optionsscheins gegenüber dem Anstieg des Kurses des Basiswertes stärker zulegen kann. Und schließlich entspricht die sogenannte »implizite Volatilität« der zu erwartenden Kursschwankungsbreite bis zum Ende der Laufzeit und ist ebenfalls eine der wichtigsten Kenngrößen zur Berechnung der möglichen Gewinnerwartungen.

Prinzipiell unterscheidet man drei mögliche Preisszenarien bei Call-Optionsscheinen. Von *in the money* oder im Geld spricht man, wenn der Kurs des Basiswertes über dem verbrieften Strikepreis liegt. Von *at the money* oder am Geld ist die Rede, wenn der Marktpreis des Basiswertes gleich oder nahezu gleich dem Ausübungspreis ist. Und aus dem Geld (oder *out of the money*) bezeichnet einen Optionsschein, bei dem der Marktpreis des Basiswertes unter dem Ausübungspreis liegt. Bei Put-Optionen verhält es sich genau umgekehrt.

Was nun die mögliche Kursentwicklung des Optionsscheins angeht, werden die meisten Anleger wohl einen Optionsscheinrechner zur Hand ziehen müssen, weil dafür vor allem die sogenannten »Griechen« sowie komplexe mathematische Formeln wichtig werden. Griechen deswegen, weil diesen Kennzahlen jeweils ein Buchstabe des griechischen Alphabetes zugewiesen ist.

Ganz grob gibt dabei das Delta an, welchen Einfluss der Preis des Basiswertes auf den Wert der Option hat. Das Gamma beschreibt, wie stark sich das Delta ändert, wenn sich der Kurs des Basiswertes um eine Einheit ändert. Das Theta gibt an, wie stark sich der theoretische Wert einer Option ändert, wenn sich die Restlaufzeit um einen Tag verkürzt. Das Vega[33]

[33] Eigentlich kein griechischer Buchstabe, deswegen manchmal auch Lambda.

beschreibt die Abhängigkeit des Optionswertes von der Volatilität des Basiswertes. Das Rho setzt den Wert der Option mit dem risikofreien Zinssatz am Markt (der für die Emittenten wegen ihre Absicherungs- bzw. Finanzierungsgeschäfte wichtig ist) in einen Zusammenhang. Und schließlich beschreibt das Omega den effektiven Hebel der Option, der sich aus der Multiplikation von einfachem Hebel und dem Delta ergibt.

Vielleicht konnte durch diese oberflächliche, aber dennoch wahrscheinlich sehr verwirrende Einführung in all diese Begrifflichkeiten ein erster Eindruck davon vermittelt werden, wie kompliziert der erfolgreiche Handel mit Optionsscheinen ist, von wie vielen Faktoren er abhängt, und damit implizit auch, welche Risiken hier auf unerfahrene Markteilnehmer warten.

An dieser Stelle, vor allem an Neulinge auf dem Aktien- oder Goldmarkt, noch einmal der wichtige Hinweis: Lassen Sie die Finger von Produkten, die Sie nicht vollständig verstehen! Um mit Optionsscheinen auf Gold langfristig erfolgreich zu sein, werden Sie in der Regel jahrelange Erfahrung auf dem Goldmarkt benötigen, um die Kursentwicklung des Underlyings mit einer akzeptablen Wahrscheinlichkeit vorhersagen zu können, und zudem natürlich auch genügend große Erfahrung mit dem Optionsscheinhandel. Wer sich also wirklich für diesen Sektor interessiert, sollte vorher dringend weitere Recherchen betreiben, und sich auch über dieses Buch hinaus weiterbilden, denn eine vollständige Darstellung des Optionsscheinmarktes ist an dieser Stelle in keinster Weise erfolgt.

Viele Neulinge auf dem Markt bekommen große Augen, wenn sie die phänomenalen Gewinnmöglichkeiten in den Verkaufsbroschüren der Banken oder auch in diversen Newslettern und Börsenbriefen lesen. Sicherlich ist nicht zu verneinen, dass wohl mit kaum einem anderen Produkt so ein hoher Hebel erzielt werden kann wie mit Optionsscheinen. Was allerdings meistens unter den Tisch fällt ist, dass ein hoher Hebel nicht selten nur Ausdruck für die Tatsache ist, dass dieser Optionsschein zu mehr als 90% ein Verlustgeschäft sein wird. Häufig wird auch mit dem begrenzten Verlustrisiko geworben. Besonders ärgerlich ist dies, wenn das auf unseriöse Weise passiert. So findet man durchaus häufig das Argument, dass das Verlustrisiko bei Optionsscheinen allein auf den Einsatz beschränkt ist. Das wird dann gerne an einem Beispiel wie folgendem illustriert: »Kaufen Sie einen Call-Optionsschein für 10 Euro, der Ihnen den Kauf einer Aktie zu 200 Euro verbrieft, und der Kurs der Aktie steht am Ende der Laufzeit bei 180 Euro, dann haben Sie mit ihrem Optionsschein nur 10 Euro Verlust (also Ihren Einsatz) gemacht, während Sie, wenn Sie direkt in die Aktie investiert hätten, mit 20 Euro fast den doppelten Verlust gemacht hätten.« Leider ist dieses Beispiel nur so lange richtig, wie jeweils nur eine bestimmte Anzahl an Aktien respektive Optionsscheinen gekauft werden. Die allermeisten Anleger investieren aber einen Festbetrag und der wäre mit einer Investition in den falschen Optionsschein komplett weg, während bei der Aktie der Verlust auf 10% (in diesem Beispiel) begrenzt bleibt. Es muss bei einer Investition in Optionsscheine also zu jeder Zeit klar sein, dass der Totalverlust nur eine Ecke weiter wartet. Folglich ist es nicht sinnvoll, in solche Produkte Geld zu investieren, was zwar zur Verfügung steht, aber nicht explizit übrig ist, und insbesondere ist von einem Kauf von Optionsscheinen auf Kredit abzuraten (wobei dieser Hinweis wohl für fast jedes Investment gelten muss).

Damit ist das Risiko mit Optionsscheinen allerdings keineswegs abgearbeitet. Auch bei Optionsscheinen besteht ein Emittentenausfallrisiko, und ähnlich wie bei Zertifikaten gibt man mit Gold-Optionsscheinen jegliche Sicherheit auf, durch die das physische Metall besticht. Sicherlich gilt Gold mittlerweile auch deswegen als sicher, weil in den letzten acht Jahren, ohne Ausnahme, Kursgewinne verbucht werden konnten. Im Durchschnitt lagen diese, auf das gesamte Jahr gesehen, bei um die 15%. Selbst im Krisenjahr 2008 konnte zwischen dem ersten Handelstag und dem letzten ein Anstieg des Goldpreises beobachtet werden. Schaut man allerdings auf den Kursschwankungsbereich innerhalb des Jahres, so liegt der nicht selten bei über 200 USD. Damit sind aber Kurszuwächse, gerade in Hinblick auf Eckdaten (sprich Emissions- und Fälligkeitstag), innerhalb des Jahres keine Selbstverständlichkeit, sondern zunehmend unvorhersehbar. Das Währungsrisiko besteht bei den meisten Optionsscheinen auf Gold auch im vollen Maße und eine Absicherung muss ggf. vom Anleger selber getätigt werden. Aus steuerlicher Sicht fallen Kursgewinne mit Optionsscheinen mittlerweile auch unter die Abgeltungsteuer, womit sich allerdings Verluste auch verrechnen lassen, was in diesem Sektor wohl besondere Erwähnung finden muss.

Zudem muss vor dem ersten Optionsscheinkauf die sogenannte Termingeschäftsfähigkeit erworben werden. Im Grunde muss dafür nur eine Infobroschüre durchgelesen und mit einer Unterschrift bestätigt werden, dass über die Besonderheiten und Risiken von Termingeschäften aufgeklärt wurde. Auch wenn das hauptsächlich dem Schutz der Anleger dient, sichern sich die Banken damit auch vor eventuellen Schadensansprüchen im Verlustfall ab. Dieses zusätzliche Prozedere weist aber erneut darauf hin, wie risikobehaftet eine Investition in Optionsscheine ist, denn bei keiner anderen in diesem Buch vorgestellten Anlageklasse ist so eine gesetzlich vorgeschriebene Belehrung notwendig.

Abschließend also der dringende Hinweis, dass solche spekulativen Positionen maximal 5% Ihres gesamten Portfolios einnehmen sollten. Investieren Sie nur Geld, welches wirklich übrig ist, investieren Sie nur in Produkte, die Sie verstehen und deren Kursentwicklung Sie nachvollziehen können, und behalten Sie, bei allen Gewinnchancen, stets die Risiken im Auge. Hören Sie nicht auf profitorientierte Banken und Vorsicht auch vor prahlenden Anlegern und Bekannten, die versuchen, sich mit Fantasie- oder Wunschgewinnen zu profilieren. Schalten Sie stattdessen Ihren gesunden Menschenverstand ein und informieren Sie sich detailliert über Produkt und Underlying. Nur dann kann eine Investition in Derivate langfristig überhaupt erfolgreich sein. Seien Sie vor allem auch realistisch und selbstkritisch, was Ihre eigenen Fähigkeiten und Erfahrungen anbelangt, und lassen Sie notfalls vorerst vollkommen die Finger von diesem Sektor. Am Goldmarkt kann man auch ohne die Investition in Derivate gute und vor allem sichere Gewinne machen. Es war doch gerade die relative Sicherheit, die in den letzten Jahren so viele Menschen in Gold investieren hat lassen. Überlegen Sie sich also vorher genau, ob oder inwieweit Sie diese Sicherheiten wirklich aufgeben wollen.

simplified

9 Zentralbanken und Regierungen

»Schweigen ist Gold und Gold ist unglaublich schwer.«

PASCAL LACHENMEIER, (*1973), Schweizer Jurist

Schaut man sich die Statistiken zum weltweiten Goldangebot der letzten zehn bis zwanzig Jahre an, so wird man beständige Verkäufe der Zentralbanken und Regierungen feststellen können. Auch wenn diese Verkaufszahlen durchaus schwankten und in der Tat in den letzten Jahren langsam abgenommen haben, schienen die Tage, in denen Goldreserven aus währungspolitischen Gründen gehalten werden, für die meisten Marktbeobachter der Neunziger gezählt. Gold, das über Jahrhunderte und Jahrtausende, seit dem 6. Jahrhundert vor Christus und den ersten griechischen Goldmünzen, eine essenzielle monetäre Rolle einnahm, galt plötzlich als antiquiert und nicht mehr zeitgemäß und von Medien und Bankern wurde das Zeitalter der reinen Fiat-Währung als endgültig eingeläutet erklärt. In gewisser Weise kann man die Goldreserven von heute als Überbleibsel der glorreichen Tage des internationalen Goldstandards zu Beginn des letzten Jahrhunderts sehen, als die Währungen noch über einen festen Wechselkurs an Gold gebunden waren, jederzeit in Gold eingetauscht werden konnten und eine »Politik des billigen Geldes« undenkbar gewesen wäre. Es lohnt also der Blick in die Vergangenheit.

Die Entwicklung des modernen Goldstandards geht auf das Jahr 1717 in England zurück und ist interessanterweise eher als zufällige Entwicklung zu werten, mit der man allein auf die Bedürfnisse und Anforderungen des Marktes einging. Damals stellte der berühmte Sir Isaac Newton in seiner Rolle als »*Master of the Mint*« fest, dass die englischen Silbermünzen nach China, Japan und Indien abflossen, weil dort eine Gold-Silber-Ratio zwischen 1:9 und 1:10 gängig war, während man in England für ein Pfund Gold ganze 15 Pfund Silber erhielt, und Händler diesen Unterschied für gewinnbringende Arbitragegeschäfte ausnutzten. In der Folge beschloss König George I., den Goldpreis abzuwerten, setzte einen Maximalpreis von 21 Schilling (£1.05) für einen *Guinea*, der damaligen offiziellen Goldkurantmünze[34] fest, und schuf damit mehr oder weniger unbewusst den Vorläufer eines ersten nationalen Goldstandards der Geschichte. Auch wenn die Einführung eines offiziellen Goldstandards noch mehr als 100 Jahre auf sich warten ließ, war der Grundstein gelegt, und in den kommenden Jahren lernte man, während man leidliche Erfahrungen mit Papiergeld machte, dass nur eine an Edelmetalle gekoppelte Währung wirklich stabil sein konnte und für die nötige Disziplin innerhalb der Notenbank sorgen konnte. Das englische Silber wurde jedoch weiterhin über die *East India Company* nach Indien verschifft, historische Quellen sprechen von mehr als 30 t jährlich, so dass in England Silbergeld allmählich jegliche Bedeutung verlor.

Im großen Rest der Welt dominierte zu dieser Zeit aber in der Tat Silber und nicht Gold den Zahlungsverkehr im Alltag und wurde auch von den meisten Regierungen als wichtigstes monetäres Metall angesehen. De facto sollte dies bis weit ins 19. Jahrhundert noch so bleiben und war auch der Grund, warum sich später viele Länder für einen reinen Silberstandard oder einen Bimetallstandard (also eine vollständig durch Gold und Silber gedeckte Währung mit einem festen Eintauschverhältnis) entschieden.

1819 waren die Engländer schließlich die Ersten, die einen offiziellen Goldstandard einführten, bei dem alles Papiergeld bei der Bank of England gegen Gold eingetauscht werden konnte, ohne dass dabei eine Mindestmenge für diesen Eintausch oder der Import oder Export von Gold reglementiert waren. Zusätzlich hatte man drei Jahre zuvor eine neue offizielle Goldkurrantmünze, den *Sovereign*, eingeführt, der den *Guinea* ablöste und für die nächsten 100 Jahre die Reservewährung der Welt werden sollte. All dies geschah, um nach den napoleonischen Kriegen wieder Ordnung und Disziplin in das Währungssystem des Landes zu bringen, welches stark unter den immensen Kriegsausgaben und der unkontrollierten Ausgabe von Papiergeld gelitten hatte und deutlich inflationiert war.

---

[34] Kurrantmünzen sind Münzen, die vollständig durch den Metallwert gedeckt sind.

Wenige Jahrzehnte später, 1865, schlossen sich die Länder Frankreich, Belgien, Italien, Schweiz (später auch noch Griechenland) zur Lateinischen Münzunion zusammen und setzten sich für einen Bimetallstandard mit einer Gold-Silber-Ratio von 15,5:1 ein. Auch die USA befand sich bis ins Jahr 1900 unter einem solchen Bimetallstandard. Doch das Experiment war trotz vieler vehementer Befürworter vor allem in den USA und den Niederlanden (letztere wechselten zeitweise sogar entgegen dem allgemeinen Trend zu einem Silberstandard) schlussendlich zum Scheitern verurteilt, was nicht zuletzt an der britischen Vormachtstellung zu dieser Zeit lag.

Seit 1853 wurden in den USA keine neuen Silbermünzen mehr geprägt und auch in Europa hatten die meisten Länder die Prägung weitestgehend eingestellt und ihr Silber nach Indien gewinnbringend verkauft. Deutschland, das nach dem siegreichen Ende des Deutsch-Französischen Krieges seine Silberreserven effektiv gegen Gold eintauschen wollte, versuchte dafür die französische Gold-Silber-Parität auszunutzen, was wiederum dazu führte, dass die Franzosen die Ausgabe von neuen Silbermünzen drastisch einschränkten und die Einlösbarkeit von Silber nicht länger garantierten (um ihre Rivalen nicht zu unterstützen), und damit in der gesamten Lateinischen Münzunion eine Kettenreaktion auslösten.

In der Mitte des 19. Jahrhunderts kam es aber auch in Hinsicht auf das gesamte Goldangebot mit den Entdeckungen in Kalifornien, Südafrika und Australien zu einer Revolution, die die jährliche Produktion um ein Vielfaches ansteigen ließ und einen internationalen Goldstandard überhaupt erst praktisch realisierbar machte. Während das Gold aus den britischen Kolonien dazu verwendet wurde, das wachsende Imperium mit Münzen zu versorgen, und vor allem auch Frankreich jährlich *Napoléons* im Bereich von 150-200 t ausmünzte und so das dramatisch ansteigende Goldangebot entgegen aller Erwartungen aufgesogen werden konnte, kam es auf dem Silbermarkt zu einem Überangebot, für das es keine Verwendung mehr gab, und das einen Teufelskreis einläutete, der die Gold-Silber-Ratio immer weiter ausweiten ließ, weil mit fallenden Silberpreisen die ohnehin schon abnehmende Bedeutung gänzlich wegfiel. Kurzzeitig versuchte die US-Regierung, über den Kauf von großen Mengen Silber die Bimetall-Parität aufrechtzuerhalten, aber das führte zu einem Anstieg des Silberpreises über den offiziellen Wechselkurs und Spekulanten tauschten ihre gehorteten Silberpositionen gegen Gold ein. Unter Präsident William McKinley waren die USA im Jahr 1900 schließlich mit die letzten, die zu einem reinen Goldstandard übergingen und den Wert eines Dollar auf 0,054 oz. Gold festlegten.

Zwischen 1900 und 1914 herrschte in nahezu der gesamten westlichen Welt ein echter Goldstandard, mit dem Sterling als Reservewährung. Besonders bemerkenswert ist in diesem Zusammenhang, dass die Zentralbanken dieser Zeit (und deren Vorläuferinstitutionen) auf internationaler Ebene zusammenarbeiteten, um den Goldstandard aufrechtzuerhalten. Die Franzosen liehen den Engländern Gold, wenn dort die Goldparität absehbar gefährdet wurde oder kauften notfalls Sterlingnoten. Genauso sprang die Reichsbank oder die russische Regierung ein, um der Bank of England in Fällen von extremer Verknappung unter die Arme zu greifen. Auch zwischen England und den USA kam es im Bedarfsfall zu einem regen gegenseitigen Geben und Nehmen von Gold. In puncto Reserven kam man aber noch lange nicht an die Zahlen der jüngsten Vergangenheit heran. 1900 befanden sich gerade einmal 3.200 t Gold unter der Kontrolle der Regierungen, denn der Großteil des Goldes befand sich zu dieser Zeit noch als Münzen im Umlauf. Auch wenn es im Nachhinein als reichlich naiv eingeschätzt werden muss, ging man davon aus, dass eine Reservehaltung nicht notwendig sei, da die anderen Länder im Falle eines Engpasses jederzeit einspringen würden, und ganz generell war der Goldstandard dieser Zeit vielmehr ein Münzstandard und man sah die spärlichen Goldreserven[35] dieser Zeit eher als Notration im Falle einer Münzverknappung.

Mit Beginn des 1. Weltkrieges 1914 kam es zu einem jähen Ende des Goldstandards. Bis auf England[36] und den USA gaben alle Nationen den Goldstandard auf und riefen die Goldmünzen im Umlauf zurück, weil Banken und Bürger gleichermaßen panikartig ihre Geldscheine gegen Gold einwechseln wollten und bereits nach wenigen Tagen nach Kriegsbeginn deutlich wurde, dass ein Goldstandard auf die Dauer nicht aufrechtzuerhalten wäre. Zudem brauchte man das Gold für die immensen

35 Bank of England verfügte zum Ausbruch des 1. Weltkrieges gerade einmal über Reserven in Höhe von 300 t Gold.

36 Wobei die Einlösbarkeit von Gold de facto äußerst stark reglementiert wurde; der Export und Import von Gold war verboten.

Kriegsausgaben. Stattdessen fing man an, vermehrt Papiergeld herauszugeben, was zu einer Abwertung der europäischen Währungen sorgte, während man in den USA an einem Goldstandard festgehalten hatte und bereits ab Juni 1919 das Goldembargo für ausgewählte Länder wieder aufhob.

Nach dem 1. Weltkrieg waren die Bemühungen der führenden Wirtschaftsnationen unverkennbar, zum Goldstandard zurückzukehren, um mehr Stabilität in die durch den Krieg arg gebeutelten Währungssysteme zu bringen. Doch das Europa der unmittelbaren Nachkriegsjahre war für eine so feine Abstimmung der Wechselkurse untereinander und gegenüber Gold noch nicht bereit und zudem hatte sich das Gewicht stark in Richtung der Vereinigten Staaten verlagert, die mittlerweile 54% der gesamten Goldreserven hielten. 1922 wurde deswegen auf der Konferenz von Genua ein Golddevisenstandard beschlossen. Dieser ermöglichte es von da ab, neben Gold auch goldgedeckte Dollar und britische Pfund als Reserven zu halten – was folgenschwere Entwicklungen nach sich zog.

Bis 1925 hatte sich der Dollar-Sterling-Wechselkurs so weit erholt, dass man in England erneut zu einem echten Goldstandard zurückkehren konnte. 1930 befanden sich wieder 34 Länder unter einem Goldstandard, zumindest in Hinblick auf einen festen Goldpreis in der Landeswährung. Doch die Währungsdisziplin der Vergangenheit war verloren, und von einem einheitlichen Goldstandard, bei dem auf internationaler Ebene mit Hilfe zu rechnen war, konnte ebenfalls nicht die Rede sein. Während in der USA, Mexico, Japan, den Niederlanden und Thailand noch ein klassischer Goldstandard vertreten war, hatten sich viele Länder (wie etwa England, Dänemark, Indien, Frankreich) für ein Modell entschieden, bei dem Banknoten erst ab einem Standardbarren (also 400 oz.) gegen Gold einlösbar waren, eine Neuprägung und Ausgabe von Goldmünzen hielt man hingegen für veraltet und lagerte das Gold stattdessen als Deckung bei den Zentralbanken ein. Der große Rest der Nationen vertraute jedoch auf einen reinen Devisenstandard und hielt demzufolge selber keine nennenswerten Goldreserven, sondern allein Reserven in Währungen, die jederzeit gegen Gold eingetauscht werden konnten.

Durch eine unkontrollierte Ausgabe von Papiergeld hatten viele Währungen Ende der zwanziger Jahre jedoch massiv an Kaufkraft verloren und in den folgenden Jahren kam es zu einem weltweiten, inflationären Boom. Dieser fand mit dem Platzen der Aktienblase im Jahr 1929 an der Wallstreet ein jähes Ende. Die US Aktienmärkte stürzten ins Bodenlose, nur Gold hielt sich gut, was wiederum ein Begehren nach Werthaltigkeit auslöste.

Viele Länder und Banken entschieden sich deswegen, ihre Devisenreserven, hauptsächlich noch in Sterling gehalten, in Gold einzulösen. Im August 1931 war die Bank of England jedoch aufgrund der Krise gezwungen, sich von einem festen Goldwechselkurs zu verabschieden und damit gab man den Goldstandard und die Vormachtstellung im internationalen Währungssystem endgültig auf. Bis auf Kanada schloss sich der gesamte Commonwealth dieser Entscheidung an. Länder, die ihre Reserven in Sterling hielten, sahen sich plötzlich einem massiv gefallenen Wechselkurs gegenüber, und damit waren de facto auch ihre Goldreserven deutlich entwertet worden.

Die USA hielt jedoch vorerst an ihrem festen Wechselkurs von 20,67 $ pro Unze fest, weswegen viele europäische Nationen versuchten, ihre Dollar-Reserven panikartig gegen Gold einzulösen, weil man Angst vor einem ähnlich abrupten Ende des Goldstandards wie in England hatte. Die Bedenken kamen nicht von ungefähr, denn die Lage in den USA war ähnlich verzweifelt wie in Europa. Die Nation war aufgrund der Krise vollkommen demoralisiert, die Arbeitslosenquoten schienen stetig anzusteigen und eine Bankenpleite jagte die nächste, was viele Spekulanten, aber auch große Teile der Bevölkerung dazu bewegte, ihre Dollars in Gold einzulösen. Um eine weitere Flucht aus dem Papiergeld in Gold zu vermeiden, verbot US Präsident Franklin D. Roosevelt mit als seine erste Amtshandlung Anfang April 1933 unter Androhung von Strafe den privaten Besitz von Gold und zwang alle US-Bürger, ihr Gold an die Regierung zu verkaufen. Um dem eskalierenden Abfluss von Gold nach Europa, vor allem nach Frankreich und den Niederlanden, einen Riegel vorzuschieben, entschied sich Roosevelt für eine Abkehr vom Goldstandard und der feste Wechselkurs wurde am 20. April 1933 aufgegeben. Während einer kurzen Phase danach wurde der Preis vom freien Markt festgelegt, ab Oktober ging man zu einem täglichen offiziellen Fixing über und am 31. Januar 1934 wurde der Goldpreis schließlich über den »*Gold Reserve Act*« auf 35 USD festgesetzt. Effektiv befand man sich damit wieder unter einem Goldstandard, auch wenn der Dollar nunmehr nur noch von Zentralbanken und Regierungen in Gold zum festen Wechselkurs eingelöst werden konnte, Gold hingegen konnte jederzeit und ohne solche Einschränkungen gegen Dollar eingewechselt werden. Diese Entscheidung, zusammen mit der effektiven Abwertung des Dollars, führte dazu, dass der Goldstrom umgekehrt wurde, denn plötzlich witterten die europäischen Spekulanten Arbitragegewinne. Nachdem die europäischen Goldstandardländer in der Folge zusehen mussten, wie ihr Gold mit dramatischer Geschwindigkeit in die neue Welt abwanderte, versuchte man ebenfalls die Währungen abzuwerten, den Privatbesitz von Gold zu verbieten und den Export zu reglementieren, aber dennoch stiegen die Goldreserven der USA bis Anfang des Krieges 1939 auf 15.679 t an.

Nach Beginn des 2. Weltkrieges wuchsen die Goldbestände der USA weiter an (während in Europa mit Ausnahme der Schweiz[37] der Goldstandard offiziell Geschichte war). Ursache hierfür waren diesmal in erster Linie Waffenkäufe durch das Ausland, deren Zahlungen vorwiegend gegen Gold abgewickelt wurden. Nach dem Krieg verkauften dann viele europäischen Zentralbanken, was noch von ihren Goldreserven übrig geblieben war, um die völlig zerstörte Wirtschaft wieder aufzubauen, und auch dieses Gold floss über den großen Teich, weswegen 1949 der historische Höchststand der US-Goldreserven von 22.000 t erreicht wurde.

Im Jahr 1944 wurde auf der Konferenz von Bretton Woods eine Neuordnung der Finanzwelt beschlossen. Der Dollar wurde zur Leitwährung gemacht, der Wert gegenüber Gold auf 35 USD je Unze festgelegt, während zu den anderen Währungen über eine aktive Geldpolitik ein fester Wechselkurs aufrechterhalten werden sollte. Gleichzeitig verpflichtete sich die US-amerikanische Zentralbank, die Dollar-Devisenreserven der Mitgliederstaaten jederzeit in Gold umzutauschen. Zur Überwachung und Stabilisierung dieses internationalen Golddevisenstandards wurde der Internationale Währungsfond (IWF) ins Leben gerufen. Dieses System funktionierte solange gut, wie die USA keine größeren Außenhandelsdefizite vorzuweisen hatte, sollte aber bereits 20 Jahre nach seiner

[37] Wobei auch in der Schweiz in den Kriegsjahren Transaktionen mit dem Ausland verboten waren und nur von einem inländischen Goldstandard die Rede sein kann.

Einführung auf die erste Zerreißprobe gestellt werden. In der Zwischenzeit erholte sich die Wirtschaftslage in Europa langsam und man fing an, sich auf die alten, goldenen Werte zurückzubesinnen. Ab den 1950ern begannen die europäischen Zentralbanken wieder Gold zu kaufen und ihre Reserven massiv aufzustocken, was sicherlich auch daran lag, dass man sich nicht vollständig von den USA abhängig machen wollte. Deutschland, das nach dem Krieg noch bis 1950 über keine eigenen Goldreserven verfügte, hatte bis 1965 (dank des Wirtschaftswunders) eine Position von fast 4.000 t Gold aufbauen können, während die Reserven der US-Regierung um 9.500 t, seit ihrem Allzeithoch 1949, einbrachen. Dieses weltweite Bestreben nach einer Erhöhung der Goldreserven hielt bis Mitte der sechziger Jahre des letzten Jahrhunderts an und 1966 wurde mit über 38.300 t der absolute Höhepunkt der internationalen Goldreserven erreicht. Gleichzeitig wurde auch seitens der Investoren, Kleinanleger und Schmuckproduzenten immer mehr Gold nachgefragt und das Bretton-Woods-System an seine Grenzen gebracht. Die Bank of England war zu dieser Zeit immer noch Zentrum des internationalen Goldhandels und hatte sich gegenüber der FED verpflichtet, durch Goldverkäufe, gespeist aus den Reserven der USA, den Goldpreis auf 35 USD zu drücken. Um diesen Goldpreis in Anbetracht der steigenden privaten Nachfrage weiter aufrechterhalten zu können, wurde 1961 von den führenden westlichen Mächten der *Gold Pool* eingerichtet, um mit vereinten Kräften über die Bank of England stetig weiter Gold verkaufen zu können. 1965 entschloss sich Präsident de Gaulle, der seit jeher ein starker Befürworter des gelben Metalls war, dafür die französischen Dollarbestände, die sich infolge des Handelsbilanzüberschusses angehäuft hatten, in Gold auszahlen zu lassen, was schließlich der Anfang vom Ende des *Gold Pools* bedeutete. Der Vietnam Krieg, der die Möglichkeiten der US-Volkswirtschaft bei weitem überstieg, ist dafür verantwortlich zu machen, dass der *Gold Pool* Anfang 1968 schließlich völlig zusammenbrach. Wie stark die Nachfrage nach Gold in Folge der Tet-Offensive in Vietnam war, illustrieren die Verkaufszahlen des Goldpools auf dramatische Weise, denn allein in den letzten vier Tagen mussten 778 t Gold eingeschossen werden, um den offiziellen Preis noch halten zu können. Am 15. März veranlasste die Queen schließlich auf Drängen der US-Amerikaner einen Bankfeiertag und für die nächsten zwei Wochen blieben die Märkte geschlossen.

Ende März 1968 wurde dann der *Gold Pool* abgeschafft und der Tier-2-Goldmarkt[38] eingeführt und die Trennung zwischen dem freien Markt und dem offiziellen Sektor vollzogen. Von da an war der Goldpreis nur noch auf Regierungsebene auf 35 USD festgesetzt, doch auch diese Lösung sollte nur von kurzer Dauer sein. Der kalte Krieg und die insgesamt unsichere politische Lage sorgten schlussendlich dafür, dass immer mehr Länder anfingen, ihre Dollarreserven gegen Gold einzutauschen und schamlos die Einlöse-Garantie der USA nach dem Beschluss von Bretton Woods auszunützen, um ihre Zahlungsbilanzdefizitn abzubauen. Doch nachdem sich die Goldreserven der USA dramatisch verringerten, zog R. Nixon im August 1971 die Notbremse und beendete die Währungsdeckung des Dollars durch Gold und besiegelte somit das Ende des Golddevisenstandards. Damit blieb nur noch die Schweiz als letztes Land mit einem offiziellen Goldstandard übrig.

Jahr	Goldbestände	Jahr	Goldbestände
1950-1959	33.000t	1980-1989	35.700t
1960-1969	37.100t	1990-1999	34.600t
1970-1979	36.500t	2000-2009	31.200t

Tabelle 9.1: Mittlere Weltgoldbestände der Zentralbanken Quelle: silberinfo

Der Glaube an die Funktion der neugeschaffenen Währungsdeckung durch einen reinen Devisenstandard führte zu zahlreichen Goldverkäufen einiger Notenbanken in den siebziger und achtziger Jahren. Nach dem Ende des kalten Krieges beschleunigte sich dieser Trend und fand in den 90er Jahren des letzten Jahrhunderts seinen Höhepunkt. Unter der Federführung von Belgien und der Niederlande, die große Teile ihrer beachtlichen Reserven verkauften, beschleunigte sich die Abwärtsspirale des Goldpreises.

Das Fass zum Überlaufen brachte die Ankündigung des Schweizer Bundesrates vom 17.3.1997, die Frage der Golddeckung der Schweiz neu zu klären. Dies führte zu einem weiteren Vertrauensverlust in das gelbe Metall und in den kommenden Monaten unterschritt der Goldpreis erstmals seit 1985 die Marke von 300 USD je Feinunze. Im Mai 1999 kündigte die

[38] Zweistufiger Goldmarkt

Bank von England an, 395 t Gold zu verkaufen – der Goldpreis fiel am 20. Juli 1999 bis auf 252,80 USD im *London Fixing*.

Das Überangebot durch die Verkäufe der Notenbanken ist nicht der einzige Grund für die schwachen Goldpreise der neunziger Jahre. Gold korreliert positiv mit dem Ölpreis und so spielte der Rückgang des Rohölpreises im Dezember 1998 genauso eine Rolle wie die boomenden Aktienmärkte zu dieser Zeit, die zu einer weltweiten Portfolio-Umstrukturierung führten. War es in achtziger Jahren noch gang und gäbe, 5–10 % der Geldanlagen in Gold zu halten, ging die Tendenz durch den Aktienboom in Richtung null.

Ein weiterer Verfall des Goldpreises konnte nicht im Interesse der Notenbanken sein und deshalb kam es zum Abschluss des ersten Central Bank Gold Agreements (Abk. CBGA) vom 26. September 1999.

Zu den Unterzeichnern gehörten:
Schweizerische Nationalbank, Bank of England, Europäische Zentralbank, Österreichische Nationalbank, Deutsche Bundesbank, Banque Nationale de Belgique, Suomen Pankki, Banque de France, Central Bank of Ireland, Banca d'Italia, Banca centrale du Luxembourg, De Nederlandsche Bank, Sveriges Riksbank, Banco de Portugal, Banco de Espana.

In der gemeinsamen Erklärung von 15 Zentralbanken heißt es wörtlich:

1. Gold bleibt ein wichtiger Bestandteil der gesamten Weltwährungsreserven.
2. Die Unterzeichner-Institutionen werden, abgesehen von den bereits beschlossenen Verkäufen, nicht am Markt als Verkäufer auftreten.
3. Die bereits beschlossenen Goldverkäufe werden innerhalb der nächsten fünf Jahre im Rahmen eines abgestimmten Programms getätigt. Die jährlichen Verkäufe werden rund 400 t nicht übersteigen; das gesamte Verkaufsvolumen in diesem Zeitraum wird nicht über 2.000 t hinausgehen.
4. Die Unterzeichner dieser Vereinbarung sind übereingekommen, ihre Goldleihgeschäfte und den Einsatz von Goldfutures und -optionen innerhalb dieses Zeitraums nicht auszuweiten.
5. Diese Vereinbarung wird nach fünf Jahren überprüft. (Quelle: EZB)

Nach Bekanntwerden des Agreements stabilisierte sich der Goldpreis auf niedrigem Niveau; im April 2001 wurde der Tiefpunkt der langjährigen Abwärtsbewegung erreicht. Im Februar 2002 wurde dann die Marke von 300 USD überschritten, im Dezember 2003 wurde schließlich erstmals wieder 400 USD je Feinunze Gold geboten. Rückblickend kann mit gutem Gewissen die Feststellung getroffen werden, dass die Vereinbarung zur Stabilisierung des Goldmarktes beigetragen hat.

Land	1999-2000	2000-2001	2001-2002	2002-2003	2003-2004	Gesamt
Deutschland	0	12	11	6	6	35
Österreich	30	30	30	0	0	90
Portugal	0	0	0	90	35	125
Niederlande	100	27	9	39	60	235
Großbritannien	150	135	60	0	0	345
Schweiz	120	200	283	283	284	1170
Gesamt	400	404	393	418	385	2000

Tabelle 9.2: Goldverkäufe in Tonnen während des CBGA (1) Abkommen (Quelle: World Gold Council)

Das CBGA (1) Abkommen der Zentralbanken hatte eine Laufzeit von fünf Jahren und bereits am 8. März 2004 wurde die vorzeitige Verlängerung bekanntgegeben. Der Inhalt des CBGA (2) ist nahezu identisch, allerdings wurde das jährliche Verkaufsvolumen auf 500 t Gold erhöht, so dass innerhalb der Geltungsfrist von fünf Jahren insgesamt max. 2.500 t veräußert werden können. Das CBGA (2) Abkommen wurde wiederum von denselben Banken wie 1999 unterzeichnet, mit nur einer Veränderung: Die Bank of England gehörte nicht mehr dazu, dafür die Bank of Greece.

Außerhalb der beiden CBGAs kam es noch in diesem Zeitraum zu nennenswerten Goldverkäufen folgender Länder: Brasilien 109,3 t; Kanada 74 t; Uruguay 55,2 t; Chile 38 t; Norwegen 37 t; Malaysia 36,7 t; VAE 24,7 t; Indonesien 23,4 t; Philippinen 15 t.

Das CBGA (2), welches am 26. September 2009 auslief, wurde am 07.08.2009 durch die Zentralbanken des Eurosystems, der Schwedischen Riksbank und der Schweizerischen Nationalbank um weitere fünf Jahre verlängert. Die Gesamtmenge der Goldverkäufe wurde im CBGA (3) auf

Land	2004-2005	2005-2006	2006-2007	2007-2008	2008-Juni 2009	Gesamt
Deutschland	5,4	5,3	5,1	4,8	0,0	20,6
Belgien	30,0	0,0	0,0	0,0	0,0	30,0
Österreich	15,0	13,7	8,7	0,0	0,0	37,4
Schweden	15,0	10,0	10,0	10,0	9,6	54,6
Portugal	54,8	44,9	0,0	0,0	0,0	99,7
Niederlande	55,0	67,5	14,0	19,5	9,0	165,0
Spanien	30,0	62,5	149,3	0,0	0,0	241,8
EZB	47,0	57,0	60,0	72,0	35,5	271,5
Schweiz	130,0	0,0	113,0	137,0	0,0	380,0
Frankreich	115,0	134,8	115,1	115,0	77,0	556,9
Nicht bekannt			0,5	0,0	5,0	5,5
Gesamt	497,2	395,7	475,8	358,3	136,1	1863,0

Tabelle 9.3: Goldverkäufe in Tonnen während des CBGA (2) Abkommen (Quelle: World Gold Council)

2.000 t begrenzt und die jährlichen Veräußerungen dürfen die Marke von 400 t nicht übersteigen. (Mögliche Verkäufe des IWF sind bereits darin enthalten.)

Während die Zentralbanken in den letzten 20 Jahren einen großen Teil ihres Goldes sukzessive auf den Markt warfen, kauften die Investoren, die Kleinanleger und die Schmuckkunden dieser Welt stetig weiter Gold, was die Bedeutung der Weltgoldbestände in Regierungshänden deutlich schwinden ließ. Hielten die Notenbanken in den fünfziger Jahren des letzten Jahrhunderts noch ca. 70 % der gesamten verfügbaren Menge Gold, entsprechen die 29.698 t im Jahr 2009 nur noch einem Anteil von ca. 20 %.

Obwohl die Verkäufe der Zentralbanken in den letzten Jahrzehnten viel öffentliches Interesse geniert haben, den Goldpreis zeitweise stark unter Druck gesetzt haben und Anlass zu diversen Spekulationen gegeben haben, kam es in den vergangenen Jahren vereinzelt auch zu Käufen. Laut den offiziell verfügbaren Statistiken hält sich die Menge jedoch noch in Grenzen, wobei in gewisser Weise fraglich bleibt, ob tatsächlich alle Käufe erfasst wurden beziehungsweise gar von den potenziellen Käufern geheim

Ranking	Land / Organisation	Reserven (in Tonnen)
1.	USA	8.134
2.	Deutschland	3.402
3.	IWF	2.847
4.	Italien	2.452
5.	Frankreich	2.435
6.	China	1.054
7.	Schweiz	1.040
8.	Russland	775,2
9.	Japan	765
10.	Niederlande	613
11.	Indien	557,7
12.	EZB	501
13.	Taiwan	424
14.	Portugal	383
15.	Venezuela	363,9
16.	Saudi Arabien	363,9
17.	Großbritannien	310
18.	Libanon	287
19.	Spanien	282
20.	Österreich	280
	Welt Gesamt:	29.698

Tabelle 9.4: Goldreserven Stand: Dezember 2010

(Quelle: World Gold Council)

gehalten wurden. Dass diese Vermutung nicht ganz von der Hand zu weisen ist, belegt die Tatsache, dass China im April 2009 völlig überraschend die Reserven um 454 Tonnen höher auswies als noch in der letzten bekannten Statistik von 2003.

Eine weitere interessante Episode lieferte Saudi Arabien: Im Juni 2010 wies das arabische Königreich plötzlich seine Goldreserven um 180 t höher aus. Laut offiziellen Angaben handelte es sich dabei aber nur um eine Restrukturierung von bereits vorhandenen Konten – das Gold wurde also schon zu einem früheren Zeitpunkt erworben.

Land	Menge	Land	Menge	Land	Menge
China	659	Venezuela	49,8	Serbien	13,1
Russland	214,6	Argentinien	44,4	Katar	11,8
Indien	200	Weißrussland	35,1	Japan	11,7
Saudi Arabien	180	Kasachstan	14,4	Thailand	11,4
Singapur	127,4	Ukraine	14,1	Bangladesch	10,2

Tabelle 9.5: Golderwerb von Zentralbanken in Tonnen seit 2000 (ab 10t) (Quelle: World Gold Council)

Die Geschicke von Gold und Währungen liegen seit jeher vornehmlich in Regierungshand, trotzdem hat die jüngere Vergangenheit auch einige Organisationen hervorgebracht, die ebenfalls großen Einfluss auf das internationale Währungssystem ausüben. Zwei dieser Institutionen, die auch über einen eigenen Goldbestand verfügen, sollen in der Folge vorgestellt werden, weil auch von dieser Seite in Zukunft zusätzliches Gold auf den Markt geworfen werden könnte.

Bank für Internationalen Zahlungsausgleich (BIZ)

Die 1930 im schweizerischen Basel gegründete Bank für Internationalen Zahlungsausgleich ist die älteste internationale Finanzorganisation der Welt. Ursprünglich sollte die BIZ im Kontext des *Young Plans* die deutschen Reparationszahlungen sicherstellen[39], entwickelte sich allerdings schnell zu einem wichtigen Treuhänder bei internationalen Zahlungsgeschäften, nachdem bereits 1931 die Reparationszahlungen eingestellt wurden. Während des 2. Weltkrieges wickelte die BIZ unter anderem auch einen Großteil der Devisengeschäfte für die Nationalsozialisten ab und war auch in Teilen in Goldtransaktionen mit der Reichsbank involviert. Mittlerweile hat sich die BIZ zu einem Forum für die Präsidenten der Zentralbank und einer Forschungsstelle für Angelegenheiten des Weltwährungssystems entwickelt und setzt sich für eine internationale Währungsstabilität ein. Sie wird auch als »Zentralbank der Zentralbanken« gesehen. Seit jeher war die Bank auch eng mit dem Goldgeschäft verbunden und war wohl einer der letzten Organisationen, die in Gold bilanzierte, denn bis 2003 war noch der *Gold Franc*

[39] Obwohl die BIZ von Anfang an auch als ein institutionelles Forum für die zwischenstaatliche Kooperation in Währungsfragen vorgesehen war.

die offizielle Rechnungseinheit der BIZ. Bereits seit den 90er Jahren wurden jedoch die Goldbestände Zug um Zug abgebaut und gegenwärtig verfügt die BIZ noch über Goldreserven in Höhe von 125 t. Auf Grund dieser relativ geringen Menge ist ein nennenswerter Einfluss auf das Goldangebot auszuschließen.

Internationaler Währungsfonds (IWF)

Wesentlich anders sieht die Situation beim 1944 in Bretton Woods gegründeten Internationalen Währungsfond aus (engl. International Monetary Fund, IMF), der im Jahr 1946 seine Arbeit aufgenommen hatte. Um Mitglied zu werden muss jedes Land Gold, Dollar und eigene Währung nach einem festgelegten Quotenschlüssel einbringen. Die Summe all dieser Einlagen ergeben die Reserven des IWF. Neben den sich ständig verändernden Devisenreserven bildet Gold eine wesentliche Grundlage als Stabilitätskriterium des Währungssystems. Zum gegenwärtigen Zeitpunkt befinden sich nach Angaben des IWF 2.846,7 Tonnen in den Tresoren – dies sind 9,31 Prozent der gesamten offiziellen Goldreserven. Trotz zahlreicher Ankündigungen über bevorstehende Verkäufe in den letzten Jahren ist festzustellen, dass das letzte Gold in den Jahren 1976-1980 veräußert wurde (insgesamt 50 Millionen Unzen) und die IWF-Bestände seitdem unverändert blieben.

Im April 2009 wurde auf dem G20 Gipfel in London über einen Verkauf von 403,3 t durch den IWF beraten und die Möglichkeit der Veräußerung wurde im neuen CBGA (3) Abkommen berücksichtigt. Im Falle einer Umsetzung könnte es erstmals im neuen Jahrtausend zu Verkäufen durch den IWF kommen. Die verbleibende Menge von 2.814 t würde auf der Liste der größten Goldreserven der Welt aber weiterhin an dritter Stelle auftauchen. Diese Position entspricht mehr als einer Weltjahresproduktion aller Goldminen und ist somit groß genug, um auch künftig noch einen Einfluss auf das Marktgeschehen ausüben zu können.

Auch in Hinblick auf den restlichen offiziellen Sektor lässt sich feststellen, dass, solange Gold weiterhin eine monetäre Verwendung findet, eine Einflussnahme von Regierungen und Zentralbanken auf Angebot und Preis nicht ausgeschlossen werden kann. Was also die zukünftige Entwicklung des Goldpreises anbelangt, darf dieser Aspekt des Goldmarktes auf keinen Fall unbeobachtet bleiben.

simplified

10 Die Manipulation

»Ein Quentlein Gold wiegt mehr als ein Zentner Recht.«

Deutsches Sprichwort

Seit vielen Jahren schon gehen Gerüchte umher, dass der Goldpreis manipuliert wird – von Regierungen, Zentralbanken, Bullionbanken und sogar von Minenunternehmen. Aus den Gerüchten kristallisierten sich langsam Fakten und fundierte Vermutungen heraus und darüber wurden mittlerweile eine Unzahl von Artikeln, Aufsätzen und sogar Bücher geschrieben. In den USA gibt es sogar eine Vereinigung, das *Gold Anti-Trust Action Committee* (GATA), die sich allein der Aufklärung über die Manipulation des Goldmarktes gewidmet hat und auf diesem Gebiet Pionierarbeit leistet. Mitglieder und Unterstützer sind renommierte Analysten, Goldhändler, Rechtsanwälte und dergleichen und allesamt verfolgen sie das Ziel, der Manipulation ein Ende zu setzen, um das gelbe Metall in einen wirklich freien Markt zu führen. Für großes Aufsehen sorgte auch ein Buch, das von einem ehemaligen Direktor der (für den Goldhandel berühmtem) Rothschild Bank geschrieben wurde – die Rede ist von »Die Gold-Verschwörung« von Ferdinand Lips.

Manipulation ist ein bedeutungsschwangeres Wort und leicht wird man in die Ecke der Verschwörungstheoretiker gedrängt. Oftmals bekommt man auch zu hören, dass Manipulationsbeschuldigungen im Grunde nur Ausdruck von nicht gänzlich verstandenen Verlusten enttäuschter Anleger sind, die verzweifelt einen Sündenbock suchen. Auf dem Goldmarkt stellt sich die Situation allerdings etwas anders dar. Besonders einsichtig ist vielleicht der Weg über die Geschichte von Gold. Bis 1971, als von Nixon das Goldfenster geschlossen wurde und der Dollar von da an nicht mehr gegen Gold eintauschbar war, griff der Staat noch ganz offiziell in die Preisgebung ein. Der Preis war bis zuletzt auf 35 $ festgesetzt und es wurde kein Geheimnis daraus gemacht, dass die Zentralbanken Gold verkauften, um diesen Preis dauerhaft halten zu können.

Seitdem hat sich auf dem Goldmarkt zweifelsohne viel getan. In den meisten Ländern dieser Welt ist mittlerweile der Besitz von Gold auch zu Anlagezwecken erlaubt, der Preis wird nicht mehr von den Regierungen, sondern vom Markt bestimmt, und der Handel mit Gold ist weitestgehend weltweit möglich und wird nur noch in Einzelfällen eingeschränkt – dennoch sprechen viele Experten immer noch von einer Einflussnahme der Regierungen. Mit einem der führenden Experten konnte ich mich während der Recherchearbeiten für dieses Buch im Juni 2009 unterhalten. Das daraus entstandene Interview ist in der Folge abgedruckt und soll einen ersten Überblick über die Manipulationsproblematik geben.

James Turk, der ebenfalls viele Aufsätze für GATA geschrieben hat, ist über seine eigentliche Arbeit, der Leitung eines Gold-Anlageprogramms (www.goldmoney.com), eng mit dem Goldmarkt vertraut und bringt seit 1987 seinen eigenen Börsenbrief heraus.

***Norman Schwarze:** Glauben Sie, dass der Goldpreis manipuliert wird, und wenn ja, gibt es für besagte Manipulation irgendwelche eindeutigen Beweise?*

James Turk: Es gibt dafür mehr Beweise, als mir lieb sind. Die Regierungen haben es sich zum Ziel gemacht, den Goldpreis so tief wie möglich zu drücken, und in einem gewissen Ausmaß haben sie ihr Ziel auch erreicht. Wäre dies ein freier Markt, ohne von den Regierungen in Fesseln gehalten zu werden, dann stünde der Goldpreis heute viel höher.
Der erste eindeutige Beweis für die Absichten der Regierungen ist inzwischen schon mehr als zehn Jahre alt. Im Juli 1998 machte Alan Greenspan, der damalige Vorsitzende der US-Notenbank, vor dem Kongress folgende Aussage: »Sollte der Preis weiter steigen, sind die Zentralbanken darauf vorbereitet, Gold auch in größeren Mengen zu leasen[40]«. Der

[40] engl. to lease = vermieten, verpachten

Ausdruck »leasen« heißt nichts anderes, als dass die Zentralbanken ihr Gold aus den Tresoren entnehmen, um es an Bullionbanken zu verleihen, denen sozusagen die Rolle als Zwischenhändler bei diesen Regierungsinterventionen zukommt.
Seit diesem Vorfall haben viele Analysten Nachforschungen angestellt und viele weitere Beweise für das erklärte Ziel von Herrn Greenspan geliefert, nämlich dass die Regierungen versuchen, dem Preis einen Deckel aufzusetzen.
All diese Beweise wurden vom *Gold Anti-Trust Action Committee* zusammengestellt und an die breite Öffentlichkeit getragen. Sie finden das alles frei-zugänglich auf www.gata.org.[41] GATA ist eine Non-Profit Organisation, die sich für einen freien Goldmarkt einsetzen, einen Markt ohne die Einmischungen der Regierungen.

***Norman Schwarze:** Wer profitiert von dieser Manipulation des Goldpreises und wie genau?*

James Turk: Die Regierungen profitieren davon, insbesondere die US-Regierung, weil der US-Dollar die Reservewährung dieser Welt ist. Der Goldpreis ist in gewisser Weise ein Barometer dafür, ob die Regierungen verantwortungsbewusst mit ihrer Landeswährung umgehen. Ein steigender Goldpreis heißt nichts anderes, als dass die Kaufkraft der Währung inflationiert wird. Also indem der Goldpreis niedrig gehalten wird, versuchen die Regierungen diese inflationären Abnutzungserscheinungen herunterzuspielen, die ganz offensichtlich die Kaufkraft der Landeswährung reduziert.

***Norman Schwarze:** Die Zentralbanken haben über die letzten Jahrzehnte Unmengen an Gold verkauft. Egal ob man das jetzt schlichtweg unvernünftig, Preiskontrolle oder, noch viel direkter, Manipulation nennen will, bleibt dennoch die Frage, ob die Zentralbanken und die Regierungen vielleicht noch eine weitere, verdeckte Rolle bei dieser mutmaßlichen Manipulation des Goldpreises spielen?*

---

[41] in Englischer Sprache

James Turk: Ja, durchaus. Während der Abverkauf der Goldbestände für alle sichtbar war, haben sie auch auf eine weit weniger sichtbare Weise in das Marktgeschehen eingegriffen. Die Zentralbanken »leasen« ihr Gold. Da Gold auch Geld ist, sollte man wohl eher von »verleihen« sprechen.

Zum Beispiel taucht in der Bilanz der Deutschen Bundesbank «Gold und Goldforderungen« als nur eine einzige Position auf, womit nichts anderes ausgedrückt wird, als dass Gold in ihren Tresoren und verliehenes Gold ein und dasselbe sein sollen. Aber diese Behauptung ist doch vollkommen absurd, weil dann wären ja auch Barmittel und Außenstände das Gleiche, und wir alle wissen, dass diese beiden Positionen in jedem Jahresbericht getrennt aufgeführt werden, weil alles andere ein eindeutiger Verstoß gegen eine ordnungsgemäße Bilanzierung darstellen würde. Aber das führt uns zu einer interessanten Frage. Warum erstellt die Bundesbank ihre Geschäftsberichte nicht entlang der »Grundsätze für ordnungsgemäße Buchführung« (GoB), indem sie das Gold in ihren Tresoren und ihre Goldforderung als zwei verschiedene Aktivposten behandelt und damit auch der unterschiedliche Status und die grundverschiedenen Risiken richtig wiedergegeben werden?

Es geht hier nicht nur um die Frage der Offenlegungspflicht in Bezug auf alle Transaktionen am Goldmarkt, sondern auch um einen direkten Konflikt mit dem geltenden Recht. In Paragraph 26 (2) des Bundesbankgesetzes, der den Jahresabschluss der Bundesbank regelt, heißt es: »§26(2) Das Rechnungswesen der Deutschen Bundesbank hat den Grundsätzen ordnungsmäßiger Buchführung zu entsprechen." Also scheint die Bilanzierung der Bundesbank ganz eindeutig nicht den Anforderungen von Paragraph 26 (2) des Bundesbankgesetzes gerecht zu werden.

Ein Freund von mir hat die Bundesbank vor Jahren auf diese offensichtliche Verletzung des deutschen Gesetzes angesprochen. Ihre Antwort darauf war, dass sie sich nur dann nach dem deutschen Gesetz richten, wenn es nicht in Konflikt mit den Regulierungen des IWFs gerät, und die IWF-Statuten schreiben den Zentralbanken vor, Gold und Goldforderung als einen Posten zu behandeln. Also können die Goldbestände der Bundesbank nicht entlang der GoB ausgewiesen werden.

Die Bundesbank steht hiermit allerdings nicht alleine da. Mit nur ganz wenigen Ausnahmen findet in den Jahresberichten der allermeisten Zentralbanken der gleiche Schwindel statt.

Norman Schwarze: *Offiziellen Angaben zufolge belaufen sich die Goldreserven der Zentralbanken dieser Welt auf 29.698 t. Stimmen diese Zahlen?*

James Turk: Die Zahlen stimmen zwar, aber damit werden keine »Goldreserven« ausgewiesen. Per Definition sind Reserven Gold, welches die Zentralbanken in ihren Tresoren in Reserve halten, damit es bei Bedarf sofort zur Verfügung steht.
Weil sie ihre Jahresberichte aber nicht im Einklang mit der GoB erstellen, wissen wir gar nicht genau, wie viel Gold sich den Tresoren der Zentralbanken befindet, aber die meisten Schätzungen in den Analysen, die von GATA publiziert wurden, gehen davon aus, dass sich die wahren Goldreserven nur auf 15.000 t oder weniger belaufen. Der Differenzbetrag sind die Goldforderungen der Zentralbanken. Dieses Gold, das sich einstmals als Reserve in den Tresoren befand, wurde verliehen und von den Regierungen für ihre Interventionen herangezogen.

Norman Schwarze: *Während viele europäische Länder immer weiter Gold verkauft haben, liegt es schon eine ganze Zeit zurück, dass die USA den Markt auf der Verkäuferseite betreten hat. Die letzten signifikanten Verkäufe gehen auf das Jahr 1979 zurück. Gibt es einen Grund, warum die USA inaktiv war?*

James Turk: Ein altes Sprichwort besagt, Geld ist Macht, und über die Zeitalter hinweg hat sich gezeigt, dass Gold das mächtigste aller Gelder ist. Die US-Regierung hat es geschafft, ihre Goldreserven zu behalten und damit auch die Macht des Goldes, während sie die kanadische Zentralbank und viele europäische Zentralbanken davon überzeugt hat (das Wort »hintergangen« würde wohl weit besser beschreiben, was eigentlich passiert ist), ihr Gold als Teil des großen Plans, den Goldpreis nach oben zu deckeln, zu verkaufen.

Aber von einigen Analysten wird auch ein anderer Grund angegeben. So sind einige der Meinung, dass Fort Knox, wo die Goldreserven der USA eingelagert sind, komplett leer ist, weil das ganze Gold bereits durch heimliche Marktinterventionen in den 1960er aufgebraucht wurde, als das Bretton Woods Abkommen langsam begann, in die Brüche zu gehen.

Norman Schwarze: *Nun könnte man natürlich argumentieren (und vielleicht denken die Zentralbanken und Regierungen ja genauso), dass, indem man den Preis von Gold kontrolliert, nur eine einzige Anlageklasse manipuliert wird, während der große Rest des Finanzsystems am Laufen gehalten werden kann. Was halten Sie von diesem Argument?*

James Turk: Dem kann ich nicht zustimmen. Wenn man das Thermometer zerbricht, wie soll man dann die Temperatur ablesen? Indem der Preis gedrückt wird, zerbricht die Regierung aber das Thermometer.
Gold ist der Maßstab, an dem die Kaufkraft einer Währung gemessen werden kann. Wenn also das Thermometer nicht mehr richtig funktioniert, weil die Regierung sich eingemischt hat, können die Leute nicht mehr richtig feststellen, wie stark die Kaufkraft ihrer Landeswährung durch die Inflation (und andere Wertminderung der Währung) abnimmt.
Auch Folgendes ist zu bedenken: Wenn der Goldpreis auf einem freien Markt bestimmt würde, dann wäre er vielleicht schon viel früher in diesem Jahrzehnt über die Marke von 1.000 USD gestiegen. Die Inflationsgefahr, die durch diese hohen Preise offensichtlich geworden wäre, hätte Herrn Greenspan daran gehindert, die Zinssätze auf 1% herunterzusetzen, was, wie wir mittlerweile wissen, die Immobilienblase und den darauffolgenden Finanzkollaps 2008 verursacht hat. Wenn der Goldmarkt über das letzte Jahrzehnt frei gewesen wäre, dann würde die Welt vielleicht ganz anders aussehen.
Man würde doch meinen, dass wir aus dem Zusammenbruch der Sowjetunion gelernt haben, dass eine zentralisierte Planung und eine Einmischung der Regierung in den freien Markt zum Scheitern verurteilt sind. Aber die *Apparatchiks* in den Zentralbanken und ihre

Kollegen in den Politbüros der Regierungen können bei ihrem Versuch, alles unter Kontrolle zu halten, einfach nicht aufhören zu planen und einzugreifen, womit der freie Markt in seiner Funktion gestört wird – zu unserer aller Schaden.

***Norman Schwarze:** Im Januar 2009 kam heraus, dass China seine Goldreserven um 454 t auf 1.054 t erhöht hat. Wie ist es möglich, dass ein Land, egal was sie von der Informierung der Öffentlichkeit halten, eine so große Menge Gold kaufen kann, ohne dass der Markt davon Notiz nimmt?*

James Turk: Die Mainstream-Presse mag das nicht bemerkt haben, aber viele Beobachter des Goldmarktes, einschließlich meiner Wenigkeit, behaupten schon seit sehr langer Zeit, dass China Gold anhäuft und wesentlich mehr besitzt, als sie berichten. Die Käufe von China haben ohne Zweifel dazu beigetragen, dass der Goldpreis in den letzten zehn Jahren ansteigen konnte. Der Goldpreis konnte im letzten Jahrzehnt gegenüber den wichtigen Währungen der Welt im Durchschnitt im zweistelligen Bereich ansteigen, also würde ich in der Tat sagen, dass der Goldmarkt davon Notiz genommen hat. Es ist vielleicht außerdem wichtig zu erwähnen, dass man den Goldpreis nicht am Steigen hindern konnte und stattdessen nur von einem gestaffelten Rückzug die Rede sein kann.

***Norman Schwarze:** Ich bin etwas zögerlich, weil diese Frage vielleicht etwas eigenartig klingen mag, aber hat die Goldpreismanipulation auch etwas Gutes für sich?*

James Turk: Ja, in der Tat. Indem der Goldpreis so unnatürlich niedrig gehalten wird, haben es die Regierungen den Menschen ermöglicht, Gold zu wesentlich tieferen Preisen anzuhäufen, als das ohne diese Eingriffe in das Marktgeschehen möglich gewesen wäre. Ich bin weit davon entfernt, ein Befürworter von diesen marktverzerrenden Einflussnahmen zu sein, aber weil der Preis auf künstliche Weise tief gehalten wurde, haben die Regierungen jedem Menschen, der im vergangenen Jahrzehnt Gold gekauft hat, einen großen Gefallen getan.

	USD	AUD	CAD	CNY	EUR	INR	JPY	CHF	GBP
2001	2,5%	11,3%	8,8%	2,5%	8,1%	5,8%	17,4%	5,0%	5,4%
2002	24,7%	13,5%	23,7%	24,8%	5,9%	24,0%	13,0%	3,9%	12,7%
2003	19,6%	-10,5%	-2,2%	19,5%	-0,5%	13,5%	7,9%	7,0%	7,9%
2004	5,2%	1,4%	-2,0%	5,2%	-2,1%	-0,0%	0,9%	-3,0%	-2,0%
2005	18,2%	25,6%	14,5%	15,2%	35,1%	22,8%	35,7%	36,2%	31,8%
2006	22,8%	14,4%	22,8%	18,8%	10,2%	20,5%	24,0%	13,9%	7,8%
2007	31,4%	18,6%	10,4%	23,0%	17,9%	17,5%	24,7%	21,5%	29,2%
2008	5,8%	32,5%	32,4%	-1,1%	11,9%	30,4%	-14,9%	0,2%	44,3%
Durchschnitt	16,3%	13,3%	13,6%	13,5%	10,8%	16,8%	13,6%	10,6%	17,1%

Tabelle 10.1: Jährlicher Anstieg des Goldpreises ausgewählter Währungen in Prozenten

Norman Schwarze: *Was denken Sie? Wird es jemals einen wirklich freien Goldmarkt geben, ohne die Einmischung von Regierungen und ohne eine Manipulation?*

James Turk: Die Antwort auf diese Frage wird nicht von der Regierung kommen, stattdessen müssen wir alle gemeinsam für eine Antwort sorgen. Wir entscheiden über die Zukunft und nicht die Regierungen, weil die Regierung am Ende den Willen des Volkes akzeptieren muss.

Die Regierungen haben seit 1971, als mit der Aufgabe des Goldstandards auch jegliche Währungsdisziplin aufgegeben wurde, so schlechte Arbeit geleistet, dass ich voller Hoffnung auf den Tag blicke, an dem die Menschen nach einer Veränderung rufen. So könnte gefordert werden, dass die Regierung das Währungssystem reformiert und wieder zu einer goldgedeckten Währung zurückkehrt, aber es gibt auch andere Alternativen. Die Menschen könnte genauso anfangen, Gold und Silber, sowohl Münzen als auch Barren beziehungsweise in einer etwas moderneren, digitalen Form, wieder für ihre Transaktionen zu verwenden.

Der Punkt ist, dass die Finanzkrise von 2008 und der darauffolgende Wirtschaftsabschwung wieder einmal gezeigt haben, dass eine solide Währung nötig ist, um eine intakte Wirtschaft aufzubauen. Diese gleiche Lektion mussten wir in unserer ganzen Geschichte immer wieder lernen: Gold und Silber – und nicht uneinlösbare Stückchen Papier – sind gutes (solides?!) Geld.

Mit diesen Worten endet das Interview, die Manipulationsproblematik wurde damit aber nur in den Grundzügen umrissen. Von einigen Autoren wurde sogar der Begriff des »Gold-Krieges« geprägt. Ein Krieg, der (mutmaßlich) von den Regierungen und Zentralbanken geführt wird, um den letzten großen Antagonisten der Fiat-Währung, das Gold, endgültig auf die Plätze zu verweisen. Unter der Regieführung der USA sollen vor allem die europäischen Zentralbanken dazu gebracht worden sein, alles in ihrer Macht stehende zu tun, um den Goldpreis auf einem möglichst niedrigen Niveau stabil zu halten. Während die Bullionbanken riesige Gewinne abschöpfen konnten und können, und so als nur allzu bereitwillige Mittäter ins Boot gelockt werden konnten, geht es den Regierungen und Notenbanken hauptsächlich um einen starken Dollar oder vielmehr um das Bild eines starken Dollars. Nichts legt die internationale Schwäche und die Inflationierung des US-Dollars so offen wie ein steigender Goldpreis, also gilt es diesen um jeden Preis zu verhindern, denn nur mit einem stabilen Dollar kann der US-Aktienmarkt florieren, und nur ein starker Dollar kann die US-Schuldenpolitik unterstützen. Drei Methoden, wie das erreicht werden kann, sollen in der Folge genauer unter die Lupe genommen.

Goldverkäufe der Zentralbanken

Auch wenn der offizielle Sektor bereits im Kapitel 9 intensiv besprochen wurde, soll an dieser Stelle darauf eingegangen werden, inwiefern zu Recht von manipulativen Absichten seitens der Zentralbanken ausgegangen werden kann, als sie sich entschieden, ihre Goldreserven zu veräußern. Dass die Zentralbanken große Mengen Gold verkauft haben, steht außer Frage, genauso wie vollkommen klar ist, dass diese Verkäufe Druck auf den Goldpreis ausgeübt haben. Jede verkaufte Zentralbanken-Unze ist eine Unze Gold mehr, die dem Markt angeboten wird, und das kann sich schlussendlich nur negativ auf den Preis auswirken. Ein Kritiker könnte behaupten, dass es sich bei diesen Verkäufen lediglich um das Abstoßen einer antiquierten Position handelt, was zwar zu einem Überangebot und damit fallenden Preisen geführt hat, aber keineswegs die Absicht hinter dieser Entscheidung war. Demgegenüber stehen allerdings beispielsweise die Aussagen der Bundesbank selbst, die im März 2006 folgende Pressemitteilung herausgab:

> *»[...] Gold stellt einen essenziellen Bestandteil der Währungsreserven der Bundesbank dar, der ihren Ansprüchen nach Sicherheit und Diversifizierung ihres Portfolios gerecht wird. Die Goldreserven haben eine vertrauens- und stabilitätssichernde Funktion für die gemeinsame Währung[...]«*

Es scheint also keineswegs so, dass Gold tatsächlich in die Vergangenheit gehört, sonst würde sich die Bundesbank, oder auch die FED nicht so vehement weigern, ihre Goldreserven zu veräußern. Wie in den Jahren zuvor, lehnte Bundesbankpräsident Welteke auch 2009 jegliche Vorschläge von Politikern ab, die Goldreserven der Bundesbank zu veräußern, und wies nicht zum ersten Mal darauf hin, dass dies in Anbetracht der aktuellen geo-politischen Lage als unvernünftig einzustufen sei.

Sicherlich besteht ein Unterschied zwischen einer Reservehaltung und einer Währungsdeckung und vielleicht geschahen tatsächlich ein Teil der Goldvorkäufe der Vergangenheit vor dem Hintergrund, dass die Goldbestände, die einst als Relikt des Goldstandards aufgebaut wurden, nun keinen Zweck mehr erfüllten und eine so große Position als Notreserve für den Krisenfall nicht mehr zu rechtfertigen war. Andererseits erfolgten viele dieser Goldverkäufe unter äußerst ominösen Umständen. So zum Beispiel die Verkäufe der Schweiz. 1992 traten die Eidgenossen dem IWF bei und das bedeutete gleichzeitig auch das Aus für den Goldstandard, weil laut den IWF-Statuten die Währungen der Mitgliederstaaten nicht an Gold gebunden sein dürfen. Ab 2000 verkaufte man unter dem ersten CBGA offiziellen Angaben zufolge 1.170 t einer »Ware«, der in der neuen Finanzordnung scheinbar keine wichtige Rolle mehr zugeordnet werden konnte. Interessanterweise kam es nie zu einer Volksabstimmung über die Goldverkäufe, so wie das in der Schweiz bei wichtigen Entscheidungen normalerweise üblich gewesen wäre. Auch bei der Abstimmung über die neue Bundesverfassung im Jahr 1999 hielten es die führenden Politiker nicht für notwendig, das Volk auf die darin enthaltende Abschaffung der Goldparität hinzuweisen, und beteuerten immer wieder, dass alles »beim Alten« bleiben würde.

Der Schweizer Gold- und Manipulationsexperte Ferdinand Lips ging deswegen, viele sagen zu Recht, von einem Gold-Krieg gegen die Schweiz aus, weil die Abkehr vom Goldstandard und die Verkäufe eines Großteils der Goldreserven schließlich dazu führte, dass der internationale Finanzstandort Schweiz viel an Kredibilität und Ansehen verlor, und auch der Schweizer Franken seitdem nicht mehr das war, was er früher einmal gewesen war. Vielleicht war der Grund tatsächlich der, dass den Amerikanern und dem amerikanischen Finanzsystem das kleine Alpenland mit seinem Goldstandard ein Dorn im Auge gewesen war, und deswegen einen Beitritt zum IWF forciert wurde.

Ähnlich fragliche Umstände führten dazu, dass Großbritannien 1999 einen Großteil seiner Goldreserven verkaufen sollte; das Land, in dem der Goldstandard praktisch erfunden wurde, verfügt mittlerweile, nachdem während des CBGA 1 die Verkäufe fortgesetzt wurden, nur noch über spärliche 310 t Gold. Unter dem damaligen Finanzminister Gordon Brown wurden 1999 ganze 395 t Gold zu einem Preis von 275 $ pro Unze verkauft, einem Preis, der so niedrig war, dass er im englischen Sprachraum als »*Brown's bottom*« in die Geschichte eingehen sollte. Tatsächlich distanzierte sich die Bank of England 2007 ganz offiziell von diesen Goldverkäufen und gab an, allein auf Geheiß des Finanzministeriums gehandelt zu haben, die sich ihrerseits über alle Warnungen, dass damit der schlecht-möglichste Preis für die Steuerzahler erreicht werden würde, hinweggesetzt hatten. Auch in England waren die Verkäufe also politisch motiviert und es ging keineswegs um eine sinnvolle Umstrukturierung eines Zentralbanken-Portfolios, auch wenn man 1999 von Seiten des britischen Finanzministeriums noch argumentierte, dass eine Anlage in Gold keine Zukunft hätte. Mit Blick auf die Entwicklung des Goldpreises in den letzten Jahren und dem Verkaufspreis von 275 $/oz. zählt das wohl zu einer der größten Fehleinschätzungen in der Goldgeschichte.

Spekulationen darüber, was der eigentliche Grund für diese Verkäufe war, gibt es viele, eine offizielle Stellungnahme wird man aber auch in Zukunft nicht erwarten dürfen. Einer Theorie zufolge wollte sich die damalige Regierung der Goldreserven entledigen, um damit den Weg zum Euro-Beitritt zu ebnen. Genauso stellen einige Experten einen Zusammenhang mit den geplanten IWF-Verkäufen im Jahr 1999 her. Da solche Verkäufe bei einer Abstimmung aber 85% der Stimmen benötigen, der US-Kongress[42] zu dieser Zeit allerdings dieses Vorhaben nicht unterstützen wollte, soll man die Briten unter Druck gesetzt haben, statt dem IWF einzuspringen. Bereits während der Goldpool-Zeit war Großbritannien der Schauplatz der internationalen Goldpreisdrückung gewesen, von daher lässt sich auch eine solche Unterstellung per se nicht von der Hand weisen.

Auch bei vielen anderen Zentralbankverkäufen ist es zu zahlreichen Unstimmigkeiten gekommen. So ist zum Beispiel schon erstaunlich, dass solche Goldverkäufe immer mindestens dreimal angekündigt werden. Einmal wenn der Verkauf des Goldes bekannt gegeben wird, einmal wenn er durchgeführt wird, und schließlich ein letztes Mal, wenn die Verkäufe als abgeschlossen gelten, die Öffentlichkeit wird aber nie darüber informiert, wer denn eigentlich kauft. Einige Experten setzten den Abverkauf der Goldreserven teilweise auch in Verbindung mit den Leihgeschäften der Zentralbanken und nehmen an, dass es sich hierbei eigentlich um eine Art Rettungspaket für angeschlagene Bullionbanken handelt, die mit ihren Goldgeschäften ein zu großes Risiko eingegangen sind.

Gold Carry Trades

Der Begriff »*Carry Trade*« umschreibt ursprünglich Geschäfte am Devisenmarkt, bei denen eine Währung mit einem niedrigen Zinssatz verkauft wird, um den Erlös in eine andere Währung mit einem höheren Zinssatz zu reinvestieren. Der Gewinn entsteht durch den Unterschied zwischen den beiden Zinssätzen. Besonders beliebt war in der Vergangenheit der *Yen Carry Trade,* der scheinbar für alle Beteiligten eine Win-Win-Situation war. Man lieh sich Yen von einer japanischen Bank, tauschte diesen Betrag in USD um und kaufte damit US-Staatsanleihen. Da Japan über lange Jahr eine Nullzinspolitik betrieb, US-Staatsanleihen aber Zinsen im Bereich von 3-4,5% abwarfen, verdienten sich einige Banken damit eine Zeit lang, praktisch ohne jede Risiken, eine goldene Nase.

---

[42] Die USA hält 17,5% aller Stimmen.

Aber nicht nur der Devisenmarkt ist erfinderisch, sondern auch der Goldmarkt, und seit circa Anfang der Neunziger waren auch die Notenbanken bereit, ihr Gold zu einem niedrigen Zinssatz zu verleihen. Das wurde als Revolution angepriesen, da plötzlich das zinstote Gold in den Tresoren der Bank große Summen Geld abwerfen konnte.

Und auch hier war für alle Beteiligten gesorgt, denn der typische *Gold Carry Trade* lässt sich ganz analog zum *Devisen Carry Trade* konstruieren. Die Zentralbank verlieh einen Teil ihres Goldes an die Bullionbank zu einer *Gold Lease Rate* von rund einem Prozent. Die Bullionbank verkaufte dieses geliehene Gold dann sofort am Markt und reinvestierte den Erlös in hochverzinsliche US-Schatzbriefe. Einige Bullionbanken sicherten ihre Leihgeschäfte an den Terminbörsen jedoch vor dem Preisrisiko ab. Schließlich war klar, dass das geliehene Gold irgendwann einmal zurückgegeben werden musste. Da man die Positionen aber bereits verkauft hatte, war man einem Preisrisiko nach oben ausgesetzt, und versuchte sich deswegen über Long-Kontrakte den jeweiligen Spot-Preis zu sichern, um auch dieses Risiko auszuschalten.

Wie bereits im vorangegangenen Interview zu lesen war, sind die Zentralbanken laut den IWF-Statuten nicht verpflichtet, diese Goldleihgeschäfte extra auszuweisen, und so wurden unter diesem Deckmantel Schätzungen zufolge im Durchschnitt weit mehr als 2.000 t Gold jährlich verliehen.

Aber man griff noch tiefer in die Trickkiste. Über *Gold Swaps* zwischen zwei Zentralbanken ließen sich die Geschäfte noch weiter verschleiern. Das nahm zwei verschiedene Formen an. Entweder tauschten die beiden involvierten Zentralbanken einfach nur Goldpositionen untereinander aus. Dieses geswapte Gold verlieh man dann wiederum wie gerade beschrieben an die Bullionbanken weiter, konnte aber behaupten, dass man mit dem *eigenen* Gold nicht in Leihgeschäfte involviert war. Alternativ fand zwischen den Zentralbanken ein Tausch zwischen Goldpositionen und Devisen statt. Das geliehene Gold wurde dann wiederum über die Bullionbanken auf den Markt gebracht. Laut IWF handelt es sich dabei um ein »besichertes Darlehen« und taucht von daher ebenfalls in keiner Bilanz auf, so als hätte nie eine Transaktion stattgefunden. Einige Analysten warnen sogar davor, dass deswegen mit diesen *Swaps* theoretisch eine doppelte Buchführung möglich wäre.

Aber nicht nur Zentralbanken und Bullionbanken waren in diese Geschäfte verwickelt, sondern auch große Produzenten, wie Barrick oder Ashanti (heute AngloGold Ashanti), womit diese *Carry-Trades* immer groteskere Züge annahmen. Über den Leerverkauf von zukünftiger Produktion sicherte man sich offiziell vor fallenden Goldpreisen ab und verdiente zudem noch am Contago. Aber auch von Seiten der Produzenten lieh man sich kurioserweise Gold von den Zentralbanken und verfuhr damit wie die Bullionbanken, verdiente also doppelt. Barrick schaffte es mit dieser Strategie in den 1990ern, durchweg einen Preis pro geförderte Unze Gold zu erzielen, der weit jenseits des eigentlichen Spotpreises lag.

Wenn das so ein lukratives Geschäft für alle Beteiligten ist, dann erscheint es auf den ersten Blick vielleicht erstaunlich, warum einige Marktbeobachter von einer Preiskontrolle, gar von einer Manipulation sprechen. Schon allein der gesunde Menschenverstand sollte einem aber sagen, dass auch am Goldmarkt kein Perpetuum Mobile erfunden werden konnte, und ein Geschäft, bei dem alle Parteien auf der Gewinnerseite stehen, zu gut klingt, um wahr zu sein. Durch diese gängige Geschäftspraxis werden so viele Fragen aufgeworfen, dass man vielleicht zu Recht von Manipulation sprechen kann.

Der erste Kritikpunkt sind die *Gold Lease Rates*. Warum sollte eine Zentralbank ihre Reserven zu einem derartig niedrigen Zinssatz verleihen, wenn sie doch viel mehr dafür verlangen könnte. Das wäre wohl das Gleiche, wie wenn jemand sein Haus für 1 % Zinsen jährlich vermieten würde. Dieser Zinssatz wird noch fragwürdiger, wenn man bedenkt, dass die Leihnehmer, also die Bullionbank, das Gold verkaufen. Welcher Eigentümer würde sein Haus für 1 % jährlich vermieten, wenn er weiß, dass der Mieter das Haus einfach weiterverkauft. Zudem besteht natürlich auch ein Adressausfallrisiko, etwa weil die Bullionbank Konkurs anmelden muss, oder es zu einer massiven Verknappung am physischen Goldmarkt kommt, und es der Bullionbank nicht mehr möglich ist, sich mit Gold einzudecken um ihre Schuld bei der Zentralbank zu begleichen. Das ist insofern besonders relevant, da die Goldbestände unter anderem auch die eiserne Reserve für Notsituationen darstellen. Das alles soll mit einem Prozent Zinsen abgedeckt sein?

Der zweite Kritikpunkt sind die aus den Goldleihgeschäften folgenden Verkäufe. In ihrem *Yellow Book 2009* geht die Fortis Bank davon aus, dass 2008 weltweit noch 2.345 t[43] verliehen wurden. Auch wenn diese Zahlen bestenfalls nur fundierte Schätzungen sein können, muss einem trotzdem bewusst sein, dass all dieses Gold schlussendlich verkauft wurde. Ein Fahrrad oder Auto mag man mieten, um es zu benutzen, aber Gold lässt sich nicht benutzen, ohne es dabei zu verbrauchen oder zu verkaufen. Wenn solche Mengen Gold auf den Markt geworfen werden, das Angebot also künstlich vergrößert wird, hat das gravierende Auswirkungen auf den Preis. Diese Geschäfte wurden praktisch zur selbsterfüllenden Prophezeiung, da man mit den *Gold Carry Trades* praktisch auf fallende, zumindest aber stagnierende Preise spekuliert, steigende Preise aber durch das künstliche Überangebot größtenteils verhindert werden konnten.

Insbesondere macht man den Goldproduzenten den Vorwurf, sich mit ihren Hedging-Programmen selber geschadet zu haben. Normale Leerverkäufe dienen ganz gewiss der Absicherung vor einem Preisrisiko und werden auch als legitimes Mittel anerkannt, aber bei vielen dieser Deals ging es nicht mehr um Absicherung, sondern schlichtweg um Spekulation. Wenn die Produktion eines Unternehmens fünf oder noch mehr Jahre vorwärtsverkauft wird, zusätzlich noch Gold geliehen wird (und das als Produzent!), dann schafft das eine Konfliktsituation. Zum einen drückt der Produzent über das zusätzliche Goldangebot den Goldpreis und verhindert damit potenzielle Gewinne, was im Grunde nicht im Interesse irgendeines Produzenten liegen kann. Zum anderen verbaut man sich damit die Chance, von einem Anstieg des Goldpreises zu profitieren, und ist in diesem Fall sogar noch einem massiven Risiko ausgesetzt. Steigen die Produktionskosten nämlich über den Terminpreis, fährt man mit der Goldförderung Verluste ein. Bei Vorwärtsverkäufen über mehrere Jahresproduktionen kann selbst bei Produzenten ein Margin Call eingehen, was durchaus bis zur Insolvenz führen kann, was beispielsweise dem riesigem ghanaischen Goldproduzent Ashanti im Jahr 1999 fast die Existenz gekostet hätte.

Den Zentralbanken wird hingegen vorgeworfen, dass sie mit ihrer Niedriggoldzinspolitik Bullionbanken und Produzenten gleichermaßen

---

[43] Was vergleichsweise wenig ist, da im Jahr 2004 schätzungsweise noch 4.315 t verliehen worden sein sollen.

dazu verführt haben, die Rolle des Mittäters zu übernehmen; und zu einem Mittel wurde, wie der Goldpreis in Schach gehalten werden konnte, ohne dass die Notenbanken offiziell als Verkäufer auftreten mussten. Wie brisant diese Thematik ist, zeigt ein Gerichtsprozess aus dem Jahr 2002 von Blanchard & Co., einem der größten US-amerikanischen Münzhändler überhaupt, gegen Barrick Gold Corp., wobei Barrick beschuldigt wurde, durch massive Vorwärtsverkäufe den Goldpreis nach unten manipuliert zu haben. Auch wenn das Verfahren schließlich mit einer außergerichtlichen Einigung endete, war interessanterweise zu beobachten, wie Barrick in der Folge bei seiner Firmenpolitik eine 180-Grad-Drehung vollzog und die *Hedge*-Geschäfte Zug um Zug zurückfuhr, obwohl noch genau zwei Tage vor Einstellung des Verfahrens der CEO von Barrick bei einer Ansprache die Vorteile dieses Systems angepriesen hatte.

Zudem sollte klar sein, dass es sich hierbei nicht um ein Null-Summen-Spiel im klassischen Sinn handelt. Sicherlich muss das geliehene und verkaufte Gold, das damit zunächst auf der Angebots-Seite auftaucht, irgendwann einmal zurückgekauft und zurückgezahlt werden, allerdings vergeht zwischen diesen beiden Transaktionen oftmals sehr viel Zeit. Die typischen Goldleihgeschäfte, in die die Zentralbanken involviert sind, haben Laufzeiten zwischen 5-12 Monaten, die allerwenigsten nur 3 Monate, viele gehen durchaus auch über Jahre. Zudem kann man auch diese Leihgeschäfte, ganz ähnlich wie Future-Kontrakte, rollen. Es ist also in der Tat so, dass damit die Marktstruktur verzerrt wird und der Goldpreis damit eine künstliche Angebotssituation widerspiegelt.

Die Gold-Leihgeschäfte sind aber auch noch aus einem anderen Grund als äußerst brisant einzustufen. Tatsächlich sieht die Situation sogar so aus, dass die Zentralbank in Hinblick auf ihre Gold-Schuldner auch deswegen nicht mehr an einem Anstieg des Goldpreises interessiert sein konnte, weil mit jedem Dollar, den Gold mehr kostete, das Ausfallrisiko auf Seiten der Bullionbanken zunimmt. 1998 gab es in Folge des LTCM-Bankrotts Spekulationen darüber, was mit den Goldpositionen des Hedge-Fonds passiert ist (angeblich im Bereich zwischen 300 und 400 t Gold). Auch wenn bis heute jegliche offizielle Stellungnahme fehlt, gab es damals sogar Gerüchte, dass Portugal LTCM Gold geliehen hätte und am Ende nur noch einen Teil dieses Goldes zurückbekommen konnte.

Der Derivatemarkt

Das letzte große Standbein der Manipulation sind laut Meinung der meisten Experten die Derivatemärkte, vor allem die COMEX in New York. Ähnlich wie beim Goldleasing sollen die Zentralbanken einige wenige große Bullionbanken angeheuert haben, um den Goldpreis an ihrer Stelle zu drücken. Die Rede ist vom sogenannten »Goldkartell«. Goldman Sachs, JP Morgan Chase und Deutsche Bank sollen dieser Theorie zufolge (die jedoch durchaus Kritik kennt) am Future- und Optionsmarkt Geschäfte tätigen, die schlussendlich dafür sorgen, dass der Goldpreis nicht entlang den Fundamentaldaten steigen kann, während die Regierung für potenzielle Verluste gerade steht.

Wie aber soll das funktionieren? Im Grunde passiert nichts anderes, als dass sich die Bullionbanken die automatisierten Handelsprogramme der großen Spekulanten (zumeist Indexfonds und dergleichen) ausnutzen, um zu Handelszeiten mit einer schlechten Liquidität für einen Abverkauf zu sorgen. Der Markt in London schließt 90 Minuten vor dem Markt in New York und in diesen eineinhalb Studenten verläuft der Handel in der Regel nur äußerst schleppend, ist also ein äußerst ungünstiger Zeitpunkt, um große Positionen zu liquidieren. Fällt der Goldpreis in diesen Stunden unter den gleitenden Durchschnitt, müssen die großen Spekulanten, entsprechend ihres Handelsmodels, verkaufen – und an dieser Stelle kommt das Goldkartell ins Spiel. Unter normalen Marktbedingungen ist der Verkauf dieser Positionen kein Problem, aber beispielsweise Freitagabend nach 16:00 GMT bleiben wenige Käufer übrig und das Goldkartell nutzt diese Situation schamlos aus. Zwar bieten sie sich bereitwillig als Käufer an, senken aber gleichzeitig massiv ihre Gebote und zwingen die großen Spekulanten dazu, ihre Geschäfte zu einem viel niedrigeren Preis auszuführen. Dieser fallende Preis hat, wie bei einer Kettenreaktion, immer weitere Liquidationen zur Folge. Normalerweise tauchen die großen Bullionbanken auf der Short-Seite des Marktes auf und über diese künstlich manipulierten Preise werden in so einer Abverkaufs-Situation schließlich die Gewinne eingefahren. Gleichzeitig verkauft das Goldkartell auch riesige Mengen an Call-Optionen und diese werden mit den fallenden Preisen entweder vollständig wertlos, zumindest wird die Bank aber versuchen, sich über einen genügend niedrigen Preis die Prämie zu sichern. Auch wenn von Regierungsseiten nicht gegen diese Manipulation vorgegangen wird, gibt es dafür eindeutige Indizien, was es für viele Manipulationsexperten nahe legt, dass auch die Aufsichtsbehörden mit involviert sind.

Diese Art von Geschäften, man müsste es wohl etwas flapsiger Abzocke nennen, funktioniert nur dann, wenn das Goldkartell auch eine dominante Position an den jeweiligen Märkten innehält, die eine solche Preiskontrolle erst ermöglichen, die Absicht, damit Gewinne einzufahren, macht das Ganze dann zur Manipulation. Schaut man sich die *Commitment of Traders Reports* der vergangenen Monate und Jahre an, so wird man klare Beweise dafür finden, dass dies in der Tat der Fall ist. In der Regel halten die vier größten Händler an der COMEX mehr als 40 % aller Future-Positionen auf der Short-Seite. Im Durchschnitt sind das Positionen in Höhe von umgerechnet 300-400 t Gold in Future-Kontrakten. Auch wenn von offizieller Seite diesen Positionen keine Namen zugewiesen werden, wird man bei genauerer Betrachtung über ein einfaches Ausschlussverfahren und einen Blick auf die Derivate-Bilanzen der jeweiligen Bullionbanken auf die Mitglieder des Goldkartells kommen. Andere Regierungsberichte geben Aufschluss darüber, dass maximal drei US-Banken (auch hier werden keine Namen erwähnt) in der Regel mehr als 20 % des gesamten Open Interests halten, und auch für diese Position kommen nur sehr wenige Banken in Frage.

Aber auch auf anderer Ebene vermuten Experten Beweise für die Manipulation über das Goldkartell auf dem amerikanischen Markt. Mit einer erstaunlichen Präzision vollführte der Goldspotpreis in den letzten zehn Jahren im täglichen Durchschnitt einen massiven Kurstaucher mit Beginn des Handels in New York. Interessanterweise findet sich ein Anfangspunkt für diese Anomalie im September 1999, kurz nachdem das erste CBGA beschlossen wurde und die europäischen Banken ihre Goldverkäufe und Goldleihgeschäfte offiziell reglementiert hatten, und genau zu diesem Zeitpunkt fängt der US-amerikanische Handel an, den Goldpreis zu Handelsbeginn auf wesentlich stärkere Weise zu drücken. Eventuell existiert eine Verbindung mit den Goldleihgeschäften, die über New York auf den Markt geworfen werden.

Zusammenfassend sollte man dieses Kapitel unter ein großes Fragezeichen stellen, denn wirklich eindeutige Beweise gibt es wenige, wenn nicht gar überhaupt keine. Von den Zentralbanken und Bullionbanken und allen anderen involvierten Parteien werden jegliche solcher Anschuldigungen dementiert, der gesamte Goldmarkt tendiert stark zum außerbörslichen Handel und findet größtenteils hinter verschlossenen Türen statt, und auch die sonstige Erhebung von exakten Daten erweist sich im Detail meist als äußerst schwierig, wenn nicht gar unmöglich. Deswegen sind die meisten Manipulationsvorwürfe bestenfalls gut recherchierte Vermutungen und Schätzungen, basierend hauptsächlich auf Sekundärquellen. Andererseits spricht gerade diese Intransparenz für eine Manipulation, denn wer nichts zu verbergen hat, muss sich, anders als die Zentralbanken, auch vor einer Offenlegung nicht scheuen.

Vereinzelt kommt es auch vor, dass Kommentatoren die Medienwirksamkeit des Wortes »Manipulation« missbrauchen, und ihre Thesen maximal auf fundiertes Halbwissen stützen, während am Kern der Sache vorbeigeredet wird. Es empfiehlt sich also eine angemessen kritische Haltung, denn ist die These einer Manipulation erst einmal aufgestellt, lässt sich damit gewiss vieles begründen, ob dies allerdings auch der Realität entspricht, ist damit allein noch nicht gesagt. Ende 2008 wurde viel darüber spekuliert, inwiefern der Einbruch des Goldpreises in der zweiten Hälfte des Jahres auf eine Manipulation zurückzuführen war, da Gold traditionell in einer solchen Krisenzeit hätte steigen müssen, auch wenn wir mittlerweile wissen, dass dieser Preisverfall wohl hauptsächlich auf andere Faktoren zurückzuführen ist. Wegen der Finanzkrise liquidierten die großen Hedge-Fonds ihre Goldpositionen und später sollten auch die Privatanleger dieser Welt für einen dramatischen Anstieg des Altgoldvolumens sorgen, was die Preise stark unter Druck gesetzt hatte und einen erneuten Anstieg des Goldpreises über die Marke von 1000 USD verhinderte. Mit Manipulation hatte dies zunächst wenig zu tun, dass die großen amerikanischen Bullionbanken diese Situation jedoch ausnutzen, um gigantische Short-Positionen am COMEX Future-Markt aufzubauen, könnte wiederum stark kritisiert werden.

Viele dieser Anschuldigungen kommen allerdings von Insidern und äußerst erfahrenen Marktteilnehmern, die trotz all ihres Wissens keinen direkten Zusammenhang zwischen Fundamentaldaten und Kursen sehen, womit die Preisentwicklung nur in Hinblick auf Regierungsinterventionen und andere preiskontrollierende Einflussnahmen verständlich wird.

Im Internet, aber auch in Form von Büchern und Börsenbriefen, werden Sie ein reichhaltiges Informationsangebot finden, das Sie nutzen sollten, um sich ein detailliertes Bild über eine Thematik zu verschaffen, die den Goldmarkt schon seit Jahrzehnten beschäftigt. Da es sich um eine preisdrückende Manipulation handelt, kann sich das für Sie als Anleger nur positiv auswirken. Waren alle Gerüchte und Vermutungen wider Erwarten nur Schall und Rauch, ändert sich an der bullischen Bewertung von Gold rein gar nichts. Sollte es jedoch irgendwann zu einer Beendigung einer solchen Manipulation kommen, dann wird der freie Markt die künstlich gedrückten Preise zum Explodieren bringen. Bis und falls es so weit kommt, sollten Sie, so spannend die Geschichten und Theorien über den »Gold-Krieg« und die Manipulation auch sind, die Marktrealität nicht vergessen und dementsprechend handeln. Wenn Sie sicher in physisches Gold investieren und nicht etwa in Papier oder auf Kredit, werden Sie in jedem Fall von der potenziellen Aufwärtsbewegung des Goldpreises profitieren können, ganz egal wo Regierungen und Bullionbanken den Preis gerne hätten und welche kurzfristigen Kurstaucher durchlebt werden müssen.

simplified

11 Fazit

»Esel ziehen Häcksel dem Gold vor.
Es steht in deinem Belieben,
daraus deine eigenen Schlüsse zu ziehen.«

HERAKLIT VON EPHESUS (etwa 540-480 v. Chr.), griechischer Philosoph

Seit tausenden von Jahren investieren Regierungen, Könige, Fürsten, religiöse Institutionen, Händler und auch reiche Bürger in Gold und es ist als eine der großen Errungenschaften der Neuzeit zu sehen, dass wir in der westlichen Welt mittlerweile einen Lebensstandard erreicht haben, der es auch dem Privatanleger ermöglicht, sich am goldenen Glanz dieses einzigartigen Metalls zu erfreuen und in selbiges zu investieren.

Sie haben in diesem Buch viel über Gold lernen können, genauso wie Sie sich einen Überblick über alle wichtigen Bereiche und Aspekte des Goldmarktes verschafft haben sollten. Nun ist es also an der Zeit, dieses Wissen in die Praxis umzusetzen und, so das nicht schon längst passiert ist, die ersten Investitionen in Gold zu tätigen.

Ähnlich wie erfahrene Spieler im Casino beim Roulette immer mit auf die Null setzen, sollte jedes Portfolio, ganz unabhängig von der Marktsituation, einen Grundstock aus Gold vorweisen können, der als Absicherung gegen eine eventuelle Krisensituation dient. Seit 2001 befindet sich der Goldmarkt jedoch in einem ausgeprägten Bullenmarkt und seitdem hat sich bei Gold, neben seiner klassischen Qualität als sicherer Hafen, auch eine großartige Gelegenheit auf phänomenale langfristige Gewinne eröffnet. Dieses letzte Kapitel soll dazu dienen, zehn wichtige Gründe aufzuführen, warum in der aktuellen Situation eine Partizipation am Goldmarkt zu empfehlen ist. Die meisten dieser Gründe und Argumente sind im Verlauf des Buches schon erwähnt worden, es geht in der Sache also nicht um die Darlegung neuer Fakten und Informationen, sondern vielmehr um eine konzentrierte und überzeugende Zusammenfassung.

1) Gold ist ein jahrtausendealtes Wertaufbewahrungsmittel

Gold ist beliebig teilbar und zusammenführbar, es lässt sich leicht transportieren, ist nicht beliebig vermehrbar und praktisch nicht künstlich herstellbar, es ist dauerhaft und fällt zudem noch über eine einzigartige Optik[44] auf, weswegen es sehr begehrt und bekannt ist. Es ist relativ selten und als Rohstoff verfügt es auch über einen inneren Wert, gleichzeitig ist es aber vollkommen gleichartig (anders als andere Naturstoffe wie Diamanten, Edelsteine oder Kauri-Muscheln). Seit mehr als 6000 Jahren begleitet das gelbe Metall nun unsere Kulturgeschichte und über einen großen Teil dieser Zeit diente es den Menschen auch als Tauschmittel und Währung. Es ist stark davon auszugehen, dass dies auch in Zukunft so bleiben wird, und damit rückt ein Totalverlust mit einer Goldanlage praktisch gesehen in undenkbare Ferne. Auch in den kommenden Jahren, Jahrzehnten und Jahrhunderten wird Goldschmuck wohl seine magische Anziehungskraft auf Frauen ausüben können, während Männerherzen weiterhin für teure Uhren oder Münzen höher schlagen werden.

Zudem ist zu beobachten, wie das reine Papiergeld-Experiment kaum 40 Jahre dauert und scheinbar schon fast an seine Grenzen gestoßen ist, und es dahingehend zumindest im Bereich des Möglichen liegt, dass Gold bald wieder eine essenzielle monetäre Rolle übernehmen könnte, etwa in Form einer offiziellen Golddeckung der Landeswährungen. Die unkontrollierte Ausgabe von Banknoten und die daraus entstehende Inflation wird uns mit großer Wahrscheinlichkeit eines Tages auf den Kopf fallen und dann werden die Menschen wieder ein System fordern, dass eine Währungsdisziplin gewährleisten kann. Die Geschichte zeigt, dass dies bisher nur mit einer an Gold (und Silber) gekoppelten Währung wirklich möglich war.

[44] Tatsächlich ist Gold das einzige farbige Metall (selbst bei Kupfer ist nur das Oxid an der Oberfläche farbig).

2) Gold ist keine Verbindlichkeit gegenüber Dritten

Mit Aktien, Fondsbeteiligungen und anderen börsengehandelten Investmentprodukten ist man immer in irgendeiner Form von anderen Anlegern und Institutionen abhängig. Eine Aktiengesellschaft kann sich im Rahmen von Finanzierungsmaßnahmen dafür entscheiden, große Mengen neuer Aktien auszugeben, was schließlich zu einer Verwässerung des Aktienkapitals führen wird, während bei den Notenbanken dieser Welt die Gelddruckpressen stets in Bereitschaft stehen oder gar kontinuierlich laufen. Mit Zertifikaten und ähnlichen Produkten wird man zum Gläubiger der Bank und äußert damit die stillschweigende Hoffnung, dass am Ende der Laufzeit die Bank noch liquide genug ist, um ihre Schuld zu begleichen. Noch schlimmer sieht es bei unserer heutigen Fiat-Währung aus. Auch wenn sich die Menschen der Gegenwart an dieses System gewöhnt haben, hält man mit einer gewöhnlichen Banknote nichts anderes in der Hand als ein Versprechen des Staates, sich für die Werthaltigkeit, die Gültigkeit und die Akzeptanz dieses Schnipsels Papier einzusetzen. Jedes Hyperinflationsszenario zeigt, was aus diesem Versprechen werden kann. Gold hingegen ist nicht beliebig vermehrbar und mit Blick auf die aktuellen weltweiten Bodenreserven wird Gold auch immer ein seltenes Material bleiben und somit ist eine übermäßige Inflationierung des Goldwertes praktisch unmöglich. Es lässt sich bequem zu Hause lagern, womit ein direkter Zugriff und eine Selbstverwaltung der Anlage gewährleistet werden kann, und in keinster Weise ein Kreditrisiko eingegangen wird, denn es geht bekanntlich nicht aus der Verschuldung eines anderen Marktteilnehmers hervor, wie das etwa bei einem Bankkonto der Fall wäre.

3) Rückläufige Minenproduktion

Viele Experten gehen davon aus, dass bei der Goldproduktion im Jahr 2001 mit 2.514 t (laut *Fortis Yellow Book 2005*) der Peak überschritten wurde, und zum aktuellen Stand der Technik nie wieder so viel Gold in einem Jahr gefördert werden wird. In Hinblick auf die Produktionszahlen des vergangenen Jahrhunderts lässt sich zwar auch kein kontinuierlicher Anstieg der Goldförderung feststellen, allerdings sind die Produktionseinbrüche des 20. Jahrhunderts immer im Kontext von Kriegen zu sehen. Der Erste und Zweite Weltkrieg sowie der Vietnamkrieg und die damit verbundenen Auswirkungen auf die gesamte Weltwirtschaftslage sind dafür verantwortlich zu machen, dass in diesen Jahren die Goldproduktion im Abwärtstrend lag. Auch wenn in das neue Jahrtausend der Irak-Krieg fällt, der die amerikanische Volkwirtschaft sicherlich stark strapaziert hat, liegt ein ähnlich direkter Zusammenhang nicht nahe, zumal die Produktion seit 2001 rückläufig ist und der Irak-Krieg erst 2003 begonnen wurde. Auch ein immer begrenzteres Angebot (bei gleichbleibender oder steigender Nachfrage) kann sich nur in steigenden Preisen äußern.

4) Kontinuierliches Produktionsdefizit

Gold ist einer der wenigen Rohstoffe, bei dem sich der Markt in einer ständigen Defizitsituation befindet. In den letzten Jahren wurde durchgängig weniger Gold gefördert, als von den Verbrauchern nachgefragt wurde, und in Anbetracht der Tatsache, dass auch die Verkäufe der Zentralbanken immer weiter zurückgehen und über Hedgegeschäfte seitens der Produzenten netto auch kein Angebot mehr generiert wird, herrscht auch bezüglich der gesamten Situation ein Ungleichgewicht zwischen Angebot und Nachfrage. Um dieses Defizit auszugleichen, wird der Markt in Zukunft zwangsläufig mit höheren Preisen reagieren müssen.

5) Wachsende Weltbevölkerung

Man muss kein Prophet sein, um vorhersagen zu können, dass die Weltbevölkerung auch in den kommenden Jahren ansteigen wird. Ein Anstieg der Bevölkerungszahlen bedeutet aber rein statistisch gesehen schon ein Anstieg der Goldnachfrage, denn irgendwann wird wohl fast jeder neue Erdenbürger Goldschmuck kaufen wollen, ein elektronisches Gerät erwerben, in dem Gold zum Einsatz kommt oder gar in Goldbarren oder Münzen investieren wollen. Da die bevölkerungsstärksten Länder in Asien liegen, wo man traditionell einen viel größeren Wert auf Gold legt als etwa in Europa, ist diese Entwicklung für den Goldmarkt von besonderer Bedeutung.

Setzt man diese Beobachtung in Verbindung mit der abfallenden Minenproduktion und den begrenzten überirdischen Goldbeständen, spricht auch aus dieser Perspektive viel für einen zukünftigen Anstieg des Goldpreises. Hinzu kommt, dass nicht nur die gesamte Bevölkerung ansteigt, sondern in Entwicklungs- und Schwellenländern wie China, Indien oder Brasilien, auch der Lebensstandard dieser wachsenden Bevölkerung stetig ansteigt. Mit einem wachsenden Lebensstandard entsteht der Wunsch nach Luxusgütern (und auch überhaupt die finanziellen Möglichkeiten, die einen solchen Wunsch unterstützen können). In China warten mehr als eine Milliarde Menschen darauf, sich endlich ein Handy oder Computer kaufen zu können, und das kann und wird schließlich nur zu einer steigenden Nachfrage und höheren Goldpreisen führen. Auch in puncto Schmucknachfrage besteht hier ein großer Nachholbedarf, da bis 1982 der Besitz von Gold vollständig verboten war und somit kaum eine chinesische Frau hoffen kann, dass sie einmal den Schmuck ihrer Mutter tragen oder erben kann.

6) Verstärkte Investitionsnachfrage

Die letzten Jahre haben gezeigt, dass die Anleger zunehmend das Vertrauen in die Papierwährung verloren haben und/oder erkannt haben, dass Gold nicht nur ein sicherer Hafen ist, sondern auch eine großartige Investmentgelegenheit. Seit Beginn des aktuellen Bullenmarktes stieg die Investitionsnachfrage stetig an und nicht zuletzt ist das auch auf die diversen Gold-ETFs zurückzuführen, die es zum ersten Mal in der Geschichte auch Institutionellen ermöglicht haben, in physisches Gold zu investieren. Obwohl die Zahlen zum Schmuckmarkt in den letzten Jahren rückläufig sind und auch wenn gerade im Bereich des Edelmetall-Einzelhandels die Erhebung von exakten Zahlen äußerst schwierig ist, gehen die meisten Experten davon aus, dass die dramatisch ansteigende Investitionsnachfrage den Rückgang der Schmucknachfrage mehr als kompensieren werden kann. Vor allem für die Schlussphase des Bullenmarktes ist zu erwarten, dass die deutlich steigende Nachfrage der Investoren nur bei drastisch höheren Preisen bedient werden kann.

Gleichzeitig sollte die Gesundheit der Finanzmärkte nicht vergessen werden. Nachdem Ende 2009 das gröbste Überstanden schien, ging die Finanzkrise 2010 in die nächste Runde. Die Schuldenkrise in Griechenland, Island, Spanien und Portugal brachte das Eurosystem fast um die Existenz – nicht zuletzt deswegen stieg der Goldpreis im selben Jahr um mehr als 23 Prozent an. Auch aus Amerika kamen wenig gute Zahlen. Quantitative Easing 2, also der Beschluss noch weitere Milliarden, wenn nicht sogar Billionen in die US-Wirtschaft zu pumpen hat die physische Nachfrage nach Edelmetallen auf ein neues Rekordhoch katapultiert.

Nur wenige gehen davon aus, dass die Probleme mit den aktuellen Maßnahmen nachhaltig bekämpft werden können. Auch in der nahen Zukunft werden also Krisen- und Inflationsängste dafür sorgen, dass sich die weltweiten Anleger auf werthaltigen Produkten wie zum Beispiel Gold zuwenden werden.

Auch eine steigende Investitionsnachfrage kann nur als bullisches Signal für den Preis interpretiert werden, zumal es die Investoren und Spekulanten sind, die das Preisgeschehen am stärksten beeinflussen.

7) Gold, die Alternative zur Devisenreserve

Seit einigen Jahren ist eine Flucht aus dem Dollar in andere Reserven zu beobachten. Zwar gelten US-Staatsanleihen immer noch als sicherste Anlage der Welt, was nicht zuletzt daran liegt, dass die FED und ihre Gelddruckmaschinen Garant für die Kapitalrückzahlungen sind, und werden auch deswegen fast durchweg mit einem Rating von AAA bewertet, allerdings sind gleichermaßen die Tage gezählt, in denen man den Worten des US-Notenbankpräsidenten fast ohne nachzudenken vertraut hat. Gerade die stilisierten Kontrahenten aus den Zeiten des Kalten Krieges, Russland und China, machen seit einiger Zeit keinen Hehl mehr daraus, dass sie in Fragen ihrer Währungsreserven nicht mehr vollständig von den USA und vom Dollar abhängig sein wollen. Beide Länder begannen deswegen, über die letzten Jahre ihre Goldreserven aufzustocken und deuteten immer wieder an, dass sie auch in Zukunft an einer Vergrößerung ihrer Positionen interessiert sind.

Neben dem Dollar ist mittlerweile auch der Euro zu einer wichtigen Reservewährung avanciert, wobei das oftmals eher den Beigeschmack von der Wahl des kleineren Übels hat, und insofern ist es durchaus vorstellbar, dass auch bei anderen Regierungen und Notenbanken in Bezug auf die Goldfrage ein Umdenken stattfinden könnte, vor allem wenn es zu einer deutlichen Inflation der Reservewährungen kommen sollte.

8) Gold ist krisen- und inflationssicher

Nahezu jede Krise der Neuzeit kann als Beweis für die Wertstabilität von Gold herangezogen werden und in Anbetracht der aktuellen geopolitischen Lage gewinnt dieses Argument zunehmend an Bedeutung. In den vergangenen Jahrhunderten waren es zumeist Kriege, die dazu führten, dass die Regierungen und Banken dieser Welt jegliche Währungsdisziplin vergaßen und unkontrolliert Papiergeld ausgaben, was schließlich zu Inflationen führte. Da aber Papiergeld selber keinen inneren Wert besitzt und lediglich eine Zahlungsverpflichtung darstellt, konnte Gold in solchen Zeiten immer wieder seine Rolle als eigentliche Weltwährung behaupten. Fast jedem Deutschen werden Geschichten von Verwandten und Bekannten aus dem Zweiten Weltkrieg und der unmittelbaren Zeit danach bekannt sein, als Lebensmittel nur noch gegen Gold (und andere »harte Anlagen«) getauscht werden konnten, während gegen Papiergeld nichts von substanziellem Wert mehr zum Verkauf stand.

Tatsächlich gibt es genügend Untersuchungen, die beweisen, dass zum Beispiel der Dollar seit 1933 (als Roosevelt den Besitz von Gold verbot) 94% an Kaufkraft verloren hat, während man, annäherungsweise, damals wie heute, für eine Unze Gold einen guten Anzug bekommen kann. In den 200 Jahren, in denen sich das Vereinigte Königreich unter einem Goldstandard befand, schwankte die Kaufkraft der Währung nur um ungefähr 10%[45], was als ein weiteres eindeutiges Indiz dafür gewertet werden kann, dass Gold zu Recht als stabil und sicher eingestuft wird. Auch die jüngste Finanzkrise hat gezeigt, dass Gold zu den wenigen Anlageklassen gehört hat, mit denen keine signifikanten Verluste verbucht werden mussten.

Wie ein Damoklesschwert schweben Krisen- und Inflationsängste mittlerweile über unseren Köpfen und es muss dahingehend wohl als äußerst unvernünftig bewertet werden, wenn sich ein Anleger gegen eine sichere Anlage wie Gold entscheidet und in Investitionsfragen allein auf risikoreiche Produkte vertraut. Zudem wird in der aktuellen Situation genau diese Suche nach einem sicheren Hafen für eine steigende Nachfrage und steigende Goldpreise sorgen.

---

[45] Der Lebenshaltungsindex stand 1717 auf 100 und 1930 auch wieder genau bei dieser Zahl.

9) Gold korreliert negativ mit dem US-Dollar

Wohl kein anderer Faktor beeinflusst den Goldpreis so stark wie die Gesundheit des US-amerikanischen Finanzsystems, was sicherlich zum einen daran liegt, dass der US-Dollar die Reservewährung dieser Welt ist, zum anderen aber auch daran, dass der Dollar die »Goldleitwährung« ist. Ein schwacher Dollar führt üblicherweise dazu, dass Gold in anderen Währungen vergleichsweise billig wirkt, und deswegen vermehrte Investoren auf den Goldmarkt lockt, was wiederum den Goldpreis steigen lässt. Gleichzeitig ist zu beobachten, wie ein schwacher Dollar oder eine zu starke Inflation der US-Währung auch die internationalen Kapitalmärkte auf diese Situation reagieren lässt, und diese in einem solchen Fall gerne auch in Gold diversifizieren. Nachdem die US-Regierung den stark angeschlagenen Finanzsektor im Zuge der Finanzkrise mit billionenschweren Rettungspaketen vor dem Zusammenbruch retten musste, und auch die US-Wirtschaft schon bessere Tage erlebt hat, ist für die absehbare Zukunft weder von einer rückläufigen Inflationsrate noch von einer ausgeprägten Dollarstärke auszugehen. Folgerichtig spricht zum jetzigen Zeitpunkt auch die traditionelle Dollar-Gold-Korrelation für eine Anlage in Gold.

10) Gold befindet sich in einem langanhaltenden Bullenmarkt

Mehrfach wurde in diesem Buch bereits darauf hingewiesen, dass bei Gold seit 2001 ein ausgeprägter Bullenmarkt auffällig ist. Anders als am Aktienmarkt erstrecken sich solche Rohstoff-Bullenmärkte im historischen Vergleich jedoch über wesentlich längere Zeitperioden, mit der Tendenz zum Superzyklus, der mehrere Jahrzehnte andauern kann. Auch wenn es freilich Kritiker dieser Zyklentheorie gibt, zumal unsere heutigen Finanzmärkte, ja die gesamte Welt, wesentlich anders strukturiert sind, als das noch vor 50 oder 100 Jahren der Fall war, und ein direkter Vergleich wohl nur noch bedingt möglich ist, lässt sich trotzdem kaum leugnen, dass es bemerkenswerte Parallelen zum letzten Gold-Bullenmarkt in den 1970ern gibt.

Vor allem in Anbetracht von Chinas unermesslichem Hunger nach Rohstoffen, um die gigantischen Wachstumsraten aufrechtzuerhalten, ist langfristig nicht davon auszugehen, dass die Rohstoffpreise fallen werden. Aber auch auf die gesamte Weltwirtschaft bezogen ergibt sich kein großartig anderes Bild. Traditionell lässt sich beispielsweise eine enge Korrelation zwischen Öl- und Goldpreis feststellen, was unter anderem darauf zurückzuführen ist, dass zur Produktion der meisten Rohstoffe in irgendeiner Form Erdöl gebraucht wird. Zudem sorgt ein hoher Ölpreis für einen Anstieg der US-Inflationsraten, was sich wiederum positiv auf Gold auswirkt. Auch der weltweite Ölverbrauch wird in den kommenden Jahren kaum abnehmen, während die Ölreserven stetig knapper werden, und von daher spricht auch von dieser Seite viel für langfristig steigende Goldpreise.

Zusammenfassend muss der Hinweis erfolgen, dass an dieser Stelle nur zehn Gründe präsentiert wurden, die laut Meinung des Autors für eine Anlage in Gold sprechen, am Ende muss allerdings der Leser selber entscheiden, ob ihn diese Argumente überzeugen konnten und ob ein Goldinvestment für ihn in Frage kommt. Denn sicherlich wird man in Zeitungen, Fachzeitschriften, Büchern, im Internet oder auch in einem etwaigen Beratungsgespräch bei der Bank auch auf Gründe stoßen, warum ein Goldinvestment gerade nicht zu empfehlen ist. So mag für manche Anleger der umständliche Kaufvorgang von physischem Gold über den Einzelhandel und die Lagerung zu Hause kein Pluspunkt sein, so dass sie sich stattdessen lieber für ein liquides, börsengehandeltes Produkt entscheiden. Genauso wurde die Manipulationsthematik vollkommen außen vor gelassen, was nicht zuletzt daran liegt, dass jegliche Vorwürfe am Ende doch nur Vermutungen sein können und selbst im Falle von begründeten Anschuldigungen die Frage der Auflösung dieser Manipulation in den Sternen steht. Natürlich argumentieren viele Goldbugs, dass das Ende der unterstellten Manipulation zu einer noch nie dagewesenen Preisexplosion führen wird, jedoch sollte sich ein potenzieller Anleger die berechtigte Frage stellen, inwiefern es Sinn macht, seinen Anlageplan von solchen Vermutungen und Hoffnungen abhängig zu machen. Man sollte diese Manipulationsproblematik eher als möglichen Bonus sehen und sich stattdessen vornehmlich nach den beweisbaren Fakten und unverrückbaren Tatsachen richten.

Sowohl aus fundamentaler Sicht als auch aus wirtschaftstheoretischer Sicht spricht mehr als genug für einen langfristigen Anstieg des Goldpreises, so dass ein Abtriften in spekulative Theorien gar nicht notwendig ist, um sich von einer Investition in Gold überzeugen zu können. In diesem Kontext muss allerdings besonders der langfristige Charakter einer Goldanlage betont werden. Auch wenn die hier angeführten bullischen Argumente im Endeffekt für alle innerhalb dieses Buches beschriebenen Anlageprodukte gelten, erfreut sich die direkte, physische Anlage in Goldbarren und -münzen bei den Anlegern der größten Beliebtheit. Schon allein wegen des recht großen Spreads zwischen Ankaufs- und Verkaufspreis macht eine kurzfristige Anlage in physisches Gold keinerlei Sinn. Aber auch aus Sicht der zunehmend unvorhersehbaren kurz- und mittelfristigen Preisentwicklung muss unerfahrenen Anlegern dringend von jeglichem Versuch des »Gold-Tradings« abgeraten werden, denn die aufgeführten zehn Gründe sind allesamt eher langfristiger Natur. Ähnliches gilt für kreditfinanzierte Investitionen und Produkte, die über Knock-Out Schwellen verfügen, denn ein kurzfristiger Kurstaucher kann durchaus verheerende Folgen haben. Die großen Kommerziellen und Spekulanten an der preisbestimmenden COMEX sorgen aber ständig für solche Ausverkäufe von Gold, auch bekannt unter dem Namen *Sell-Offs*, und inwiefern es Ihnen möglich ist, diese richtig zu antizipieren, sollte maßgeblich über die Frage entscheiden, in welche Produkte Sie investieren und für welchen Anlagehorizont Sie sich entscheiden.

Vergessen Sie auch nicht, Ihr Portfolio sinnvoll zu gewichten. Für Neulinge auf dem Goldmarkt empfiehlt es sich, wohl mehr als die Hälfte des für Goldinvestitionen zur Verfügung stehenden Kapitals in physisches Gold in Form von Barren und Münzen zu investieren, während der Rest hauptsächlich in große Seniorproduzenten investiert werden sollte, deren Management in der Vergangenheit bereits erfolgreich Mehrwert für die Investoren schaffen konnte. Nur ein kleiner Anteil von maximal 5% sollte zusammengesehen in hochspekulative Werte investiert werden. Dazu zählen sowohl gehebelte Zertifikate als auch Optionsscheine und dergleichen, wobei eine erfolgreiche Anlage in Gold auch ohne diese Produkte auskommen kann. Auch der Anteil an Explorationsunternehmen als Teil ihres Engagement in Minengesellschaften sollte auf keinen Fall übergewichtet werden. Sicherlich wünscht und hofft wohl jeder Anleger in ein Explorationsunternehmen insgeheim, dass sein Unternehmen zum nächsten Star am Aktienhimmel aufsteigen kann, aber die Realität zeichnet leider ein anderes Bild. Viele Explorationsunternehmen gehen Pleite oder verwässern aus den verschiedensten Gründen das Aktienkapital in einem so großen Ausmaß, dass von Renditeversprechungen im Bereich von mehreren hundert Prozent nicht viel mehr bleibt als ein schöner Traum. Genauso könnte man wohl ganze Bücher mit Geschichten von Anlegern füllen, die mit Optionsscheinen und anderen gehebelten Produkten ihr ganzes Geld verzockt haben – und das scheinbar völlig ohne Grund. Der Blick auf jeden historischen Chart wird Ihnen bestätigen, dass in den letzten Jahren mit einer Investition in physisches Gold solche Traumrenditen bereits erreicht werden konnten. Durchschnittliche 16% jährlich auf Dollarbasis, oder mehr als 500 Prozent in den vergangenen neun Jahren, wird kaum eine andere Anlage bieten können, vor allem nicht so beständig und langfristig. Nutzen Sie also die Gelegenheit und steigen Sie jetzt in einen jahrtausendealten Markt ein, der Ihnen auch in Zukunft finanzielle Unabhängigkeit, Sicherheit und Erfolg versprechen kann. Vergessen Sie dabei nicht, dies auf die richtige Art und Weise zu tun, und geben Sie diese Sicherheit und Unabhängigkeit nicht grundlos auf. Wenn Sie sich zusätzlich immer wieder über neue Produkte und Entwicklungen informieren und sich auch nicht vor eigenen Nachforschungen scheuen, steht Ihrem langfristigen Erfolg mit Gold nichts mehr im Wege.

Insiderwissen: Silber - simplified

David Morgan

»Eine Zunge aus Silber haben« heißt Weisheit und Intelligenz zu besitzen. Jedoch ist vielen Anlegern nicht bewusst, welches enorme Potenzial in diesem Edelmetall steckt. Denn im Gegensatz zu Gold fristet Silber immer noch ein tristes Dasein. David Morgan zeigt dem Leser, weshalb genau jetzt der richtige Zeitpunkt ist, in Silber zu investieren. Sein Buch ist eine profunde Einführung in alle Investitionsmöglichkeiten und in die Qualitäten eines Elements, das in unserem digitalen Zeitalter so unerlässlich geworden ist, dass man es als lebenswichtig einstufen kann. Ergreifen Sie eine Chance, die sich nur selten bietet. Seien Sie dem Gros der Anleger, die das ganze Potenzial von Silber-Investments immer noch nicht erkannt haben, einen Schritt voraus.

112 Seiten | Hardcover | 12,90 € (D) | 13,30 € (A) | sFr. 22,90 | ISBN 978-3-89879-356-8
Mehr Informationen zu Investmentthemen finden Sie unter www.portfoliojournal.de

Sicher mit Anlagemetallen – simplified

Mikael Henrik von Nauckhoff

Gold, Silber, Platin und Palladium wurden bereits oft in Printmedien unter Anlagegesichtspunkten vorgestellt. Der Autor schärft den Blick des Lesers aber nicht nur für Chancen, Risiken und andere finanzielle Faktoren bei Investments in Anlagemetallen, sondern führt auch durch viele andere Aspekte des Themas, von Erfindern und Entdeckern bis hin zu physikalischen und chemischen Fakten. Auch Industriemetalle und Sondermetalle sowie deren zukünftige Bedeutung und ihre Eigenschaften werden einzeln vorgestellt. Das Buch wurde in der aufregenden Zeit im Spätsommer 2009 kurz vor der Bundestagswahl und exakt ein Jahr nach Beginn der Finanzkrise und der damit einhergehenden Änderung der wirtschaftlichen Großwetterlage verfasst. Deshalb finden auch diese Ereignisse Berücksichtigung.

240 Seiten | Broschur | 14,90 € (D) | 15,40 € (A) | sFr. 25,50 | ISBN 978-3-89879-554-8
Mehr Informationen zu Investmentthemen finden Sie unter www.portfoliojournal.de

DIE NEUE BUCHREIHE
simplified
In Zusammenarbeit mit
Investor Verlag
www.investor-verlag.de
www.simplified.de
VALUE-INVESTING
simplified
Investieren wie Buffett & Co.
RAINBOW TRADING
Erfolgreich Trendbewegungen handeln
simplified
BÖRSEN-LEXIKON
simplified
Börsenwissen von A–Z
Telebörse
CFDs
simplified
Contracts for Difference
Verstehen – Einsetzen – Gewinnen
n-tv
ELLIOTT-WELLEN LEICHT VERSTÄNDLICH
simplified
CHART-TECHNIK
simplified
So analysieren Sie den Markt
Telebörse
ALLES, WAS SIE ÜBER DAY TRADING WISSEN MÜSSEN
simplified
n-tv
DEVISEN-HANDEL
simplified
Geld verdienen mit Forex & Co.
DIE BESTEN DIVIDENDEN-STRATEGIEN
simplified
Mit den richtigen Werten Geld verdienen
INVESTIEREN IN GOLD
simplified
DIE BESTEN CHARTMUSTER
simplified
7 Chartformationen, mit denen Sie beständig Geld verdienen
SHORT-SELLING
simplified
www.simplified.de